内蒙古自治区
现代农作物种业发展

NEIMENGGU ZIZHIQU XIANDAI NONGZUOWU ZHONGYE FAZHAN

（2006—2015）

张福宽　主编

中国农业出版社
北　京

图书在版编目（CIP）数据

内蒙古自治区现代农作物种业发展:2006—2015/张福宽主编.—北京：中国农业出版社，2019.5
ISBN 978-7-109-24921-9

Ⅰ.①内… Ⅱ.①张… Ⅲ.①种子－农业产业－产业发展－研究－内蒙古－2006－2015 Ⅳ.①F326.1

中国版本图书馆CIP数据核字（2018）第267179号

中国农业出版社出版
（北京市朝阳区麦子店街18号楼）
（邮政编码 100125）
责任编辑 张丽四 路维伟

中农印务有限公司印刷 新华书店北京发行所发行
2019年5月第1版 2019年5月北京第1次印刷

开本：787毫米×1092毫米 1/16 印张：16
字数：350千字
定价：120.00元

编写委员会

主　　编　张福宽

副 主 编　王跃飞　马晓明　罗　军　胡有林

编　　委（按姓氏笔画排序）

王　勇　王振国　卞宏淳　付金宁

巩秀峰　刘刃生　刘兰芳　李书田

宋国栋　张永平　张瑞霞　姚金元

谢　岷

执行编辑　罗　军　马晓明　张永平

参编人员（按姓氏笔画排序）

丁向荣　于海峰　马文斌　王云亮　王凤英

王永亮　王亚鑫　王金玲　王金霞　王艳菊

王舒禹　王碧春　牛　敏　邓　澍　邓世卫

尹玉和　左慧忠　包德军　成建宏　刘福生

纪玉忠　纪兆芳　苏　和　李　倩　李文峰

李丽君　李佳璐　李美娜　李洪波　杨旭江

杨秀清　杨政伟　肖振军　吴　非　吴博文

张　岩　陈春梅　苗永茂　单文诚　孟建民

赵玉平　赵建军　郝志诚　郝慧雯　袁春爱

贾开颜　高兰计　高前慧　郭　琳　唐晓贞

黄金龙　曹莉琼　崔　健　崔晓红　淡海清

梁　海　傅晓华　臧　洁

目 录

附录 / 190

第一章 内蒙古自治区现代农作物种业发展概况

第一节 内蒙古自治区农牧业生产与现代农作物种业发展

一、内蒙古自治区是国家重要的农畜产品生产加工基地

内蒙古自治区地域辽阔，东西跨度大，总面积118.3万千米^2，占国土面积的1/8。全区现有可耕地面积1.37亿亩*，年实际耕种面积近1.2亿亩，是国家级玉米、高油大豆、优质春小麦、马铃薯、向日葵、甜菜、瓜菜作物以及杂粮杂豆生产基地。作为国家13个粮食主产省（区）和5大粮食调出省（区）之一，内蒙古自治区每年为国家提供商品粮超过100亿千克。2006—2015年，受国家、自治区强农惠农政策影响，内蒙古自治区粮食作物播种面积逐年上升，2015年总播面积达到8 590万亩。其中，玉米播种面积5 110.9万亩，居全国第三位；大豆播种面积794.9万亩；马铃薯播种面积769.5万亩，居全国首位；高粱播种面积130万亩，居全国第二位；谷子播种面积296万亩，居全国第二位；向日葵播种面积777.4万亩，居全国首位；甜菜播种面积68万亩，居全国第二位。同时，作为国家重要的畜牧业生产基地，内蒙古自治区畜牧业生产规模逐年扩大，综合生产能力稳步提高，位居全国五大牧区之首。牛奶、羊肉、山羊绒、细羊毛产量均居全国第一位。牧业年度牲畜存栏连续多年稳定在1亿头（只）以上，2015年全区牲畜存栏头数达到13 585.7万头（只）。

二、内蒙古自治区是国家重要的农作物种子销售市场和种子生产基地

种植业与养殖业的快速发展带动了对农作物种子的旺盛需求：农作物种子商品化率持续增长，市场规模不断扩大，“十二五”期间，全区年均需要各类杂交作物种子超过1亿千克，马铃薯脱毒种薯超过10亿千克，各类农作物种子市场总价值近50亿元，种子市场规模居全国前十位。同时，内蒙古自治区气候类型属典型的中温带大陆性季风气候，具有光温资源适宜、生态区域多样、地形地貌丰富的特点。区域横跨“三北”（中国东北、西北、华北）：东部与黑龙江、吉林、辽宁三省毗邻，南部、西南部与河北、山西、陕西、宁夏四省区接壤，西部与甘肃省相连，北部与蒙古国为邻，东北部与俄罗斯交界。发展种子贸易区位优势得天独厚，是国家传统的玉米杂交种子和马铃薯脱毒种薯生产基地。各类农作物年均制种面积80万～90万亩，年度商品种子供应量稳定在1.5亿千克以上，马铃薯脱毒种薯供应量超过18亿千克，供种地区涉及全国二十多个省、自治区、市。

* 亩为非法定计量单位，1亩≈667米^2。——编者注

第二节　内蒙古自治区现代农作物种业发展阶段

“粮安天下，种铸基石”。种子是有生命力的特殊农业生产资料，是现代生物科技的应用载体。发展现代农业，离不开现代种业的发展，因而农作物种业是国家战略性、基础性的核心产业。推进种子产业的健康发展是保护农民利益、发展农牧业现代化、保障粮食安全的重要举措。自治区党委、政府一直非常重视种子工作。原国务院副总理回良玉、原自治区党委书记胡春华都曾深入自治区农业生产一线指导种子工作。同时，作为少数民族地区，优惠的民族自治政策，能够使地方政府和行业主管部门在种业发展不同历史时期，根据自治区实际情况和种业发展状况，制定更加贴近实际的行业政策和法规，促进种业的发展。10年间，在政策扶持、行业监管、企业自律与发展下，内蒙古自治区现代种业得到快速发展，先后经历了体制转型与市场化推进（2006—2010年）、创新驱动与产业化发展（2011—2015年）两个阶段。

一、体制转型与市场化推进阶段（2006—2010年）

以《国务院办公厅关于推进种子管理体制改革加强市场监管的意见》（国办发〔2006〕40号）的贯彻落实为标志，自治区种业发展进入体制转型与市场化推进的新阶段。政府行业管理职能全面强化，管理机构部门职责得到进一步明确，管理制度得到进一步完善。同时，以政企分开为突破口，国有种子企业改组、改制步伐加快，种子生产经营机构全面从农业行政管理部门剥离，实现人、财、物的彻底分开。市场环境持续改善，种子企业法制意识和诚信意识不断提高。种子协会通过推行行业认可、行业赞许、行业规制，积极开展行业自律。农作物种植结构不断得到优化，优质、专用和高效作物品种种植面积大幅度增加。一些诸如兴垦、金山、丰田、科河系列的玉米杂交种在自治区内大面积推广。区内注册企业玉米自有产权品种市场占有率达到15%。主要农作物品种实现了一次更新。农作物种子商品化率有不同程度的提升：到2010年，玉米、高粱种子商品化率达到100%，向日葵种子达到95%，马铃薯种薯达到42%，小麦种子达到48%，大豆种子达到65%。伴随着单粒播种植方式的推广，2010年销售的杂交玉米种子精包率达到30%。

（一）行业监管切实得到加强，为现代种业发展提供了有力支撑

1. 管理体系建设成效显著。到2010年，全区共建立各级种子管理机构87个（包括1个省级，12个盟市级，74个旗县级），管理人员总数达1 806人。各级种子管理机构经过多年的建设和执法实践，形成了农作物种子品种管理、市场管理、质量管理结合紧密、互为依托的技术执法体系，依法履行种子行政许可、行政处罚、行政管理等职责，承担各自行政区域内种子市场和种子质量的监管工作。

2. 质量检测能力不断提升。通过种子工程项目的投资建设，全区形成了以1个省级检验中心（内蒙古自治区农作物种子质量检验中心·呼和浩特）、7个盟市级检验中心（呼伦贝尔市、兴安盟、通辽市、赤峰市、包头市、鄂尔多斯市、巴彦淖尔市）为架构的农作物种子质量监督检测网络。通过对检验机构的设备充实、人才引入、检测新技术研发，

全区的种子质量监管能力不断加强，马铃薯脱毒种薯病毒检测技术、玉米品种DNA指纹鉴定技术开始应用于种子质量监督抽查工作。

3. 品种准入管理日趋规范。进入种业发展新阶段，自治区品种审定委员会围绕严格审（认）定标准，完善相关审（认）定制度，加强品种试验网络建设，推动实施品种的动态管理，不断提高自治区品种试验与品种审（认）定工作质量。2006—2010年，累计审（认）定农作物品种530个，其中，玉米295个，向日葵65个，大豆24个，谷子11个，高粱5个。年均承担国家、自治区玉米、小麦等16种作物的1 200个以上品种的试验，品种试验点近300个（图1-2-1）。

图 1-2-1　自治区种子管理站宋国栋副站长向自治区农牧业厅赵存才巡视员介绍农作物品种区域试验情况

4. 生产经营许可管理全面强化。一是市场准入门槛进一步提升。2009年9月自治区第十一届人民代表大会常务委员第十次会议通过了修订的《内蒙古自治区农作物种子条例》（以下简称《种子条例》）（附录1），将主要农作物杂交种子生产、经营企业注册资金提高到500万元，加速了种子企业的兼并重组与资源整合；二是全区范围内种子企业的资质核查与清理整顿工作不断深入，按照新修订的《种子条例》和国办发〔2006〕40号文件精神，自治区农牧业厅在企业资质核查基础上，先后注销了27家不符合新修订《种子条例》规定许可条件企业的生产、经营许可证。2006年全区农业部、自治区农牧业厅核发的主要农作物杂交种子生产、经营企业为127家，到2010年数量减至98家。企业多小散、市场无序竞争的局面初步得到改善。

5. 市场监管力度不断加大。全区范围内种子市场检查与打假保春耕专项行动持续深入开展，通过对制假售假、品种未审先推、无证经营、无证生产等违法行为的专项整治，有力打击了种子生产经营中的违法行为。2006—2010年，全区累计查处违法违规种子销售网点967个，查封扣押各类种子近200万千克。先后查处了“生产、销售假巴单4号玉米种子”案件，“销售假‘S31’进口向日葵种子”案件，“L808食葵种子”案件等一些涉案金额较大、影响较大的案件。其中，“L808食葵种子”案件对农民兑现的赔付总金额达到2 700万元，创自治区种子企业赔付的最高纪录。制售假劣种子的势头得到遏制，种子市场秩序得到好转，有效降低了农业生产隐患，有力保障了自治区种业的健康有序发展。

（二）种业发展沿着专业化、市场化方向快速推进

伴随着国有种子企业的改组改制和种业市场全面开放，企业面临经营环境不断变化的挑战：全球化的市场与价格竞争、多样化和不确定性的市场需求。企业的经营理念与盈利方式随之发生变化。在生产环节，无自主知识产权品种杂交玉米生产企业竞争过度，导致生产利润降低、风险加大。企业的生产规模开始缩减，营销与科技创新日益得到企业重视。传统生产型企业出现分化与重组，一些民营企业立足自身优势与市场定位，通过专业化生产经营开拓市场，得以迅速发展。由于我国西北的甘肃、新疆河灌区杂交玉米制种自然条件优越，地方政府大力推动制种产业发展，从2007年开始，自治区杂交玉米种子生产企业的制种基地，特别是中晚熟品种的基地开始向甘肃、新疆转移。与此同时，依靠突出的自然区位优势，在国家种子工程、农业综合开发项目的投资拉动下，自治区马铃薯脱毒种薯繁育基地面积开始迅速增长。在销售领域，种子贸易非常活跃，跨国种子公司开始对自治区种子市场快速渗透，向日葵、甜菜种子进口量激增。种子企业的现代营销与推广运作手段日趋成熟。总经销商、二级批发商、零售商之间的利益分配方式更加灵活，结合也更加紧密。销售网络实现了作物种植区域的全覆盖，部分玉米种植地区以订单农业形式出现了包种、包收、包产、秋后算账的经营模式，在方便农民的同时，在一定程度上给行业监管带来了新课题。种子企业在新品种研发、基础设施建设、营销网络建设等方面有了较大的发展，杂交玉米种子生产经营企业平均育种科研投入达到利润的8%左右，行业聚集度显著提升，形成了以科河、金山、丰田、大民等育繁销一体化种业龙头企业为代表的企业集群，在增加就业、保障良种供给、促进农民增收等方面做出了积极贡献。

二、创新驱动与产业化发展阶段（2011—2015年）

2011年4月10日，国务院下发了《关于加快推进现代农作物种业发展的意见》（国发〔2011〕8号），提出“构建以产业为主导、企业为主体、基地为依托、产学研相结合、‘育繁推一体化’的现代农作物种业体系”。这一时期，党中央国务院高度重视现代种业发展，习近平总书记、李克强总理都多次对种业工作作出重要批示，种业法制建设不断推进，产业政策相继出台。2013年12月20日，国务院办公厅又下发了《国务院办公厅关于深化种业体制改革提高创新能力的意见》（国办发〔2013〕109号），提出“鼓励科研院所和高等院校科研人员到企业从事商业化育种工作。鼓励育种科研人员创新创业。打破院所和企业界限，联合国内研发力量，建立科研紧密合作、收益按比例分享的产学研联合攻关模式。”自治区现代种业发展迎来了难得的历史机遇，进入创新驱动与产业化发展的新阶段。围绕两个《意见》的贯彻落实，自治区各级地方政府和相关职能部门都把种业发展作为确保农业品种种植安全、种子供应数量安全、种子供应质量安全的大事来抓，制定促进种业发展的中长期规划，落实各项扶持政策，积极引导育种资源、技术、人才等要素向优势企业流动（图1-2-2）。自治区农牧业厅积极整合统筹项目资金，将种子工

程、农业综合开发等项目优先向“育繁推一体化”种子企业倾斜，切实加强了以企业为核心的商业化育种能力建设。具有发展潜力、创新能力，同时又规范管理、诚信守法的企业得到加快发展。品种选育和推广水平明显提升，区内注册企业玉米自有产权品种市场占有率达到25%以上。全区建设了一批标准化、规模化、集约化、机械化的玉米、马铃薯、小麦及蔬菜种子生产基地，良种保障能力进一步增强。2015年总投资1 700万元，建设于海南省乐东县占地面积524.7亩的自治区南繁育种基地投入使用，打造了内蒙古自治区优良品种南繁加代科技创新平台，为自治区现代种业创新服务发展提供了有力支撑。

图1-2-2　冯万玉院长（右一）向自治区党委王君书记介绍内蒙古农牧科学院科技创新工作

（一）机构健全、监管有力、服务高效的现代种业管理体系初步构建

截至2015年，全区共有种子管理机构89个（1个省级，12个盟市级、76个旗县级），从业人员总数达到1 899人。种子质量检测体系建设取得新进展，监管能力进一步提升。通过检测技术与方法升级，检测范围拓展，种子质量监控工作实现了对内蒙古自治区所有主要农作物的全覆盖，对生产、流通领域的全覆盖；按照农业部统一部署，“种子执法年活动”和针对重点地区、重点作物、重点市场的专项治理行动持续开展，促进了种子打假与监管工作经常化、规范化。植物新品种保护工作力度加大，严厉打击了套牌侵权和制售假劣种子行为，维护了品种选育者的合法权益；种业信息化建设稳步推进。建立了自治区种子生产与价格监控预警体系，种业信息采集、分析评估机制；品种审定制度改革深入推进，通过制定完善评价标准，增加品种试验类型，优化区试点布局，加强品种试验的田间实地考察鉴定工作，深入开展品种试验田间实测工作，初步建立起以发展

高产、优质、高效种植业为核心的分类评价体系。进一步增强了农作物品种试验的代表性、科学性和品种审（认）定工作的科学、客观、公正。2011—2015年，相继召开了内蒙古自治区第五届农作物品种审定委员会第五次会议，第六届农作物品种审定委员会一次（图1-2-3）、二次（图1-2-4）、三次、四次会议，累计审定、认定农作物品种614个，退出农作物品种88个。保障了农业用种的数量、质量、品种安全；行业服务水平进一步

图1-2-3　内蒙古自治区第六届农作物品种审定委员会一次会议开幕式

图1-2-4　内蒙古自治区第六届农作物品种审定委员会二次会议上委员们就审定标准进行讨论

增强，按照“稳定队伍、转变作风、搞好服务”的原则，自治区种子管理站在全区种子管理系统内开展了行风建设活动：围绕提高工作效率建立了种子生产许可证和种子经营许可证的快速办理机制，参加品种试验品种的快速审核机制，种子质量检验结果的快速审核公布机制，种子项目快速评审机制4项快速办公机制；围绕提升种子管理工作业绩，健全种子管理工作机制提出了加强领导、明确责任、属地管理、明确分工、认真及时处理群众反映举报的各类涉种案件等要求。新品种展示示范工作深入推进，初步建设了一批围绕自治区主要粮食生产盟市的自治区级新品种展示示范场，围绕产粮大县建设的面向农民的县级新品种展示示范场。积极引导区内外优秀种子企业，尤其是育繁推一体化种子企业的优良品种进入展示示范平台，通过展示示范，向农民推介优良品种，充分发挥优良品种对农业增产增收的先导作用，加快了品种的推广步伐。

（二）行业聚集度进一步提升，育繁推一体化企业逐步引领现代种业发展

《国务院办公厅关于深化种业体制改革提高创新能力的意见》（国办发〔2013〕109号），明确提出“在企业注册资金、固定资产、研发能力和技术水平等方面大幅提高市场准入门槛”和“严格种子生产、经营行政许可管理”，并对《农作物种子生产经营许可证管理办法》进行了修订，主要在准入门槛、企业责任、许可监管等方面进行了调整，进一步推动种子企业兼并重组、做大做强。修订后的《农作物种子生产经营许可管理办法》2011年经农业部第四次常务会议审议通过，自2011年9月25日起施行。自治区也按照《农作物种子生产经营许可管理办法》（2011）的规定，将杂交玉米种子生产、经营企业注册资本上调至3 000万元，并加大了对企业的核查力度，严把企业准入关，促进企业兼并重组。截至2015年，全区农业部、自治区农牧业厅发证企业数量减至128家，企业数量虽不及“十一五”期间的一半，但企业质量有了明显提升。其中：育繁推一体化注册资本1亿元以上的2家；注册资本3 000万元以上的杂交玉米种子生产经营企业39家；注册资本500万元以上的马铃薯脱毒种薯企业18家；注册资本500万元以上其他主要农作物企业27家；注册资本500万元以上其他非主要农作物种子企业41家；食用菌菌种生产经营企业1家。种子企业的规模和市场竞争能力明显提高。围绕现代种子加工技术和设备引进，企业生产加工能力大幅提升。其中，主要农作物常规与杂交种子生产经营企业共建成集精选—分级—包衣—定量包装为一体，加工能力10吨/小时的生产线52条，5吨/小时的生产线12条。结合单机加工设备，全区实际形成700吨/小时的种子总加工能力；建成种子库房12万米^2，种子检验室1.8万米^2，种子晒场30万米^2；建成2吨/批的籽粒烘干设备12套，15吨/批的9套，30吨/批的6套，1 000吨/批的果穗烘房1座，1 200吨/批的2座，1 500吨/批的2座（图1-2-5）。2011—2015年自治区杂交玉米种子质量监督抽查结果显示，所抽取样品种子净度均达到99%以上；马铃薯脱毒种薯生产经营企业形成种薯储存能力100万吨，建成组织培养室5万米^2，网室85万米^2（图1-2-6）。

全区形成了一批生产加工技术先进、市场营销网络健全、技术服务到位、优良品种自主研发能力突出的育繁推一体化龙头企业。种业发展水平明显提高。新型销售模式如网络销售、包产包种的订单销售开始在市场推广。企业开始注重种子的差异化包装，加大了面向销售终端市场的销售网络建设和广告宣传。

图1-2-5　内蒙古真金种业科技有限公司1500吨/批果穗烘干房作业现场

图1-2-6　内蒙古坤元太和农业科技有限公司马铃薯脱毒种薯原原种收获现场

（三）企业科技创新主体地位显著增强

民营种子企业以灵活的用人机制和优厚的待遇吸引了一批育种专业人才，作为品种选育的新生力量而迅速崛起。他们选育出了一大批优良农作物新品种，如兴垦3号（图1-2-7）、丰田6号，丰田12、西蒙6号、利禾1等玉米品种，沁谷1号、赤杂谷1号、大地金谷1号等谷子品种，峰杂2、鑫杂2号等高粱品种，TK601、SH6009、SD998、SH363等向日葵品种，登科6号、登科10号等大豆品种，金丰1号等西葫芦品种。种业科技创新投入稳步增加，新品种选育推广能力显著增强。内蒙古种子行业基础信息统计结果显示：2015年全区91家科研育种企业科技创新总投入为7 996万元。其中，政府投入958万元，企业投入7 038万元，企业自筹比例达88%。2011—2015年，自治区共审（认）定玉米262个、向日葵96个、谷子14个、高粱47个，区内注册企业选育通过审（认）定的品种数量分别占审认定总数的24.3%，30.8%，50%，55.9%。区内注册企业自主选育品种覆盖率玉米达到25%，向日葵达到35%，谷子和高粱均超过60%。品种更新换代步伐加快，高产、优质、抗逆、适应机械化生产的突破性品种，支撑了现代农业的可持续发展。

图1-2-7　育种家徐万陶（左）向中国农业大学教授许启凤（中）、中国农业科学院研究员佟屏亚（右）介绍玉米新品种

第二章 内蒙古自治区现代农作物种业管理体制及运行

第一节 农作物种子质量管理

种子质量优劣影响农作物产量、品质，直接关系到农业生产的丰歉和社会的稳定。种子质量监督检验是种子质量控制工作的重要组成部分，加强种子质量监督检验体系建设是保证种子质量，维护农民合法权益，发展农业生产和种子产业的需要，也是种子市场健康发展的客观要求。2006年以来，内蒙古自治区农作物种子质量检验网络不断完善，检验设施和条件得到很大改善，岗位培训考核成为提高检验员专业知识、业务能力和综合素质的重要手段，分子检测新技术得到了应用，种子质量有了明显提高，有力保障了内蒙古自治区现代农作物种子产业健康发展。

一、种子质量监督检验机构建设及运行

为适应种业科技飞速发展、种子交易空前活跃的新形势，强化在市场经济条件下对生产、流通领域种子质量的监管能力。截至2010年，国家先后在自治区安排8个种子质量监督检测中心建设项目，总投资3 074万元（国家投资2 435万元，自治区配套639万元），本着“填平补齐、经济实用、突出重点、提高功能”的原则，在原有检测设备和技术力量的基础上，通过改建扩建，各检测中心在检测环境、检测设施、检测仪器等方面都有了质的飞跃。一大批种子质量检验仪器设备充实到种子质量检验机构，为提高自治区农作物种子质量检验机构检测水平，拓展检测领域，发挥检测功能打下了坚实的基础。通过监督检验体系建设，全区种子质量监管能力不断加强：抽查方式由冬季入库抽样检验扩展到春季流通市场抽样检查。玉米杂交种子纯度与真实性检测方法由蛋白质指纹图谱拓展到DNA指纹鉴定技术。在开展主要农作物种子常规质量指标检测的同时，开展了转基因成分检测，马铃薯病毒检测，主要农作物种子田间种植鉴定。充分发挥了种子质量检验工作对市场准入、预警、监督、查处、服务等环节的支持作用。

（一）内蒙古自治区农作物种子质量检验中心的建设与运行

在农业部、自治区农牧业厅的大力支持下，“中心”（图2-1-1）在机构人员、质量体系、仪器设备、检测工作、设施与环境等方面得到显著提高。2007年4月，“中心”通过了内蒙古技术监督局的计量认证和机构审查认可，再次被内蒙古技术监督局授权为内蒙古自治区第十八产品质量监督检验站；2007年11月22～24日，作为农业部第五批部级

质检中心的筹建单位之一，“中心”通过了国家“双认证”评审组的现场评审（图2-1-2），为建设现代化、规范化、高标准的一流种子质量监督检验测试中心迈出了至关重要的一步，也为全面发挥“中心”功能，为种子质量管理工作提供充分的技术依托和支持，为更好地服务于内蒙古自治区和周边省区的种子质量控制工作创造了条件、打造了平台。2012年，农业部又为“中心”投资283万元，用于完善“中心”开展分子检测工作的设施条件。通过对实验室进行改扩建，新建分子检测室200米^2，标准样品库40米^2。购置了总价100多万元的分子检测专用仪器设备，使“中心”承担各项检测任务的能力得到进一步提升，具备了开展种子分子检测项目的条件。时任自治区副主席郭启俊（图2-1-3）、自治区农牧业厅厅长郭建先后来“中心”进行调研。

图2-1-1　内蒙古自治区农作物种子质量检验中心

图2-1-2　内蒙古自治区种子管理站站长张福宽与国家“双认证”评审组组长签署考评文件

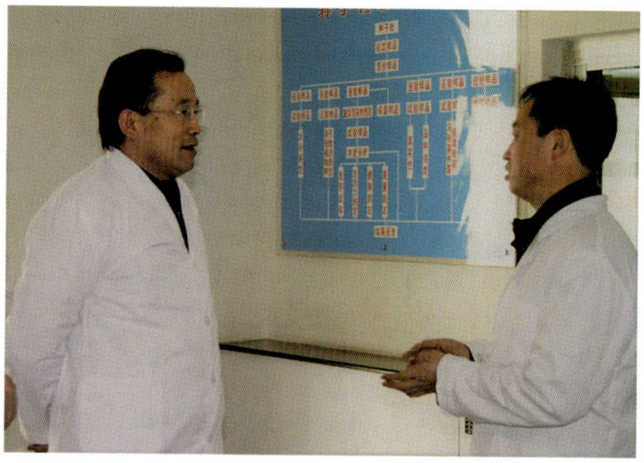

图2-1-3　内蒙古自治区种子管理站副站长王跃飞向时任自治区副主席郭启俊同志汇报检验中心业务工作开展情况

“中心”在质量管理体系建设方面，确立了基于“质量手册”“程序文件与管理制度”“作业指导书”等体系文件基础上的质量管理体系。设立了质量监督员和内审员，形成了质量监督和审查系统，使监督审查各项质量活动按规定运行。通过质量体系审核程序的运行查找问题、分析原因、及时采取措施实现质量管理体系的持续改进。

“中心”有专职检验人员11人，全部通过农业部考核培训。人员学历结构为硕士3人、本科5人、专科3人；职称结构为推广研究员1人、高级农艺师5人、农艺师5人。检验大楼总面积1 812米^2，其中检验室面积为1 200米^2；仪器设备170台（套），其中分子检测方面的仪器设备约60台(套)。仪器设备在满足开展马铃薯病毒检测、种子活力、种子健康、水分测定、发芽率检测（图2-1-4）、种子真实性和品种纯度、净度分析、重量、健康测定、农作物种子分子检测等项目的同时，还具备了开展分子生物学实验、植物生理生化实验的条件，为先进的检测技术应用于农业生产提供了保障。

图2-1-4　内蒙古自治区农作物种子质量检验中心检验员正在进行发芽试验

“中心”的主要职能有：承担上级部门下达的农作物种子质量监督检测任务；接受本地区种子质量的仲裁检验、委托检验；承担农业部农作物种子质量认证试点工作的检验任务；负责自治区各级种子检验机构的业务指导和人员培训；承担自治区各级种子检验机构和种子企业检验室的能力认可工作；承担和参与国家标准、行业标准和地方标准的制定、修订工作；研究种子检验的新技术、新方法；组织专家，开展种子质量纠纷田间现场鉴定，并在有效范围内出具具有法律效力的鉴定报告。

2006年以来，“中心”围绕强化全区种子质量监控，每年都组织开展了冬季生产企业督查、春季销售市场抽查、夏季生产基地巡查3个专项行动。并结合市场监管重点，开展了重点区域、重点作物的专项监督抽查。累计完成质量监督抽查样品7 653个，抽查企业576家，代表种子数量9 800多万千克，作物种类涉及玉米、向日葵、高粱、甜菜、谷子、大豆、甜瓜、蓖麻、绿豆、菜豆、萝卜、西葫芦、豇豆、籽瓜等。严格限制不合格种子进入市场，切实保障农业生产用种安全。马铃薯产业是内蒙古自治区重点扶持和优先发展的农牧业特色主导产业，马铃薯种薯质量关系农民利益和自治区马铃薯产业兴衰。为切实提高种薯质量，完善检测技术规程，从2006年开始，“中心”联合马铃薯优势种植区的乌兰察布市、包头市种子管理站开展了应用酶联免疫吸附法检测马铃薯脱毒种薯病毒的技术攻关。通过两年的人员培训与技术交流，2007年实现了该项技术在检测工作中的应用，并承担了自治区农牧业厅下达的马铃薯脱毒种薯质量监督抽查任务。每年分别在盛花期和枯黄期开展对全区马铃薯脱毒种薯抽样检测（图2-1-5）。2007—2015年，累计抽查了82家企业的7 000份样品，代表马铃薯原种田16 000亩，原原种田3 200亩。检测项目包括了马铃薯X病毒（PVX）、马铃薯Y病毒（PVY）、马铃薯S病毒（PVS）、马铃薯A病毒（PVA）、马铃薯M病毒（PVM）、马铃薯卷叶病毒（PLRV）6种病毒；同时，“中心”积极开发应用DNA指纹鉴定技术进行农作物种子真实性鉴定的方法，先后与山西省农作物种子检验中心、湖北省农作物种子检验中心等单位共同参加农业部农作物种子检验中心关于“SSR分子标记鉴定向日葵品种真实性”新技术的研究工作。经过反复试验与不断摸索，建立了DNA提取、体系构建和电泳检测全过程的检测程序；“中心”参加了农业部农作物种子检验中心“SSR分子标记鉴定玉米品种真实性”的研究工作，摸索出引物、体系、分离胶的适宜浓度，构建了内蒙古自治区主要玉米品种的SSR图谱；“中心”参加了农业部转基因种子检测技术的验证工作，多次参加农业部转基因种子检测的方法验证、质量抽查和能力验证。

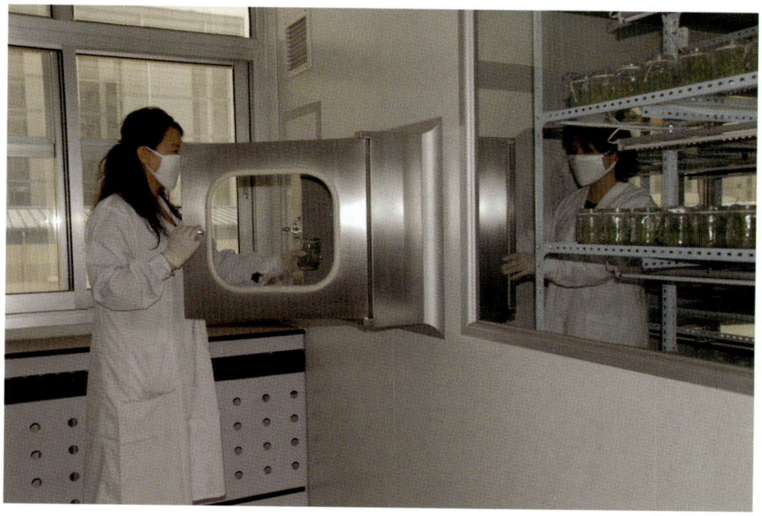

图2-1-5　内蒙古自治区农作物种子质量检验中心检验员开展马铃薯脱毒种薯病毒检测

（二）呼伦贝尔市农作物种子质量检验中心建设运行

呼伦贝尔市农业种子管理站依托区域优势，积极争取国家项目投资，在前期农业部“大豆种子质量监督检测中心项目”的建设基础上，通过强化检验技术人员培训，加大投资力度，完善种子质量检验设施，增加仪器设备，检测能力和整体实力得到提升。检验机构于2006年4月25日第4次通过内蒙古自治区技术监督局“资质认定计量认证”复查。根据呼伦贝尔市农牧业局《关于设立呼伦贝尔市农作物种子质量检验中心的通知》（呼农牧办发〔2009〕61号）精神，检验机构于2009年正式更名呼伦贝尔市农作物种子质量检验中心，挂靠于呼伦贝尔市农业种子管理站，为非独立法人事业单位。“中心”于2010年7月19日通过农业部“农作物种子质量检验机构能力验证考评”，2010年10月26日取得“中华人民共和国农作物种子质量检验机构合格证书”。具备对外开展农作物种子检验的基本条件和能力，准许在批准的种子检验项目范围内使用农作物种子质量检验机构合格标志。“中心”的职能有：承担呼伦贝尔市农作物种子质量的监督检验、仲裁检验和委托检验，在有效范围内出具具有法律效力的检验报告。“中心”现有检验、办公面积1 282米^2，其中检验室面积422.4米^2，设有业务接样室、水分测定室、净度分析室、发芽室、样品室、纯度鉴定室、健康室、病毒检测室等，并配备有幼苗培养室（恒温、恒湿）、净度分析仪、高精密电子天平、电热鼓风干燥箱、低温低湿种子储存箱、多功能电泳仪、成分分析设备等60多台（套），仪器设备完好率100%。现有专职检验人员11人，其中8人为通过自治区考核的持证种子检验员。“中心”人员学历结构为硕士3人、本科5人、专科3人；职称结构为推广研究员1人、高级农艺师5人、农艺师4人、助理农艺师1人。“中心”所配仪器设备、工作条件和环境完全能够满足开展检验项目的要求。

2006—2015年，“中心”累计完成种子质量监督抽查样品数量1 265个，作物种类涉及玉米、大豆、小麦、大麦、油菜、马铃薯，代表种子2 000多万千克。其中，完成自治区农牧业厅下达的种子质量监督抽查任务203个种子批，完成呼伦贝尔市农牧业局下达种子质量监督抽查任务1 062个种子批。

2006年完成呼伦贝尔市农牧业局下达的农作物种子质量监督抽查工作，共抽查9家种子企业的34个种子样品，代表种子100万千克。对净度、发芽率和水分3项质量指标进行检测，样品合格率为100%；完成了对呼伦贝尔市良种补贴供种企业的种子质量监督抽查工作，先后对9家供种企业的31个种子样品的净度、发芽率和水分3项质量指标进行检测，样品合格率为100%，代表种子100万千克。

2007年完成了呼伦贝尔市农牧业局下达的农作物种子质量监督抽查工作，共抽查11家种子企业的16个杂交玉米种子样品，代表种子64万千克。通过对净度、发芽率和水分3项质量指标的检测，样品合格率为94%；完成了对呼伦贝尔市良种补贴供种企业的种子质量监督抽查工作，先后对9家供种企业的156个种子样品的净度、发芽率和水分3项质量指标进行检测，样品合格率为94%，代表种子300多万千克。

2008年完成了呼伦贝尔市农牧业局下达的农作物种子质量监督抽查工作，共抽查3家种子企业的5个杂交玉米种子样品，代表种子7万千克，样品合格率为100%；完成了对呼伦贝尔市良种补贴供种企业的种子质量监督抽查工作，涉及小麦良种供种企业3家，大豆良种供种企业8家，玉米良种供种企业1家，马铃薯种薯供种企业1家。共抽查种子样品407个，代表种子1 000多万千克。

2009年完成了呼伦贝尔市农牧业局下达的农作物种子质量监督抽查工作，共抽查10家种子企业的9个种子样品。其中，杂交玉米种子样品6个，代表种子7万千克，样品合格率为70%；大豆种子样品3个，样品合格率为100%。

2010年完成呼伦贝尔市农牧业局下达的市场监督抽查工作，共抽查了涉及杂交玉米、大豆种子的14个样品，通过对净度、发芽率质量指标检测，样品合格率为100%，代表种子47万千克。

2011年“中心”先后对呼伦贝尔市抽查的49个种子样品的净度、发芽率、水分等质量指标进行了检测，代表种子50万千克；根据自治区农牧业厅《关于开展2011年度马铃薯脱毒种薯质量监督抽查工作的通知》（内农牧种植发〔2011〕260号）和内蒙古自治区农作物种子质量监督检测中心下发的《2011年马铃薯脱毒种薯田间抽查方案》（内农种质检字〔2011〕5号）的要求，制订了《2011年呼伦贝尔市马铃薯脱毒种薯田间抽查方案》及《马铃薯种薯监督抽查室内病毒检测方案》。对呼伦贝尔市5家马铃薯种薯生产企业的12块种薯生产田进行了抽样检测，共扦取96份样品，代表9 549亩马铃薯种薯生产田（图2-1-6）。

图2-1-6 内蒙古自治区种子管理站副站长马晓明（右二）与呼伦贝尔市农作物种子质量检验中心检验员开展马铃薯脱毒种薯田间抽查工作

2012年开展了呼伦贝尔市春播用种质量的监督抽查工作，共抽查了涉及杂交玉米、大豆、大麦3类作物的22个样品，通过对净度、发芽率质量指标检测，样品合格率为100%，代表种子32.9万千克。

2013年根据内蒙古自治区农牧业厅下达的盟市互检任务，完成了对通辽市农作物种子经营市场的抽样检测工作，共扦取了23个种子样品，进行了水分、净度、发芽率等质量指标的检测；完成了对呼伦贝尔市春播用种质量的监督抽查工作，共抽查了涉及玉米、大豆、大麦、小麦、油菜等作物的43个样品，代表种子65万千克。

2014年开展了对扎兰屯市、莫旗、阿荣旗、鄂伦春旗等大豆主产区的大豆种子质量监督抽查，共完成对23个大豆种子样品的净度、发芽率的检测；完成了内蒙古自治区农牧业厅下达的盟市互检工作，对赤峰市农作物种子经营市场进行市场检查和质量监督抽查，共扦取了60个玉米样品，进行了水分、净度、发芽率等质量指标的检测，代表种子30.4万千克；完成了呼伦贝尔市小麦种子质量监控工作，共扦取了19个小麦样品，进行了净度分析和发芽试验，代表种子47.5万千克；按照《2014年呼伦贝尔市农作物种子田间生产质量监控工作方案》，委派种子质量检验人员，开展了全市农作物种子生产田的质量监控及田间检验工作，共检查种子生产田10 816亩。其中，小麦种子生产田1 500亩、大豆3 140亩、玉米1 844亩、马铃薯4 332亩。

2015年根据自治区农牧业厅《关于印发2015年内蒙古自治区打击侵犯品种权和制售假劣种子行为专项行动实施方案的通知》(内农牧种植发〔2015〕23号)要求，对呼和浩特市和巴彦淖尔市的农作物种子市场进行市场检查和质量监督抽查，共扦取种子样品120份，进行了水分、净度、发芽率等质量指标的检测，代表种子14.34万千克。

(三) 兴安盟农作物种子质量检验中心建设及运行

兴安盟农作物种子质量检验中心由国家优质粮食产业工程“内蒙古自治区兴安盟农作物种子质量监督检测分中心项目”投资建设，项目总投资360万元。2008年完成了基础设施建设及检验仪器设备配备。“中心”总建设面积880米^2，其中，检验室面积为450米^2，办公区面积400米^2；配备检测仪器设备41台(套)；有10名通过自治区考核的持证种子检验员。经兴安盟农牧业局批准，“中心”挂靠在兴安盟种子管理站。2010年10月26日，“中心”首次通过农业部“农作物种子质量检验机构能力验证考评”。2011—2015年，“中心”累计完成了对364个种子样品的检测工作：2011年完成监督抽查样品41个，代表种子62.56万千克，委托检验样品9个；2012年完成监督抽查样品35个，代表种子41.93万千克，委托检验样品9个；2013年完成自治区农牧业厅下达的盟市间的互检样品25个，代表种子5.81万千克，监督抽查任务样品28个，代表种子24.37万千克，委托检验样品7个；2014年完成互检样品60个，代表种子14.85万千克，完成监督抽查样品37个，代表种子53.40万千克，委托检验样品9个；2015年完成盟市间互检样品50个，代表种子6.71万千克，监督抽查样品35个，代表种子30.46万千克，委托检验样品19个。

(四) 通辽农作物种子质量检验中心建设及运行

通辽农作物种子质量检验中心由国家优质粮食产业工程“内蒙古自治区通辽市农作物种子质量监督检测分中心项目”投资建设(图2-1-7)，项目总投资300万元，其中，中央投资270万元，地方配套30万元。建筑面积802.91米^2。购置种子专用检验仪器设备46

图2-1-7 通辽市种子管理站刘兰芳站长(左二)向时任自治区农业厅厅长的陶克同志(右二)介绍通辽农作物种子质量检验中心工作

台（套）。“中心”2010年通过农业部能力验证考评。现有专职持证检验员8人，均为大专以上学历。其中，推广研究员3人，高级农艺师3人，农艺师2人。开展的种子检测项目有净度分析、水分检测、发芽率检测、田间小区种植鉴定。“中心”运行以来累计完成了对1 048份种子样品的抽样检测。其中，完成通辽市农牧业局下达的监督抽查样品817个，代表种子1 706.4万千克；完成内蒙古自治区农牧业厅下达的监督抽查样品231个，代表种子879.6万千克。

（五）赤峰市农作物种子质量检验中心建设及运行

“中心”前身为赤峰市产品质量监督检验15站，2005年按照自治区农牧业厅《关于国家优质粮食产业工程2004年项目初步设计与概算的批复》（内农牧计发〔2005〕44号）文件精神组织实施了“内蒙古自治区赤峰市种子质量监督检验分中心”项目建设，充实和更新了大量检验仪器设备。2010年“中心”经赤峰市农牧业局批准设立，挂靠在赤峰市种子管理站，为非独立法人事业单位，属公益性技术服务机构。按照《农作物种子质量检验机构考核管理办法》和《农作物种子质量检验机构考核准则》的要求，2011年4月通过自治区农牧业厅的文件审查和现场评审，5月8日获得农作物种子质量检验机构合格证书，对外开展农作物种子检验业务。

“中心”下设业务办公室和检验室，办公室面积243米^2，检验室面积486米^2。现有在职人员12人，其中10人为通过自治区农牧业厅培训考核的持证种子检验员。人员学历结构为硕士3人、本科5人，其余均为大专；职称结构为推广研究员3人、高级农艺师4人、农艺师4人。配备了智能人工气候室、凝胶图像分析系统、多功能电泳仪、数粒仪、净度工作台、光照发芽箱、电子天平等47台（套）专用仪器设备。“中心”的主要职责是负责赤峰市旗县区农作物种子质量检验机构及种子检验员的业务指导，承担赤峰市农作物种子质量监督抽查及检验工作，对外开展委托检验和仲裁检验，开展种子检验技术交流与合作等。检测范围包括玉米、向日葵、高粱等46种农作物种子的扦样及纯度、净度、发芽率（图2-1-8）、水分等项目的检测。“中心”建制相对独立，在组织结构、职能

图2-1-8　赤峰市农作物种子质量检验中心检验员在进行玉米种子发芽率检测

职责等方面与赤峰市种子管理站有明确的界定，保证了检验工作的独立性和公正性。“中心”秉承“管理科学、行为公正、服务规范、数据准确”的质量方针，严格按照管理体系开展工作和规范内部管理，并对管理体系持续改进，确保管理科学化、制度化、规范化。2006—2015年，“中心”共抽取玉米种子样品806份并完成了相关质量指标检测，代表种子478万千克；共抽取非主要农作物种子样品96份并完成了相关质量指标检测，代表种子6.1万千克。2008年以前玉米品种纯度主要依据《玉米种子纯度盐溶蛋白电泳鉴定方法》(NY/T449—2001) 进行室内检测，2009年在自治区各盟市检验中心中率先开展玉米品种纯度田间小区种植鉴定。

（六）包头市农作物种子质量检验中心建设及运行

包头市农作物种子质量检验中心由国家优质粮食产业工程“内蒙古自治区包头市农作物种子质量监督检测分中心项目”投资建设。项目总投资362万元，其中，中央投资340万元，地方配套22万元。建设期为2005—2006年。共建设种子检测用房、鉴定温室等土建工程1 100米^2，购置仪器设备158台（套）。“中心”于2007年通过了内蒙古自治区质量技术监督局的计量认证和农牧业厅的机构审查认可；2010年由包头市编制委员会批准成立“包头市农作物种子质量检验中心”，挂靠包头市种子管理站；2010年通过农业部“农作物种子质量检验机构能力验证考评”。“中心”共有工作人员18人，经自治区农牧业厅考核合格取得检验员证的17人。人员学历结构为硕士2人，本科14人，大专2人；职称结构为高级农艺师6人，农艺师4人，助理农艺师6人，技术员2人。2011—2015年“中心”累计抽样检测农作物种子样品560个，涉及玉米、向日葵、小麦、马铃薯（图2-1-9）、蔬菜5类作物，代表种子261.5万千克。其中，包头市农牧业局下达质量监督抽查的样品285个，代表种子192.3万千克；自治区农牧业厅下达的质量监督抽查样品275个，代表种子69.2万千克（表2-1-1）。

图2-1-9 包头市农作物种子质量检验中心检验员在马铃薯种薯生产田进行抽样

表2-1-1　包头市农作物种子质量检测中心种子质量检测样品汇总表

年度	作物种类	样品数/个	代表数量/万千克	任务来源
2011	向日葵、玉米、小麦、蔬菜	100	42.9	包头市农牧业局
2012	向日葵、玉米、小麦、蔬菜	115	85.8	包头市农牧业局
2013	向日葵、玉米	120	74.1	包头市农牧业局 自治区农牧业厅
2014	玉米	111	44.5	自治区农牧业厅
2015	玉米	114	14.2	自治区农牧业厅
合计		560	261.5	包头市农牧业局 自治区农牧业厅

（七）鄂尔多斯市农作物种子质量检验中心建设及运行

鄂尔多斯市农作物种子质量检验中心（图2-1-10）由国家优质粮食产业工程“内蒙古自治区鄂尔多斯市农作物种子质量监督检测分中心项目”投资建设。项目总投资298万元，其中，中央投资240万元，地方配套58万元。建设种子检验综合用房820.8米^2，鉴定圃20亩，购置仪器设备150台（套）（图2-1-11）。2006—2015年，“中心”按照农业部、自治区农牧业厅以及鄂尔多斯市农牧业局要求，开展了对鄂尔多斯市市场销售种子的抽样送检工作。抽样主要集中在达拉特旗、杭锦旗和乌审旗的种子企业和销售门店。10年间累计抽查杂交玉米种子样品560个，代表种子2 345万千克。

图2-1-10　鄂尔多斯市农作物种子质量检验中心

图2-1-11　鄂尔多斯市农作物种子质量检验中心种子纯度检验室

（八）巴彦淖尔市农作物种子质量检验中心建设及运行

巴彦淖尔市农作物种子质量检验中心由国家优质粮食产业工程“内蒙古巴彦淖尔市农作物种子质量监督检测分中心项目”投资建设。项目总投资261万元，其中，中央投资235万元，地方配套26万元。建设内容包括改造种子检测用房780米^2，购置仪器设备138台（套）。2009年根据《巴彦淖尔市农牧业局关于设立巴彦淖尔市农作物种子质量检验中心的通知》（农牧局发〔2009〕266号），巴彦淖尔市农作物种子质量检验中心正式成立。“中心”隶属于巴彦淖尔市种子管理站。“中心”有通过内蒙古自治区农牧业厅考核的种子检验员11名，检验员职称结构为高级农艺师3名，农艺师8名。“中心”总面积800米^2，设有纯度室、水分室、发芽室、净度室、样品储藏室、资料室、分样室；共有检验仪器138台（件、套），配备了PCR仪、多功能电泳仪、生物照相显微镜、超低温冰箱等仪器。仪器设备完好率100%。2006—2015年共抽样检测农作物种子样品1 082份。其中，向日葵155份（图2-1-12），小麦101份，番茄56份，玉米640份，西瓜14份，甜瓜7份，各类蔬菜种子109份。代表种子1 920万千克。

图2-1-12 巴彦淖尔市农作物种子质量检验中心检验员在进行向日葵种子发芽试验

（九）乌兰察布市种子质量检测工作

乌兰察布市种子管理站在马铃薯种薯质量检测能力、技术储备等方面优势明显，是全国较早开展马铃薯病毒检测的单位，拥有较完备的马铃薯质量检验设备和经验丰富的检验技术人员。全站有通过自治区农牧业厅考核通过的扦样员10人，室内检验员10人，田间检验员7人。10年来，乌兰察布种子管理站积极开展辖区马铃薯脱毒种薯生产企业的田间质量控制工作（图2-1-13），推广马铃薯种薯质量控制体系。2014年乌兰察布市委市政府筹集资金1 400万元建设国家级马铃薯种薯质量检验监测中心，“检测中心”预计2016年竣工。

图2-1-13　乌兰察布市种子管理站高兰计站长（右二）与专家在进行马铃薯田间现场鉴定

二、检验队伍建设与检验机构审查认可

（一）检验员培训考核工作

为提升种子检验员业务素质与能力，使资质管理进一步规范，按照农业部《农作物种子检验员考核管理办法》和《农作物种子检验员考核大纲》的要求，2006—2014年，自治区农牧业厅开展了全区范围内的种子质量检测机构检验员和企业检验人员的考核培训工作，自治区累计共有1 937名检验工作人员通过考核。其中，检验机构检验员407人，企业检验人员1 530人（图2-1-14）。通过考核培训工作的开展，大幅提升了自治区检验机构检验员和企业检验人员的整体水平。按照《农业部办公厅关于做好种子检验员证定期审查工作的通知》（农办农〔2008〕141号）要求，自治区建立了种子检验员证的定期审查制度，每两年组织一次对持证检验员的审查，促进了检验人员检验能力保持和检验队伍稳定，收到了良好的效果。

图2-1-14　自治区种子管理站在赤峰市举办全区种子检验员培训班

（二）检验机构审查认可工作

按照《关于发布〈内蒙古自治区农作物种子检验机构管理办法〉及〈内蒙古自治区农作物种子企业检验室管理办法〉的通知》（内农牧种植发〔2001〕137号）文件要求，2006—2008年，内蒙古自治区农牧业厅开展了对全区盟市旗县级种子管理机构检验室的审查认可工作，通辽市、赤峰市、巴彦淖尔市、鄂尔多斯市、伊金霍洛旗种子管理站的检验室相继通过机构审查认可，为构建自治区种子质量监督检验网络、提高粮食主产区种子质量监督检测能力提供了机构保障。《农业部办公厅关于贯彻落实〈国务院关于取消和调整一批行政审批项目等事项的决定〉的通知》（农办办〔2014〕48号）下发后，农作物种子质量检验机构资格认定下放至省级人民政府农业行政主管部门。自治区农牧业厅先后对6个地市级、1个县级检验机构进行了复审、发证。同时，按照有关程序，对初次申报的1个地市级农作物种子检验机构进行了评审、认定，并对通过评审的检验机构定期开展能力验证。到2015年年底，全区共有8家符合条件并通过评审的种子检验机构，其中，省级1家、地市级6家，县级1家。分别是内蒙古自治区农作物种子质量检验中心，呼伦贝尔市农作物种子质量检验中心（图2-1-15）、兴安盟农作物种子质量检验中心、通辽市农作物种子质量检验中心、赤峰市农作物种子质量检验中心、包头市农作物种子质量检验中心、巴彦淖尔市农作物种子质量检验中心、宁城县农作物种子质量检验站。

图2-1-15　自治区农牧业厅检验机构考核组在对呼伦贝尔市农作物种子质量检验中心进行现场考核

第二节　农作物种子品种管理

一、管理制度沿革

20世纪50年代初期，自治区开始对农作物品种实行登记、鉴定制度。1957年以后，良种区域试验工作逐步走向规范。1976年2月，内蒙古自治区农作物品种审定委员会正式成立。第一届委员会讨论通过了《内蒙古自治区农作物品种区域试验方案》《内蒙古自治区农作物品种审定条例》。自治区品种审定认定制度正式确立。2000年自治区品种审定委员会三届三次会议讨论通过了《内蒙古自治区农作物品种审定委员会章程》和《内蒙古自治区农作物品种审定认定办法》。2001年自治区品种审定委员会办公室下发了《内蒙古自治区农作物品种试验管理办法》，明确了试验组织程序、管理机构，及各级种子管理站、试验主持单位、承试单位的职责和任务。2001年《内蒙古自治区农作物种子条例》实施后，自治区品种审定委员会三届四次会议对《内蒙古自治区农作物品种审定认定办法》(2000年)进行了修改和调整，形成《内蒙古自治区主要农作物品种审定办法》和《内蒙古自治区农作物品种认定办法》，搭建了自治区品种管理制度框架。按照《中华人民共和国种子法》《内蒙古自治区农作物种子条例》规定："主要农作物品种在推广应用前应当通过国家级或者省级审定。""主要农作物新品种的引进、非主要农作物新品种的选育和引进根据需要进行认定。需要认定的非主要农作物品种目录由自治区人民政府农牧业行政主管部门公布。"《内蒙古自治区主要农作物品种审定办法》规定，申请审定的品种首先要具备的条件是"通过自治区品审会组织的品种试验，遗传性状稳定、形态特征一致，与现有品种有明显区别，具有规范的品种名称"。《内蒙古自治区农作物品种认定办法》规定，"具备下列条件的，可向自治区品审会办公室申请品种认定：自治区品审会组织试验的外省区或国家已审定通过的主要农作物品种和经外省区登记或认定的非主要农作物品种；自治区品审会组织试验的非主要农作物品种；对选育或引进的非主要农作物，自治区品审会未开展的品种试验经自治区品审会同意委托认可的试验机构开展的试验品种实行自愿认定。"

二、品种审定

自治区内个人或种子科研、生产、经营等单位申请品种审定，可以直接向自治区农作物品种审定委员会或盟市品种推荐小组提出申请。自治区外企业或个人在自治区申请品种审定，由该企业或个人直接申报，也可以委托自治区内具有法人资格的种子科研、生产、经营机构代理。在中国大陆没有经常居所或者营业场所的境外人员、外国企业或者外国其他组织在自治区申请品种审定的，应当委托具有法人资格的自治区种子科研、生产、经营机构代理。

申请者或盟市品种推荐小组于每年1月31日前向自治区品审会办公室报送材料，同时提交标准样品。品种审定委员会办公室在收到申请材料20日内做出是否受理的决定。对符合审定条件的提交相应的专业组审定。对不符合条件的通知申请者和所在盟市品种推荐小组。

下列情形之一者，品审会办公室不予受理：

（1）品种权发生纠纷未有结论的；

（2）有证据证明是侵权品种的；

（3）通过品种试验或DNA指纹检测与已知品种是疑似品种的；

（4）举报是雷同品种经有关机构复核而未做出结论的。

申请审定品种的单位或个人，须提交《内蒙古自治区主要农作物品种审定申请书》

（以下简称《审定申请书》）。《审定申请书》包括以下主要内容：申请单位（个人）名称；品种选育单位（个人）名称；作物种类、品种名称；品种的选育报告（包括亲本组合以及杂交种亲本血缘、选育方法、世代等内容）；品种特征描述及标准图片；建议适用范围及栽培要点；品种试验结论意见及自治区品审会办公室认可单位出具的品质化验分析报告和抗性鉴定报告；委托认定的品种需提供育种单位申请认定委托书；自治区品审会办公室组织的田间考察鉴定意见；国家或区外已审定的品种需提供审定合格证书复印件；自治区品审办认为有必要的补充材料。

通过审定的品种，自治区品审会颁发审定证书，自治区农牧业厅发布品种审定公告，准许在相应的适宜区域推广种植。

三、品种认定

自治区内个人或种子科研、生产、经营等单位申请品种认定的，可以直接向自治区农作物品种审定委员会办公室或盟市品种推荐小组提出申请。区外企业或个人在自治区申请品种认定的，由该企业或个人直接申报，也可以委托自治区内具有法人资格的种子科研、生产、经营机构代理。在中国大陆没有经常居所或者营业场所的境外人员、外国企业或者外国其他组织在自治区申请品种认定的，应当委托具有法人资格的本区种子科研、生产、经营机构代理。申请认定的品种必须具备遗传性状稳定，形态特征一致，与现有品种有明显差异，有规范的品种特征特性描述和品种名称，达到认定标准的条件。

申请者或盟市品种推荐小组于每年1月31日前向自治区品审会办公室报送材料，同时交纳标准样品。品种审定委员会办公室在收到认定申请材料20日内做出是否受理的决定。对符合认定条件的提交相应的专业组或专家组认定，对不符合条件的通知申请者和所在盟市品种推荐小组。

下列情形之一者，品审会办公室不予受理：

（1）品种权发生纠纷未有结论的；

（2）有证据证明是侵权品种的；

（3）通过品种试验或DNA指纹检测与已知品种是疑似品种的；

（4）举报是雷同品种经有关机构复核而未做出结论的。

申请认定品种的单位或个人，须提交《内蒙古自治区主要农作物品种认定申请书》。《认定申请书》包括以下主要内容：申请单位（个人）名称；品种选育单位（个人）名称；作物种类、品种名称；品种的选育报告（包括亲本组合以及杂交种亲本血缘、选育方法、世代等内容）；品种特征描述及标准图片；建议适用范围及栽培要点；品种试验结论意见。

认定通过的品种由自治区农作物品种审定委员会办公室颁发认定证书并予以公告，可以在相应的适宜区域推广种植。

四、品种试验

品种试验是品种审定和认定的主要技术鉴定过程，试验结果是新品种审定、认定的主要依据。凡申报审定、认定的新品种必须参加品种试验。通过品种试验与审定，可以客观评价农作物新品种的丰产性、适应性、稳定性、抗逆性、品质及其他重要特征特性，明确新品种的生产利用价值和适宜的种植区域，对品种合理布局、保障粮食生产安全及促进农业生产发展具有重要的现实意义。自治区品种试验主要包括品种预备试验、区域试验（图2-2-1）、生产试验。区域试验一般为2年，特殊品种可以减为1年或延为3年。生产试验1～2年，其试验年限可根据作物收获的产品而定。具体试验年限按批准的试验方案执行。在参试品种超过区域试验的容量时，开展预备试验。预备试验是区域试验之前进行的有效的、大范围、多品种地筛选或选拔参试品种的手段，预备试验周期1年。

图2-2-1　自治区中早熟玉米品种区域试验田

1. 试验组织管理。内蒙古自治区种子管理站是全区品种试验的主管部门，负责全区农作物新品种试验的组织实施和监督管理，并协助管理国家品种试验，监督完成国家试验任务（图2-2-2）。盟市种子管理站协助自治区种子管理站落实自治区品种试验任务，监督和管理本辖区内的承试单位完成试验任务；组织开展自治区种子管理站未组织开展的品种试验。品种试验主持单位是试验组织单位委托牵头落实品种试验计划的承试单位。根据组织单位要求和计划，主持单位协助制定试验实施方案，指导同一作物其他承试单位试验工作，汇总试验结果。

图2-2-2　自治区种子管理站召开全区品种试验工作会议

2.试验程序。 每年12月，内蒙古自治区种子管理站公告下一年度或下一轮品种试验内容（包括作物种类、试验组别、试验点次等）；对自治区没有组织开展试验的，各盟市种子管理站上报补充试验计划，自治区种子管理站核准备案，核复各盟市种子管理站试验计划。参试单位提出申请，填报试验计划表，自治区或盟市种子管理站受理试验申请。自治区种子管理站根据申请参试品种的条件和试验容量，按收到品种申请日期先后顺序择优确定试验品种。自治区或盟市种子管理站制定试验方案，下达试验任务。承试单位落实品种试验任务，完成年度试验计划。承试单位上报年度试验结果，自治区或盟市种子管理站组织汇总，并将试验结果发布在内蒙古自治区种业信息网。

3.试验网络建设。 2006年以来，依托种子工程项目，国家先后投资建设了内蒙古自治区赤峰市国家农作物品种区域试验站（项目批准文件编号：内农牧计发〔2006〕268号）；内蒙古自治区兴安盟农作物品种区域试验站（项目批准文件编号：内农牧计发〔2009〕133号）；内蒙古自治区乌兰察布市农作物品种区域试验站（项目批准文件编号：内农牧计发〔2009〕133号）；内蒙古自治区通辽市农作物品种区域试验站（项目批准文件编号：内农牧计发〔2009〕173号）；内蒙古呼和浩特市农作物品种区域试验站（项目批准文件编号：内农牧计发〔2009〕173号）；内蒙古自治区鄂尔多斯市农作物品种区域试验站（项目批准文件编号：内农牧计发〔2009〕173号）（图2-2-3）；内蒙古自治区巴彦淖尔市国家农作物品种区域试验站（项目批准文件编号：内农牧种植发〔2012〕258号）7个农作物品种区域试验站，项目总投资1 613万元。通过建设考种室、挂藏室、仓库、农机具库、种子晒场，土壤改良，仪器设备及农机具购置，各区域试验站装备水平大幅提升，增强了承担国家、自治区的品种引种试验、预备试验、区域试验、生产试验等任务的能力。在此基础上，自治区各级农业行政主管部门也因势利导，积极争取整合涉农资金稳步推进品种试验网络建设。自治区的新品种试验网络不断完善，试验规模逐年扩

图2-2-3　鄂尔多斯市农作物品种区域试验站

大。全区建成覆盖大兴安岭东温凉区、大兴安岭南温暖区、通辽坨甸温热区、西辽河平原温热灌溉区、赤峰山地丘陵温暖区、赤峰市南部黄土沟壑温热灌溉区、阴山后山及前山丘陵冷凉区、阴山前山温凉及温暖区、土默特平原温暖灌溉区、鄂尔多斯高原温热区、河套平原温热灌溉区11个生态区域的农作物品种试验网络。2015年全区共落实玉米（含鲜食玉米、饲用玉米）（图2-2-4）、大豆、谷子、高粱、荞麦、大麦、小麦、绿豆、油菜、水稻（图2-2-5）、向日葵、甜菜12种作物的609组试验，呼伦贝尔市、兴安盟、通辽市、赤峰市、锡林郭勒盟、乌兰察布市、呼和浩特市、鄂尔多斯市、巴彦淖尔市均有试验点分布。承试单位达到78家，37家种子企业，7家种子管理站，17 家科研院所承担了试验任务（承试单位与试验组别见表 2-2-1 至表2-2-7），试验熟期、组别安排进一步合理。

图2-2-4　自治区饲用玉米品种区域试验田

图2-2-5　自治区水稻品种区域试验田

表2-2-1 内蒙古自治区农作物品种试验承试单位及试验类型组别汇总表（一）

盟市	单位	玉米			小麦		向日葵			甜糯玉米	绿豆		谷子		高粱		马铃薯		大豆		水稻	
		预试	区试	生试	区试	生试	预试	区试	生试	区试	区试	生试	生试	预试	区试	生试	区试	生试	区试	生试	区试	生试
赤峰市	赤峰市农牧科学研究院	☆	☆		☆	☆	☆	☆		☆	☆	☆	☆	☆	☆	☆	☆	☆	☆	☆		
通辽市	通辽市农科院	☆		☆	☆	☆	☆	☆	☆					☆	☆	☆			☆	☆		
兴安盟	大民种业股份有限公司	☆	☆	☆				☆	☆		☆								☆	☆		
呼和浩特市	内蒙古农牧业科学院作物所				☆	☆		☆	☆			☆	☆									
赤峰市	巴林左旗鑫达种业有限公司	☆	☆	☆								☆	☆	☆	☆	☆			☆	☆		
通辽市	通辽市厚德种业有限责任公司	☆	☆	☆						☆	☆			☆	☆	☆			☆	☆		
兴安盟	兴安盟农业科学研究所														☆	☆	☆	☆	☆	☆	☆	☆
呼伦贝尔市	呼伦贝尔市农业科学研究所																☆	☆	☆	☆		
兴安盟	内蒙古农垦生产资料有限责任公司				☆																	

注：☆表示承试单位与具体承担试验项目的对应。

表2-2-2　内蒙古自治区农作物品种试验承试单位及试验类型组别汇总表（二）

盟　市	单　位	油菜		小麦		向日葵			大麦
		区试	生试	区试	生试	预试	区试	生试	区试
呼伦贝尔市	哈达图牧场试验站	☆	☆						
呼伦贝尔市	拉布大林农场试验站	☆	☆	☆					☆
呼伦贝尔市	免渡河农场	☆	☆						
呼伦贝尔市	三河农场试验站	☆	☆						
呼伦贝尔市	上库力农场试验站	☆	☆	☆					☆
呼伦贝尔市	特尼河牧场试验站	☆	☆	☆					☆
呼伦贝尔市	谢尔塔拉牧场试验站	☆	☆	☆					☆
呼伦贝尔市	牙克石农场			☆					☆
鄂尔多斯市	鄂尔多斯市农牧业科学研究院			☆	☆	☆	☆		
巴彦淖尔市	五原县丰收向日葵种业							☆	
赤峰市	内蒙古金葵艾利特种业有限公司							☆	

注：☆表示承试单位与具体承担试验项目的对应。

表2-2-3　内蒙古自治区农作物品种试验承试单位及试验类型组别汇总表（三）

盟　市	单　位	玉米			甜菜		马铃薯	
		预试	区试	生试	区试	生试	区试	生试
巴彦淖尔市	巴彦淖尔市五原县多种经营站				☆	☆		
包头市	包头土右旗农业技术推广中心				☆	☆		
赤峰市	赤峰市林西县农业局				☆	☆		
赤峰市	赤峰众益糖业有限公司				☆	☆		
呼和浩特市	内蒙古农牧业科学院特色作物研究所				☆	☆		
呼和浩特市	内蒙古大学						☆	☆
呼和浩特市	内蒙古马铃薯脱毒种薯繁育中心						☆	☆
乌兰察布市	乌兰察布市农研所	☆	☆	☆	☆	☆	☆	☆
锡林郭勒盟	内蒙古坤元太和农业科技有限公司	☆	☆	☆			☆	☆

注：☆表示承试单位与具体承担试验项目的对应。

表2-2-4　内蒙古自治区农作物品种试验承试单位及试验类型组别汇总表（四）

盟　市	单　位	玉米			小麦		向日葵			甜糯玉米	饲用玉米	
		预试	区试	生试	区试	生试	预试	区试	生试	区试	区试	生试
巴彦淖尔市	巴彦淖尔市种子管理站	☆	☆	☆	☆	☆	☆	☆		☆		
赤峰市	北京德农种业赤峰分公司	☆					☆	☆	☆		☆	☆
巴彦淖尔市	内蒙古西蒙种业有限公司	☆							☆		☆	☆

注：☆表示承试单位与具体承担试验项目的对应。

表2-2-5　内蒙古自治区农作物品种试验承试单位及试验类型组别汇总表（五）

盟　市	单　位	玉米			甜糯玉米	饲用玉米		绿豆	谷子		高粱		
		预试	区试	生试	区试	区试	生试	区试	区试	生试	预试	区试	生试
通辽市	开鲁县辽河种业有限公司	☆	☆	☆							☆	☆	☆
赤峰市	赤峰市喀喇沁旗种子管理站								☆	☆	☆	☆	☆
赤峰市	赤峰市敖汉旗金丰种业有限责任公司											☆	
赤峰市	赤峰金穗种子科技有限公司	☆							☆	☆	☆	☆	☆
赤峰市	宁城县种子管理站											☆	☆
通辽市	扎鲁特旗众德种业有限责任公司	☆				☆	☆						
通辽市	内蒙古中农种子科技有限公司	☆	☆	☆		☆	☆						
呼和浩特市	呼和浩特市种子管理站					☆	☆						
鄂尔多斯市	鄂尔多斯市种子管理站					☆	☆						
赤峰市	内蒙古禾为贵种业有限公司	☆				☆	☆		☆	☆			

（续）

盟市	单位	玉米			甜糯玉米	饲用玉米		绿豆	谷子		高粱		
		预试	区试	生试	区试	区试	生试	区试	区试	生试	预试	区试	生试
通辽市	通辽市奈曼旗种子管理站							☆	☆	☆			
呼和浩特市	内蒙古农牧业科学院玉米中心		☆	☆	☆								
赤峰市	赤峰市种子管理站				☆								
呼和浩特市	内蒙古蒙新农种业有限责任公司	☆			☆								
呼和浩特市	内蒙古农科院植保所							☆					

注：☆表示承试单位与具体承担试验项目的对应。

表2-2-6　内蒙古自治区农作物品种试验承试单位及试验类型组别汇总表（六）

盟市	单位	玉米			大豆		水稻	
		预试	区试	生试	区试	生试	区试	生试
呼和浩特市	内蒙古农牧业科学院				☆	☆		
兴安盟	扎赉特旗绰尔河种业公司				☆	☆		
呼伦贝尔市	莫力达瓦旗柏华农资商店				☆	☆		
呼伦贝尔市	莫旗丰宇农业科学技术研究所				☆	☆		
呼伦贝尔市	内蒙古九丰种业有限责任公司	☆	☆	☆	☆	☆		
赤峰市	赤峰市宇丰科技种业			☆				
呼伦贝尔市	鄂伦春旗瑞杨种业有限责任公司		☆	☆	☆	☆		
通辽市	内蒙古宏博种业科技有限公司	☆						
包头市	包头市农研所	☆	☆	☆				
赤峰市	喀喇沁旗三泰种业有限公司	☆						
赤峰市	克什克腾旗海洲种业有限公司	☆	☆	☆				
赤峰市	林西县农研种子有限公司	☆	☆	☆				
赤峰市	内蒙古利禾农业科技发展有限公司	☆	☆	☆				
呼伦贝尔市	呼伦贝尔农垦科技发展有限公司		☆	☆				
呼伦贝尔市	呼伦贝尔市国营甘河农场		☆	☆				
呼伦贝尔市	莫旗登科种业	☆	☆	☆				

（续）

盟　市	单　位	玉米			大豆		水稻	
		预试	区试	生试	区试	生试	区试	生试
兴安盟	内蒙古丰垦种业有限责任公司	☆	☆	☆				
兴安盟	内蒙古兴丰种业有限公司	☆						
呼和浩特市	内蒙古种星种业有限公司	☆						
通辽市	扎鲁特旗北优种业科技有限公司	☆	☆	☆				
巴彦淖尔市	内蒙古先禾农作物科学技术研究所	☆						
赤峰市	赤峰丰田科技种业有限责任公司	☆	☆	☆				
兴安盟	扎赉特旗绰尔蒙珠三安稻米专业合作社						☆	☆
兴安盟	内蒙古保安沼地区农业科学研究所						☆	☆
通辽市	通辽市维尔种业有限公司						☆	☆
通辽市	科左后旗农业技术推广中心						☆	☆
赤峰市	赤峰市翁牛特旗农业技术推广站						☆	☆

注：☆表示承试单位与具体承担试验项目的对应。

表2-2-7　内蒙古自治区农作物品种试验承试单位及试验类型组别汇总表（七）

盟　市	单　位	玉米			油菜		小麦		向日葵		
		预试	区试	生试	区试	生试	区试	生试	预试	区试	生试
赤峰市	翁牛特旗玉龙种子有限公司	☆	☆	☆						☆	☆
鄂尔多斯市	内蒙古真金种业科技有限公司	☆	☆	☆							☆
巴彦淖尔市	巴彦淖尔市农牧科学研究院	☆	☆				☆	☆	☆		
巴彦淖尔市	巴彦淖尔市科河种业有限公司			☆					☆	☆	☆

注：☆表示承试单位与具体承担试验项目的对应。

五、品种审定、认定工作

进入种业发展新阶段，围绕严格审定标准，完善评价标准，修订相关制度，提高区试与品种审（认）定工作质量，建立以发展高产优质高效种植业为核心的分类评价体系，2007年内蒙古自治区农作物品种审定委员会五届一次常委会议通过了《内蒙古自治区禾谷类农作物品种审定标准》（附录2）、《内蒙古自治区根茎类农作物品种审定标准》（附录3）、《内蒙古自治区油料类农作物品种审定标准》（附录4）、《内蒙古自治区玉米品种试验DNA指纹鉴定管理办法》（附录5）、《内蒙古自治区农作物品种认定标准》5个文件。2008年下发了《关于印发内蒙古自治区农作物品种审定认定标准的通知》（内农品审字〔2008〕1号）。同时，常委会讨论修改了《内蒙古自治区主要农作物品种审定办法》和《内蒙古自治区农作物品种认定办法》，2008年下发了《关于印发内蒙古自治区农作物品种审定认定办法的通知》（内农牧种植发〔2008〕59号）。自治区品种审定、认定工作的规范性和科学性不断提升。2006—2015年，自治区累计审定、认定通过各类农作物品种1 145个。审定主要农作物品种660个，其中，玉米326个、小麦12个、水稻20个、大豆44个、油菜2个、马铃薯14个、向日葵149个、高粱47个、甜菜46个；认定农作物品种485个（非主要作物和引进的主要作物），认定作物有小麦、水稻、玉米、大豆、油菜、马铃薯、向日葵、高粱、甜菜、亚麻、蓖麻、糜子、谷子、大麦、燕麦、荞麦、番茄、辣椒、胡萝卜、南瓜、洋葱、花卉等。审（认）定通过的这些品种大多表现为产量高、品质优、稳定性好、适应性广，并在全区不同的生态区域内得到推广。自治区的小麦、玉米、大豆、马铃薯、向日葵等主要农作物品种基本实现了更新更换一次，有的更换了两次。主要农作物良种覆盖率达到95%以上，为自治区农业增效、农民增收、农业生产结构调整发挥了重要作用。

六、品种停止推广

为淘汰已不适应生产需要或有难以克服缺点的品种，加快自治区农作物新品种更新换代的步伐，2007年自治区启动了品种停止推广机制。内蒙古自治区农作物品种审定委员会办公室对自治区1976—1995年审定、认定通过的663个农作物品种进行筛选，内蒙古自治区第五届农作物品种审定委员会第一次全体会议通过了第一批停止推广的46种作物的455个品种。2008年1月29日下发了《关于公布内蒙古自治区第一批停止推广品种的通知》（内农牧种植业发〔2008〕14号）。2008年自治区农作物品种审定委员会办公室决定对1995—2000年审定、认定通过的、生产上不再应用的农作物品种开展第二批品种停止推广工作，同时对第一批停止推广的保留品种、1976—2000年的甜菜品种提出了停止推广意见。经过整理、反复征求意见，自治区品种审定委员会办公室于2010年3月13日将拟停止推广的124个品种提交第五届内蒙古自治区农作物品种审定委员会第四次常委会会议讨论。经常委会研究，同意停止推广提交的品种。2010年11月29日下发了《关于公布内蒙古自治区第二批停止推广品种的通知》（内农牧种植发〔2010〕315号）将124个停止推广农作物品种目录及审定编号予以公告。2010年制定了《内蒙古自治区品种退出管理办法》。2013年下发了《关于内蒙古自治区第三批退出品种的公告》（内蒙古自治区农牧业厅公告第22号），对28个玉米、23个小麦、4个水稻、2个油菜、27个大豆共84个品种实施了退出。2014年下发了《关于停止推广庆丰969和金创3号玉米品种的通知》（内农牧种植发〔2014〕184号）。2015年下发了《关于停止推广蒙油4号油菜品种的通知》（内农牧种植发〔2015〕128号）。2007—2015年内蒙古自治区累计停止推广品种667个（具体名录见表2-2-8），其中，小麦112个，水稻26个，玉米65个，大豆63个，油菜19个，马铃薯25个，向日葵8个，高粱11个，荞麦4个，糜子7个，黍子8个，谷子40个，莜麦20个，大麦6个，杂豆15个，亚麻22个，花生4个，甜菜17个，蓖麻6个，蔬菜189个。

表2-2-8 2007-2015年内蒙古自治区农作物停止推广品种名录

序号	作物种类	品种名称	审定编号	审定年度	退出年度
1	小麦	大白皮	内农审字〔1992〕5号	1992年	2008年
2	小麦	小红皮	内农审字〔1992〕5号	1992年	2008年
3	小麦	克旱2号	内农审字〔1992〕5号	1992年	2008年
4	小麦	80－55	内农审字〔1992〕5号	1992年	2008年
5	小麦	克旱5号	内农审字〔1992〕5号	1992年	2008年
6	小麦	那达多列斯	内农审字〔1992〕5号	1992年	2008年
7	小麦	张选59－806	内农审字〔1992〕5号	1992年	2008年
8	小麦	晋革早	内农审字〔1992〕5号	1992年	2008年
9	小麦	晋麦2148	内农审字〔1992〕5号	1992年	2008年
10	小麦	京红2号	内农审字〔1992〕5号	1992年	2008年
11	小麦	墨巴65	内农审字〔1992〕5号	1992年	2008年
12	小麦	龙麦13	内农审字〔1992〕5号	1992年	2008年
13	小麦	垦九1号	内农审字〔1992〕5号	1992年	2008年
14	小麦	克70－430	内农审字〔1992〕5号	1992年	2008年
15	小麦	克旱9号	内农审字〔1992〕5号	1992年	2008年
16	小麦	克76－139	内农审字〔1992〕5号	1992年	2008年
17	小麦	玉兰	内农审字〔1992〕5号	1992年	2008年
18	小麦	铁春1号	内农审字〔1992〕5号	1992年	2008年
19	小麦	克旱8号	内农审字〔1992〕5号	1992年	2008年
20	小麦	察北102	内农审字〔1992〕5号	1992年	2008年
21	小麦	科春5号	内农审字〔1992〕5号	1992年	2008年
22	小麦	康选8号	内农审字〔1992〕5号	1992年	2008年
23	小麦	晋春6号	内农审字〔1992〕5号	1992年	2008年
24	小麦	北繁	内农审字〔1992〕5号	1992年	2008年
25	小麦	萨拉曼卡	内农审字〔1992〕5号	1992年	2008年
26	小麦	卡捷姆	内农审字〔1992〕5号	1992年	2008年

（续）

序号	作物种类	品种名称	审定编号	审定年度	退出年度
27	小麦	克80－81	内农审字〔1992〕5号	1992年	2008年
28	小麦	京红9号	内农审字〔1992〕5号	1992年	2008年
29	小麦	墨巴66	内农审字〔1992〕5号	1992年	2008年
30	小麦	80－58	内农审字〔1992〕5号	1992年	2008年
31	小麦	克7 5－116	内农审字〔1992〕5号	1992年	2008年
32	小麦	内麦1号	种审证字第001号	1976年	2008年
33	小麦	内麦2号	种审证字第002号	1976年	2008年
34	小麦	内麦3号	种审证字第003号	1976年	2008年
35	小麦	内麦5号	种审证字第004号	1980年	2008年
36	小麦	内麦6号	种审证字第005号	1980年	2008年
37	小麦	内麦7号	种审证字第006号	1980年	2008年
38	小麦	内麦8号	种审证字第007号	1980年	2008年
39	小麦	内麦9号	种审证字第008号	1984年	2008年
40	小麦	内麦10号	种审证字第009号	1984年	2008年
41	小麦	内麦11	种审证字第010号	1984年	2008年
42	小麦	内麦12	种审证字第011号	1984年	2008年
43	小麦	内麦13	种审证字第012号	1984年	2008年
44	小麦	晋0134	种审证字第048号	1985年	2008年
45	小麦	内麦4号	种审证字第049号	1986年	2008年
46	小麦	内麦14	种审证字第050号	1986年	2008年
47	小麦	内麦15	种审证字第051号	1986年	2008年
48	小麦	内麦16	种审证字第052号	1986年	2008年
49	小麦	乌麦2号	种审证字第053号	1986年	2008年
50	小麦	呼麦1号	种审证字第054号	1986年	2008年
51	小麦	哲春3号	种审证字第055号	1986年	2008年
52	小麦	包麦2号	种审证字第056号	1986年	2008年
53	小麦	内麦17	种审证字第071号	1987年	2008年
54	小麦	呼麦3号	种审证字第080号	1988年	2008年
55	小麦	赤麦1号	种审证字第081号	1988年	2008年
56	小麦	乌麦3号	种审证字第082号	1988年	2008年
57	小麦	乌麦4号	种审证字第083号	1988年	2008年
58	小麦	东农111	种审证字第095号	1988年	2008年
59	小麦	克丰2号	种审证字第096号	1988年	2008年

（续）

序号	作物种类	品种名称	审定编号	审定年度	退出年度
60	小麦	克丰3号	种审证字第097号	1988年	2008年
61	小麦	内小黑麦1号	种审证字第0118号	1990年	2008年
62	小麦	蒙选1号	种审证字第0119号	1990年	2008年
63	小麦	内旱9号	种审证字第0120号	1990年	2008年
64	小麦	乌麦5号	种审证字第0121号	1990年	2008年
65	小麦	呼麦4号	种审证字第0122号	1990年	2008年
66	小麦	哲春4号	种审证字第0123号	1990年	2008年
67	小麦	巴选1号	种审证字第0124号	1990年	2008年
68	小麦	农旱5号	种审证字第0156号	1992年	2008年
69	小麦	蒙优1号	种审证字第0157号	1992年	2008年
70	小麦	乌麦6号	种审证字第0158号	1992年	2008年
71	小麦	京红10号	种审证字第0169号	1992年	2008年
72	小麦	九三81-115	种审证字第0170号	1992年	2008年
73	小麦	九三81-215	种审证字第0171号	1992年	2008年
74	小麦	77593	种审证字第0173号	1992年	2008年
75	小麦	内麦20	种审证字第0191号	1994年	2008年
76	小麦	呼麦5号	种审证字第0312号	1999年	2008年
77	水稻	公交13	内农审字〔1992〕5号	1992年	2008年
78	水稻	宁夏水稻	内农审字〔1992〕5号	1992年	2008年
79	水稻	夏北	内农审字〔1992〕5号	1992年	2008年
80	水稻	东农112	内农审字〔1992〕5号	1992年	2008年
81	水稻	牡丹江17	内农审字〔1992〕5号	1992年	2008年
82	水稻	京引127	内农审字〔1992〕5号	1992年	2008年
83	水稻	吉梗62	内农审字〔1992〕5号	1992年	2008年
84	水稻	寒九	内农审字〔1992〕5号	1992年	2008年
85	水稻	长白六	内农审字〔1992〕5号	1992年	2008年
86	水稻	733	内农审字〔1992〕5号	1992年	2008年
87	水稻	兴粳1号	种审证字第088号	1988年	2008年
88	水稻	合江22	种审证字第0107号	1988年	2008年
89	水稻	兴粳2号	种审证字第0159号	1992年	2008年
90	水稻	嫩交85-15	种审证字第0174号	1992年	2008年
91	水稻	宁粳9号	种审证字第0212号	1994年	2008年
92	水稻	空育118	种审证字第0213号	1994年	2008年

（续）

序号	作物种类	品种名称	审定编号	审定年度	退出年度
93	水稻	龙粳3号	种审证字第0214号	1994年	2008年
94	水稻	兴粳3号	种审证字第0316号	1997年	2008年
95	玉米	木 廷	内农审字〔1992〕5号	1992年	2008年
96	玉米	桦单32	内农审字〔1992〕5号	1992年	2008年
97	玉米	白单8号	内农审字〔1992〕5号	1992年	2008年
98	玉米	内单1号	种审证字第015号	1980年	2008年
99	玉米	内单2号	种审证字第016号	1980年	2008年
100	玉米	内单3号	种审证字第017号	1980年	2008年
101	玉米	三交种一号	种审证字第018号	1980年	2008年
102	玉米	兴单1号	种审证字第019号	1984年	2008年
103	玉米	四单八号	种审证字第047号	1984年	2008年
104	玉米	兴单2号	种审证字第062号	1986年	2008年
105	玉米	呼单2号	种审证字第063号	1986年	2008年
106	玉米	内高单三号	种审证字第076号	1987年	2008年
107	玉米	宁单13	种审证字第085号	1987年	2008年
108	玉米	哲单32	种审证字第086号	1987年	2008年
109	玉米	吉单118	种审证字第0100号	1987年	2008年
110	玉米	吉单120	种审证字第0101号	1987年	2008年
111	玉米	嫩单3号	种审证字第0103号	1987年	2008年
112	玉米	克单3号	种审证字第0104号	1987年	2008年
113	玉米	赤牧1号	种审证字第0133号	1989年	2008年
114	玉米	通单14	种审证字第0141号	1989年	2008年
115	玉米	龙肇1	种审证字第0143号	1989年	2008年
116	玉米	冀单22	种审证字第0144号	1989年	2008年
117	玉米	呼单3 号	种审证字第0165号	1991年	2008年
118	玉米	吉单165	种审证字第0176号	1991年	2008年
119	玉米	高油6号	种审证字第0194号	1994年	2008年
120	玉米	掖单12	种审证字第0218号	1994年	2008年
121	玉米	高油1号	种审证字第0220号	1994年	2008年
122	大豆	大黑脐	内农审字〔1992〕5号	1992年	2008年
123	大豆	黑河4号	内农审字〔1992〕5号	1992年	2008年
124	大豆	自优2号	内农审字〔1992〕5号	1992年	2008年
125	大豆	合丰26	内农审字〔1992〕5号	1992年	2008年

（续）

序号	作物种类	品种名称	审定编号	审定年度	退出年度
126	大豆	黑河5号	内农审字〔1992〕5号	1992年	2008年
127	大豆	吉林8号	内农审字〔1992〕5号	1992年	2008年
128	大豆	群选1号	内农审字〔1992〕5号	1992年	2008年
129	大豆	合丰24	内农审字〔1992〕5号	1992年	2008年
130	大豆	白花自优2号	内农审字〔1992〕5号	1992年	2008年
131	大豆	边字76－66	内农审字〔1992〕5号	1992年	2008年
132	大豆	吉林20	内农审字〔1992〕5号	1992年	2008年
133	大豆	丰收18	内农审字〔1992〕5号	1992年	2008年
134	大豆	内豆1号	种审证字第013号	1984年	2008年
135	大豆	内豆2号	种审证字第014号	1984年	2008年
136	大豆	内豆3号	种审证字第060号	1986年	2008年
137	大豆	九丰1号	种审证字第0106号	1988年	2008年
138	大豆	呼丰4号	种审证字第0135号	1990年	2008年
139	大豆	呼丰5号	种审证字第0136号	1990年	2008年
140	大豆	兴豆2号	种审证字第0137号	1990年	2008年
141	大豆	兴豆3号	种审证字第0138号	1990年	2008年
142	大豆	乌豆1号	种审证字第0139号	1990年	2008年
143	大豆	吉原1号	种审证字第0184号	1992年	2008年
144	大豆	长农4号	种审证字第0222号	1994年	2008年
145	大豆	北87-9	种审证字第0223号	1994年	2008年
146	大豆	北86-19	种审证字第0224号	1994年	2008年
147	大豆	绥农8号	种审证字第0225号	1994年	2008年
148	大豆	呼丰6号	种审证字第0233号	1995年	2008年
149	油菜	小黄油菜	内农审字〔1992〕5号	1992年	2008年
150	油菜	威士特	内农审字〔1992〕5号	1992年	2008年
151	油菜	斯班	内农审字〔1992〕5号	1992年	2008年
152	油菜	托尔	种审证字第0108号	1987年	2008年
153	油菜	奥罗	种审证字第0109号	1987年	2008年
154	油菜	马努	种审证字第0110号	1987年	2008年
155	油菜	WW1258	种审证字第0111号	1987年	2008年
156	油菜	丹低油菜	种审证字第0188号	1991年	2008年
157	油菜	宜油8号	种审证字第0189号	1991年	2008年
158	油菜	85-1185	种审证字第0190号	1991年	2008年

（续）

序号	作物种类	品种名称	审定编号	审定年度	退出年度
159	马铃薯	红眼圈	内农审字〔1992〕5号	1992年	2008年
160	马铃薯	抗疫薯	内农审字〔1992〕5号	1992年	2008年
161	马铃薯	乌盟601	内农审字〔1992〕5号	1992年	2008年
162	马铃薯	同薯八号	内农审字〔1992〕5号	1992年	2008年
163	马铃薯	中心24	内农审字〔1992〕5号	1992年	2008年
164	马铃薯	黑地雷	内农审字〔1992〕5号	1992年	2008年
165	马铃薯	沙杂15	内农审字〔1992〕5号	1992年	2008年
166	马铃薯	乌盟684	内农审字〔1992〕5号	1992年	2008年
167	马铃薯	南爵	内农审字〔1992〕5号	1992年	2008年
168	马铃薯	内薯1号	种审证字第038号	1976年	2008年
169	马铃薯	内薯2号	种审证字第039号	1980年	2008年
170	马铃薯	内薯3号	种审证字第040号	1980年	2008年
171	马铃薯	内薯4号	种审证字第041号	1980年	2008年
172	马铃薯	内薯5号	种审证字第042号	1984年	2008年
173	马铃薯	呼薯4号	种审证字第094号	1988年	2008年
174	马铃薯	内薯6号	种审证字第0114号	1990年	2008年
175	马铃薯	呼薯5号	种审证字第0163号	1992年	2008年
176	马铃薯	呼薯6号	种审证字第0209号	1994年	2008年
177	马铃薯	呼薯7号	种审证字第0234号	1995年	2008年
178	马铃薯	蒙薯8号	种审证字第0235号	1995年	2008年
179	向日葵	先进工作者	内农审字〔1992〕5号	1992年	2008年
180	向日葵	内葵杂1号	种审证字第078号	1987年	2008年
181	向日葵	内葵2号	种审证字第0115号	1989年	2008年
182	向日葵	食葵1号	种审证字第0116号	1989年	2008年
183	向日葵	葵油1号	种审证字第0187号	1992年	2008年
184	高粱	敖杂3	内农审字〔1992〕5号	1992年	2008年
185	高粱	赤杂13	内农审字〔1992〕5号	1992年	2008年
186	高粱	齐杂3	内农审字〔1992〕5号	1992年	2008年
187	高粱	敖杂4	内农审字〔1992〕5号	1992年	2008年
188	高粱	包5一号	内农审字〔1992〕5号	1992年	2008年
189	高粱	内杂1号	种审证字第021号	1980年	2008年
190	高粱	内杂2号	种审证字第022号	1980年	2008年
191	高粱	冀承杂2号	种审证字第0182号	1991年	2008年

（续）

序号	作物种类	品种名称	审定编号	审定年度	退出年度
192	荞麦	小红花荞麦	内农审字〔1992〕5号	1992年	2008年
193	荞麦	宝昌荞麦	内农审字〔1992〕5号	1992年	2008年
194	荞麦	白花荞麦	内农审字〔1992〕5号	1992年	2008年
195	荞麦	三等荞麦	内农审字〔1992〕5号	1992年	2008年
196	糜子	紫秸秆大红糜子	内农审字〔1992〕5号	1992年	2008年
197	糜子	内糜1号	种审证字第027号	1976年	2008年
198	糜子	伊糜2号	种审证字第0130号	1976年	2008年
199	糜子	巴盟580黄糜子	种审证字第065号	1986年	2008年
200	糜子	多伦大黄糜子	内农审字〔1992〕5号	1992年	2008年
201	糜子	内糜4号	种审证字第030号	1980年	2008年
202	糜子	伊糜5号	种审证字第064号	1986年	2008年
203	黍子	锡盟二红黍子	内农审字〔1992〕5号	1992年	2008年
204	黍子	瓜蔓头黍子	内农审字〔1992〕5号	1992年	2008年
205	黍子	巴826	内农审字〔1992〕5号	1992年	2008年
206	黍子	内黍2号	种审证字第032号	1984年	2008年
207	黍子	高粱黍	内农审字〔1992〕5号	1992年	2008年
208	黍子	黄罗黍	内农审字〔1992〕5号	1992年	2008年
209	黍子	内黍一点红	种审证字第031号	1976年	2008年
210	黍子	伊黍1号	种审证字第0131号	1990年	2008年
211	谷子	红苗两杈	内农审字〔1992〕5号	1992年	2008年
212	谷子	黍谷	内农审字〔1992〕5号	1992年	2008年
213	谷子	青根齐	内农审字〔1992〕5号	1992年	2008年
214	谷子	黑蛇腰	内农审字〔1992〕5号	1992年	2008年
215	谷子	铁杆红	内农审字〔1992〕5号	1992年	2008年
216	谷子	小金苗	内农审字〔1992〕5号	1992年	2008年
217	谷子	假金苗	内农审字〔1992〕5号	1992年	2008年
218	谷子	八杈谷	内农审字〔1992〕5号	1992年	2008年
219	谷子	铁棒锤	内农审字〔1992〕5号	1992年	2008年
220	谷子	杈子红	内农审字〔1992〕5号	1992年	2008年
221	谷子	昭农1号	内农审字〔1992〕5号	1992年	2008年
222	谷子	昭谷8号	内农审字〔1992〕5号	1992年	2008年
223	谷子	哲谷3号	内农审字〔1992〕5号	1992年	2008年
224	谷子	辽东黄	内农审字〔1992〕5号	1992年	2008年

（续）

序号	作物种类	品种名称	审定编号	审定年度	退出年度
225	谷子	内谷1号	种审证字第033号	1976年	2008年
226	谷子	内谷3号	种审证字第057号	1986年	2008年
227	谷子	内谷5号	种审证字第0195号	1994年	2008年
228	谷子	赤谷3号	种审证字第059号	1986年	2008年
229	谷子	伊谷1号	种审证字第091号	1988年	2008年
230	谷子	包谷1号	种审证字第0127号	1990年	2008年
231	谷子	六十天还仓	内农审字〔1992〕5号	1992年	2008年
232	谷子	九根齐	内农审字〔1992〕5号	1992年	2008年
233	谷子	大圆黄	内农审字〔1992〕5号	1992年	2008年
234	谷子	等身齐	内农审字〔1992〕5号	1992年	2008年
235	谷子	大头幌	内农审字〔1992〕5号	1992年	2008年
236	谷子	狼尾青	内农审字〔1992〕5号	1992年	2008年
237	谷子	齐头红	内农审字〔1992〕5号	1992年	2008年
238	谷子	齐头白	内农审字〔1992〕5号	1992年	2008年
239	谷子	二青苗	内农审字〔1992〕5号	1992年	2008年
240	谷子	干饭蛋	内农审字〔1992〕5号	1992年	2008年
241	谷子	昭谷1号	内农审字〔1992〕5号	1992年	2008年
242	谷子	毛谷2号	内农审字〔1992〕5号	1992年	2008年
243	谷子	蒙早403	内农审字〔1992〕5号	1992年	2008年
244	谷子	哈3053	内农审字〔1992〕5号	1992年	2008年
245	谷子	内谷2号	种审证字第034号	1976年	2008年
246	谷子	内谷4号	种审证字第0113号	1990年	2008年
247	谷子	林谷1号	种审证字第058号	1986年	2008年
248	谷子	兴谷2号	种审证字第090号	1988年	2008年
249	谷子	伊谷2号	种审证字第0162号	1991年	2008年
250	谷子	哲谷10	种审证字第0128号	1990年	2008年
251	莜麦	多伦大莜麦	内农审字〔1992〕5号	1992年	2008年
252	莜麦	赫波1号	内农审字〔1992〕5号	1992年	2008年
253	莜麦	庆丰	内农审字〔1992〕5号	1992年	2008年
254	莜麦	哈尔曼燕麦	内农审字〔1992〕5号	1992年	2008年
255	莜麦	永492	种审证字第045号	1980年	2008年
256	莜麦	乌燕1号	种审证字第061号	1986年	2008年
257	莜麦	备荒2号	种审证字第0193号	1994年	2008年

（续）

序号	作物种类	品种名称	审定编号	审定年度	退出年度
258	莜麦	锡燕2号	种审证字第0205号	1994年	2008年
259	莜麦	内燕3号	种审证字第075号	1988年	2008年
260	莜麦	内燕5号	种审证字第0149号	1994年	2008年
261	莜麦	雁红10号	内农审字〔1992〕5号	1992年	2008年
262	莜麦	冀张莜1号	内农审字〔1992〕5号	1992年	2008年
263	莜麦	南林	内农审字〔1992〕5号	1992年	2008年
264	莜麦	和丰1号	内农审字〔1992〕5号	1992年	2008年
265	莜麦	Jul-73	种审证字第046号	1980年	2008年
266	莜麦	乌燕2号	种审证字第0125号	1990年	2008年
267	莜麦	锡燕1号	种审证字第0126号	1990年	2008年
268	莜麦	内燕1号	种审证字第073号	1988年	2008年
269	莜麦	内燕4号	种审证字第0112号	1990年	2008年
270	莜麦	内燕6号	种审证字第0150号	1991年	2008年
271	大麦	付八	种审证字第069号	1986年	2008年
272	大麦	农牧31号	种审证字第098号	1988年	2008年
273	大麦	蒙克尔	种审证字第070号	1986年	2008年
274	大麦	农牧36	种审证字第099号	1988年	2008年
275	杂豆	矮软1号	种审证字第007号	1986年	2008年
276	塔豆	塔豆	内农审字〔1992〕5号	1992年	2008年
277	绿豆	伊盟小绿豆	内农审字〔1992〕5号	1992年	2008年
278	蚕豆	锡盟蚕豆	内农审字〔1992〕5号	1992年	2008年
279	蚕豆	香蕉蚕豆	内农审字〔1992〕5号	1992年	2008年
280	蚕豆	小蚕豆	内农审字〔1992〕5号	1992年	2008年
281	豌豆	黎豌豆	内农审字〔1992〕5号	1992年	2008年
282	豌豆	瓜皮豌豆	内农审字〔1992〕5号	1992年	2008年
283	豌豆	箭舌豌豆	内农审字〔1992〕5号	1992年	2008年
284	豌豆	灰葫芦豌豆	内农审字〔1992〕5号	1992年	2008年
285	豌豆	保加利亚豌豆	内农审字〔1992〕5号	1992年	2008年
286	亚麻	小胡麻	内农审字〔1992〕5号	1992年	2008年
287	亚麻	红胡麻	内农审字〔1992〕5号	1992年	2008年
288	亚麻	46－99	内农审字〔1992〕5号	1992年	2008年
289	亚麻	四九胡麻	内农审字〔1992〕5号	1992年	2008年
290	亚麻	大同3号	内农审字〔1992〕5号	1992年	2008年

（续）

序号	作物种类	品种名称	审定编号	审定年度	退出年度
291	亚麻	坝亚4号	内农审字〔1992〕5号	1992年	2008年
292	亚麻	内亚1号	种审证字第035号	1976年	2008年
293	亚麻	内亚4号	种审证字第0153号	1991年	2008年
294	亚麻	锡亚4号	种审证字第0140号	1989年	2008年
295	亚麻	二大桃	内农审字〔1992〕5号	1992年	2008年
296	亚麻	蒙亚3号	内农审字〔1992〕5号	1992年	2008年
297	亚麻	匈亚利3号	内农审字〔1992〕5号	1992年	2008年
298	亚麻	雁杂10号	内农审字〔1992〕5号	1992年	2008年
299	亚麻	天亚2号	内农审字〔1992〕5号	1992年	2008年
300	亚麻	大同4号	内农审字〔1992〕5号	1992年	2008年
301	亚麻	内亚3号	种审证字第072号	1987年	2008年
302	亚麻	乌亚3号	种审证字第037号	1984年	2008年
303	亚麻	黑亚6号	种审证字第0146号	1989年	2008年
304	花生	优花生	内农审字〔1992〕5号	1992年	2008年
305	花生	小粒红	内农审字〔1992〕5号	1992年	2008年
306	花生	山东大花生	内农审字〔1992〕5号	1992年	2008年
307	花生	大粒白沙	内农审字〔1992〕5号	1992年	2008年
308	大白菜	杭后二抱头	内农审字〔1992〕5号	1992年	2008年
309	大白菜	巴盟卷心白	内农审字〔1992〕5号	1992年	2008年
310	大白菜	长炮弹青麻叶	内农审字〔1992〕5号	1992年	2008年
311	大白菜	大青麻叶	内农审字〔1992〕5号	1992年	2008年
312	大白菜	山东小根	内农审字〔1992〕5号	1992年	2008年
313	大白菜	中青麻叶	内农审字〔1992〕5号	1992年	2008年
314	大白菜	小青口核桃纹	内农审字〔1992〕5号	1992年	2008年
315	大白菜	黄籽大矬	内农审字〔1992〕5号	1992年	2008年
316	大白菜	八叶齐	内农审字〔1992〕5号	1992年	2008年
317	大白菜	核桃纹	内农审字〔1992〕5号	1992年	2008年
318	大白菜	长炮弹	种审证字第菜002号	1984年	2008年
319	大白菜	团结白菜	种审证字第菜004号	1984年	2008年
320	大白菜	早31	种审证字第菜032号	1991年	2008年
321	大白菜	新华二抱头	内农审字〔1992〕5号	1992年	2008年
322	大白菜	大台什青麻叶	内农审字〔1992〕5号	1992年	2008年
323	大白菜	呼郊中青麻叶	内农审字〔1992〕5号	1992年	2008年

（续）

序号	作物种类	品种名称	审定编号	审定年度	退出年度
324	大白菜	郑州早黑叶	内农审字〔1992〕5号	1992年	2008年
325	大白菜	拧心青	内农审字〔1992〕5号	1992年	2008年
326	大白菜	抱头青	内农审字〔1992〕5号	1992年	2008年
327	大白菜	二牛心	内农审字〔1992〕5号	1992年	2008年
328	大白菜	通源4号	内农审字〔1992〕5号	1992年	2008年
329	大白菜	小青麻叶	内农审字〔1992〕5号	1992年	2008年
330	大白菜	中青816	种审证字第菜001号	1984年	2008年
331	大白菜	中青716	种审证字第菜003号	1984年	2008年
332	大白菜	中青415	种审证字第菜018号	1989年	2008年
333	大白菜	蒙白2号	种审证字第菜049号	1991年	2008年
334	结球甘蓝	丰镇二黑甘蓝	内农审字〔1992〕5号	1992年	2008年
335	结球甘蓝	包头二大籽	内农审字〔1992〕5号	1992年	2008年
336	结球甘蓝	乌研711	内农审字〔1992〕5号	1992年	2008年
337	结球甘蓝	迎春	内农审字〔1992〕5号	1992年	2008年
338	结球甘蓝	小牛心	内农审字〔1992〕5号	1992年	2008年
339	结球甘蓝	巴盟大籽园菜	内农审字〔1992〕5号	1992年	2008年
340	结球甘蓝	和尚头园菜	内农审字〔1992〕5号	1992年	2008年
341	结球甘蓝	大平顶园菜	内农审字〔1992〕5号	1992年	2008年
342	结球甘蓝	报春	内农审字〔1992〕5号	1992年	2008年
343	结球甘蓝	成功2号	内农审字〔1992〕5号	1992年	2008年
344	球茎甘蓝	集宁小籽玉头	内农审字〔1992〕5号	1992年	2008年
345	球茎甘蓝	小缨子	内农审字〔1992〕5号	1992年	2008年
346	番茄	五里营粉红	内农审字〔1992〕5号	1992年	2008年
347	番茄	沈农2号	内农审字〔1992〕5号	1992年	2008年
348	番茄	秃尖粉	内农审字〔1992〕5号	1992年	2008年
349	番茄	强力米寿	内农审字〔1992〕5号	1992年	2008年
350	番茄	北京早红	内农审字〔1992〕5号	1992年	2008年
351	番茄	特罗皮克	内农审字〔1992〕5号	1992年	2008年
352	番茄	台湾大红	内农审字〔1992〕5号	1992年	2008年
353	番茄	丽春	内农审字〔1992〕5号	1992年	2008年
354	番茄	新苹	种审证字第菜013号	1987年	2008年
355	番茄	内番2号	种审证字第菜021号	1989年	2008年
356	番茄	青岛早红	内农审字〔1992〕5号	1992年	2008年

（续）

序号	作物种类	品种名称	审定编号	审定年度	退出年度
357	番茄	早粉2号	内农审字〔1992〕5号	1992年	2008年
358	番茄	春魁	内农审字〔1992〕5号	1992年	2008年
359	番茄	农大23	内农审字〔1992〕5号	1992年	2008年
360	番茄	桔黄佳辰	内农审字〔1992〕5号	1992年	2008年
361	番茄	粉红甜肉	内农审字〔1992〕5号	1992年	2008年
362	番茄	农大907	内农审字〔1992〕5号	1992年	2008年
363	番茄	早魁	内农审字〔1992〕5号	1992年	2008年
364	番茄	内番1号	种审证字第菜020号	1989年	2008年
365	番茄	番杂1号	种审证字第菜019号	1989年	2008年
366	茄子	本地牛心茄	内农审字〔1992〕5号	1992年	2008年
367	茄子	巴盟牛心茄	内农审字〔1992〕5号	1992年	2008年
368	茄子	呼市园茄	内农审字〔1992〕5号	1992年	2008年
369	茄子	柳条青	内农审字〔1992〕5号	1992年	2008年
370	茄子	海元茄	内农审字〔1992〕5号	1992年	2008年
371	茄子	玛脑茄	内农审字〔1992〕5号	1992年	2008年
372	茄子	包头海紫茄	种审证字第菜010号	1987年	2008年
373	茄子	巴盟长茄	内农审字〔1992〕5号	1992年	2008年
374	茄子	呼市灯炮茄	内农审字〔1992〕5号	1992年	2008年
375	茄子	麻花板长茄	内农审字〔1992〕5号	1992年	2008年
376	茄子	包钢茄	内农审字〔1992〕5号	1992年	2008年
377	茄子	阳高茄子	内农审字〔1992〕5号	1992年	2008年
378	茄子	海红皮	内农审字〔1992〕5号	1992年	2008年
379	茄子	海六茄	种审证字第菜006号	1984年	2008年
380	青椒	小矮秧	内农审字〔1992〕5号	1992年	2008年
381	青椒	铁皮青椒	内农审字〔1992〕5号	1992年	2008年
382	青椒	吉林3号	内农审字〔1992〕5号	1992年	2008年
383	青椒	中椒3号	种审证字第菜033号	1991年	2008年
384	青椒	青岗青椒	内农审字〔1992〕5号	1992年	2008年
385	青椒	徐水青椒	内农审字〔1992〕5号	1992年	2008年
386	青椒	同丰37	内农审字〔1992〕5号	1992年	2008年
387	辣椒	朝天嚎	内农审字〔1992〕5号	1992年	2008年
388	辣椒	小尖辣椒	内农审字〔1992〕5号	1992年	2008年
389	辣椒	西宁牛角椒	内农审字〔1992〕5号	1992年	2008年

（续）

序号	作物种类	品种名称	审定编号	审定年度	退出年度
390	辣椒	沙尔沁尖椒	内农审字〔1992〕5号	1992年	2008年
391	辣椒	新疆羊角椒	内农审字〔1992〕5号	1992年	2008年
392	黄瓜	先明刺瓜	内农审字〔1992〕5号	1992年	2008年
393	黄瓜	黑油条	内农审字〔1992〕5号	1992年	2008年
394	黄瓜	五里营刺瓜	内农审字〔1992〕5号	1992年	2008年
395	黄瓜	园艺大青刺	内农审字〔1992〕5号	1992年	2008年
396	黄瓜	佳木斯青刺	内农审字〔1992〕5号	1992年	2008年
397	黄瓜	北京大刺	内农审字〔1992〕5号	1992年	2008年
398	黄瓜	津研5号	内农审字〔1992〕5号	1992年	2008年
399	黄瓜	津研7号	内农审字〔1992〕5号	1992年	2008年
400	黄瓜	包杂3号	种审证字第菜012号	1987年	2008年
401	黄瓜	东瓦窑刺瓜	内农审字〔1992〕5号	1992年	2008年
402	黄瓜	桥靠刺瓜	内农审字〔1992〕5号	1992年	2008年
403	黄瓜	大青条	内农审字〔1992〕5号	1992年	2008年
404	黄瓜	北京小刺瓜	内农审字〔1992〕5号	1992年	2008年
405	黄瓜	呼市黑乌蛇	内农审字〔1992〕5号	1992年	2008年
406	黄瓜	津研1号	内农审字〔1992〕5号	1992年	2008年
407	黄瓜	津研6号	内农审字〔1992〕5号	1992年	2008年
408	黄瓜	包杂2号	种审证字第菜011号	1987年	2008年
409	菜瓜	菜瓜	内农审字〔1992〕5号	1992年	2008年
410	南瓜	大青皮西葫芦	内农审字〔1992〕5号	1992年	2008年
411	南瓜	丰镇葫芦	内农审字〔1992〕5号	1992年	2008年
412	南瓜	大瓜	内农审字〔1992〕5号	1992年	2008年
413	南瓜	花叶一窝猴西葫芦	内农审字〔1992〕5号	1992年	2008年
414	南瓜	红倭瓜	内农审字〔1992〕5号	1992年	2008年
415	南瓜	快葫芦	内农审字〔1992〕5号	1992年	2008年
416	南瓜	北京快豆	内农审字〔1992〕5号	1992年	2008年
417	南瓜	园叶一窝猴西葫芦	内农审字〔1992〕5号	1992年	2008年
418	南瓜	倭瓜	内农审字〔1992〕5号	1992年	2008年
419	南瓜	白皮西葫芦	内农审字〔1992〕5号	1992年	2008年
420	南瓜	跑条西葫芦	内农审字〔1992〕5号	1992年	2008年
421	南瓜	多伦大倭瓜	内农审字〔1992〕5号	1992年	2008年
422	南瓜	园青	内农审字〔1992〕5号	1992年	2008年

（续）

序号	作物种类	品种名称	审定编号	审定年度	退出年度
423	豇豆	前进1号芸豆	内农审字〔1992〕5号	1992年	2008年
424	豇豆	菜豆角	内农审字〔1992〕5号	1992年	2008年
425	豇豆	红咀燕豇豆	内农审字〔1992〕5号	1992年	2008年
426	萝卜	勉萝卜	内农审字〔1992〕5号	1992年	2008年
427	萝卜	红皮水萝卜	内农审字〔1992〕5号	1992年	2008年
428	萝卜	青园脆	内农审字〔1992〕5号	1992年	2008年
429	萝卜	豆瓣青萝卜	内农审字〔1992〕5号	1992年	2008年
430	萝卜	白水萝卜	内农审字〔1992〕5号	1992年	2008年
431	萝卜	二红袍	内农审字〔1992〕5号	1992年	2008年
432	萝卜	石家庄白萝卜	内农审字〔1992〕5号	1992年	2008年
433	胡萝卜	扎地黄	内农审字〔1992〕5号	1992年	2008年
434	胡萝卜	多伦红胡萝卜	内农审字〔1992〕5号	1992年	2008年
435	胡萝卜	一支腊	内农审字〔1992〕5号	1992年	2008年
436	胡萝卜	尖子黄	内农审字〔1992〕5号	1992年	2008年
437	胡萝卜	红胡萝卜	内农审字〔1992〕5号	1992年	2008年
438	西瓜	新早花	内农审字〔1992〕5号	1992年	2008年
439	甜瓜	十道眉	内农审字〔1992〕5号	1992年	2008年
440	甜瓜	华南108	内农审字〔1992〕5号	1992年	2008年
441	甜瓜	巴盟冬瓜	内农审字〔1992〕5号	1992年	2008年
442	籽瓜	河套大片	内农审字〔1992〕5号	1992年	2008年
443	花椰菜	瑞士雪球	内农审字〔1992〕5号	1992年	2008年
444	芥菜	河套大叶芥菜	内农审字〔1992〕5号	1992年	2008年
445	菠菜	内菠1号	种审证字第菜037号	1994年	2008年
446	菠菜	内菠3号	种审证字第菜039号	1994年	2008年
447	菠菜	内菠2号	种审证字第菜038号	1994年	2008年
448	莴笋	鸡腿莴笋	内农审字〔1992〕5号	1992年	2008年
449	大葱	叉子葱	内农审字〔1992〕5号	1992年	2008年
450	大葱	内葱1号	种审证字第菜041号	1994年	2008年
451	大葱	红葱	内农审字〔1992〕5号	1992年	2008年
452	蒜	巴盟白皮蒜	内农审字〔1992〕5号	1992年	2008年
453	蒜	二红皮蒜	内农审字〔1992〕5号	1992年	2008年
454	芜菁甘蓝	科布尔蔓菁	内农审字〔1992〕5号	1992年	2008年
455	生菜	园委生菜	内农审字〔1992〕5号	1992年	2008年

（续）

序号	作物种类	品种名称	审定编号	审定年度	退出年度
456	小麦	蒙麦27	种审证字第0243号	1997年	2010年
457	小麦	蒙麦28	种审证字第0244号	1997年	2010年
458	小麦	蒙麦29	种审证字第0245号	1997年	2010年
459	小麦	蒙麦26	种审证字第0242号	1997年	2010年
460	小麦	垦大4号	种审证字第0315号	1999年	2010年
461	小麦	蒙麦32	种审证字第0309号	1999年	2010年
462	小麦	蒙麦33	种审证字第0310号	1999年	2010年
463	小麦	锦麦269	蒙审麦200001号	2000年	2010年
464	小麦	乌麦7号	种审证字第0314号	1999年	2010年
465	小麦	新春6号	蒙审麦200004号	2000年	2010年
466	小麦	龙麦19号	种审证字第0248号	1997年	2010年
467	小麦	小山2134	蒙审麦200005号	2000年	2010年
468	小麦	内麦18	种审证字第0148号	1992年	2010年
469	水稻	普选28	种审证字第0251号	1997年	2010年
470	水稻	龙锦1号	种审证字第0253号	1997年	2010年
471	水稻	吉香1号	种审证字第0252号	1997年	2010年
472	水稻	沈农香粳1号	种审证字第0254号	1997年	2010年
473	玉米	兴单4号	种审证字第0261号	1997年	2010年
474	玉米	掖单2号	种审证字第0263号	1997年	2010年
475	玉米	掖单51号	种审证字第0265号	1997年	2010年
476	玉米	合玉14号	种审证字第0267号	1997年	2010年
477	玉米	西玉3号	种审证字第0262号	1997年	2010年
478	玉米	张玉4号	种审证字第0272号	1997年	2010年
479	玉米	白糯2号	种审证字第0332号	1999年	2010年
480	大豆	绥农10号	种审证字第0282号	1997年	2010年
481	大豆	黑河11	种审证字第0284号	1997年	2010年
482	大豆	长农4号	内农审字〔1992〕5号	1992年	2010年
483	大豆	黑河12	种审证字第0334号	1999年	2010年
484	大豆	蒙豆6号	蒙审豆200001号	2000年	2010年
485	大豆	绥农11	种审证字第0283号	1997年	2010年
486	大豆	黑河13	种审证字第0285号	1997年	2010年
487	大豆	丰收22	种审证字第0289号	1997年	2010年
488	大豆	丰收10号	内农审字〔1992〕5号	1992年	2010年

（续）

序号	作物种类	品种名称	审定编号	审定年度	退出年度
489	油菜	蒙油1号	种审证字第0231号	1995年	2010年
490	油菜	蒙油3号	种审证字第0302号	1997年	2010年
491	油菜	皮维特	种审证字第0305号	1997年	2010年
492	油菜	蒙油2号	种审证字第0232号	1995年	2010年
493	油菜	青油331	种审证字第0339号	1999年	2010年
494	油菜	H165	蒙审菜20002号	2000年	2010年
495	马铃薯	坝薯10号	种审证字第0296号	1997年	2010年
496	马铃薯	蒙薯10号	种审证字第0294号	1997年	2010年
497	马铃薯	蒙薯11	种审证字第0295号	1997年	2010年
498	马铃薯	呼基因薯1号	蒙审薯200001号	2000年	2010年
499	马铃薯	呼基因薯2号	蒙审薯200002号	2000年	2010年
500	向日葵	辽葵杂3号	种审证字第0306号	1997年	2010年
501	向日葵	A15	蒙审葵20004号	2000年	2010年
502	向日葵	DK1	蒙审葵20005号	2000年	2010年
503	高粱	蒙杂7号（哲杂20）	种审证字第0276号	1997年	2010年
504	高粱	蒙杂3号	内农审字〔1992〕5号	1992年	2010年
505	高粱	赤育9	内农审字〔1992〕5号	1992年	2010年
506	大麦	来色依	种审证字第0215号	1994年	2010年
507	大麦	金川3号	种审证字第0216号	1994年	2010年
508	菜豆	白莲豆	内农审字〔1992〕5号	1992年	2010年
509	亚麻	乌亚5号	种审证字第0300号	1997年	2010年
510	亚麻	内亚5号	种审证字第0341号	1999年	2010年
511	亚麻	晋亚6号	种审证字第0301号	1997年	2010年
512	亚麻	蒙纤亚1号	种审证字第0299号	1997年	2010年
513	大白菜	小杂65	种审证字第菜024号	1989年	2010年
514	大白菜	杂交青白口	内农审字〔1992〕5号	1992年	2010年
515	大白菜	玉青	内农审字〔1992〕5号	1992年	2010年
516	结球甘蓝	内配1号	种审证字第菜027号	1991年	2010年
517	结球甘蓝	苏木沁二虎头	内农审字〔1992〕5号	1992年	2010年
518	结球甘蓝	西菜园人头菜	内农审字〔1992〕5号	1992年	2010年
519	茄子	呼茄1号	种审证字第菜009号	1987年	2010年
520	茄子	蒙茄4号	种审证字第059号	1999年	2010年
521	茄子	内茄1号	种审证字第菜029号	1991年	2010年

（续）

序号	作物种类	品种名称	审定编号	审定年度	退出年度
522	茄子	大敏茄	内农审字〔1992〕5号	1992年	2010年
523	青椒	农牧永久	种审证字第菜003号	1984年	2010年
524	青椒	农发	种审证字第菜016号	1987年	2010年
525	青椒	蒙椒5号	种审证字第058号	1999年	2010年
526	青椒	世界冠军	内农审字〔1992〕5号	1992年	2010年
527	青椒	内椒2号	种审证字第菜040号	1994年	2010年
528	青椒	同丰16	内农审字〔1992〕5号	1992年	2010年
529	辣椒	北星3号	种审证字第056号	1999年	2010年
530	黄瓜	宁阳大刺	内农审字〔1992〕5号	1992年	2010年
531	黄瓜	黑乌蛇	内农审字〔1992〕5号	1992年	2010年
532	萝卜	国光1号	内农审字〔1992〕5号	1992年	2010年
533	萝卜	六缨	内农审字〔1992〕5号	1992年	2010年
534	萝卜	卫青萝卜	内农审字〔1992〕5号	1992年	2010年
535	萝卜	夏时5寸人参	种审证字第菜043号	1994年	2010年
536	萝卜	露八分	内农审字〔1992〕5号	1992年	2010年
537	胡萝卜	金红1号	种审证字第菜047号	1997年	2010年
538	胡萝卜	贼不偷	内农审字〔1992〕5号	1992年	2010年
539	胡萝卜	真红胡萝卜	内农审字〔1992〕5号	1992年	2010年
540	胡萝卜	金红2号	种审证字第菜048号	1997年	2010年
541	胡萝卜	鞭杆红	内农审字〔1992〕5号	1992年	2010年
542	胡萝卜	露八分胡萝卜	内农审字〔1992〕5号	1992年	2010年
543	西瓜	金钟冠龙	内农审字〔1992〕5号	1992年	2010年
544	西瓜	P2	内农审字〔1992〕5号	1992年	2010年
545	甜瓜	冰糖脆	内农审字〔1992〕5号	1992年	2010年
546	花椰菜	耶尔福	内农审字〔1992〕5号	1992年	2010年
547	花椰菜	荷兰雪球	内农审字〔1992〕5号	1992年	2010年
548	花椰菜	荷兰48	种审证字第菜046号	1994年	2010年
549	芥菜	包头牛毛芥菜	内农审字〔1992〕5号	1992年	2010年
550	芥菜	花叶芥菜	内农审字〔1992〕5号	1992年	2010年
551	菠菜	二混菠菜	内农审字〔1992〕5号	1992年	2010年
552	莴笋	鱼肚莴笋	内农审字〔1992〕5号	1992年	2010年
553	莴笋	柳叶莴笋	内农审字〔1992〕5号	1992年	2010年
554	莴笋	鱼肚白	内农审字〔1992〕5号	1992年	2010年

（续）

序号	作物种类	品种名称	审定编号	审定年度	退出年度
555	大葱	鸡腿葱	内农审字〔1992〕5号	1992年	2010年
556	大葱	白皮葱	内农审字〔1992〕5号	1992年	2010年
557	甜菜	内甜工农3号	种审证字第043号	1976年	2010年
558	甜菜	协作2号	种审证字第0155号	1991年	2010年
559	甜菜	内蒙古202	种审证字第0198号	1994年	2010年
560	甜菜	合育201	种审证字第0200号	1994年	2010年
561	甜菜	狼甜1号	种审证字第0202号	1994年	2010年
562	甜菜	毕抗1号	蒙审甜20002号	2000年	2010年
563	甜菜	狼甜301	种审证字第0229号	1995年	2010年
564	甜菜	呼育303	种审证字第0307号	1997年	2010年
565	甜菜	包育201	蒙审甜20001号	2000年	2010年
566	甜菜	内蒙9号	种审证字第0154号	1991年	2010年
567	甜菜	工农304	种审证字第0228号	1995年	2010年
568	甜菜	协作302	种审证字第0199号	1994年	2010年
569	甜菜	工农208	种审证字第0201号	1994年	2010年
570	甜菜	包育301	种审证字第0203号	1994年	2010年
571	甜菜	协作303	蒙审甜20003号	2000年	2010年
572	甜菜	通糖1号	种审证字第0230号	1995年	2010年
573	甜菜	通育302	种审证字第0343号	1999年	2010年
574	蓖麻	绿茎有刺	内农审字〔1992〕5号	1992年	2010年
575	蓖麻	战杆28	内农审字〔1992〕5号	1992年	2010年
576	蓖麻	哲蓖1号	种审证字第067号	1986年	2010年
577	蓖麻	品1	内农审字〔1992〕5号	1992年	2010年
578	蓖麻	宝塔	内农审字〔1992〕5号	1992年	2010年
579	蓖麻	哲蓖2号	种审证字第068号	1986年	2010年
580	小麦	克旱13号	内农种审字第0211号		2013年
581	小麦	蒙麦二十二	内农种审字第0238号		2013年
582	小麦	蒙麦二十三	内农种审字第0239号		2013年
583	小麦	蒙麦二十四	内农种审字第0240号		2013年
584	小麦	蒙麦二十五	内农种审字第0241号		2013年
585	小麦	小红芒	内农审字〔1992〕5号		2013年
586	小麦	克丰6号	内农种审字第0247号		2013年
587	小麦	蒙麦三十一	内农种审字第0308号		2013年

（续）

序号	作物种类	品种名称	审定编号	审定年度	退出年度
588	小麦	蒙麦三十四	内农种审字第0311号		2013年
589	小麦	蒙麦三十五号	蒙审麦200002号		2013年
590	小麦	蒙麦三十六号	蒙审麦200003号		2013年
591	小麦	临春1号	蒙审麦2002003		2013年
592	小麦	临优1号	蒙审麦2002004		2013年
593	小麦	农麦201	蒙审麦2002007		2013年
594	小麦	海垦九1号	蒙审麦2003001号		2013年
595	小麦	巴丰3号	蒙审麦2005002号		2013年
596	小麦	辽25-3	内农种审字第044号		2013年
597	小麦	海农1号	蒙审麦2005005号		2013年
598	小麦	九三99-5611	蒙审麦2005006号		2013年
599	小麦	海垦九3号	蒙审麦2006001号		2013年
600	小麦	宁春13	内农种审字第0167号		2013年
601	小麦	宁春14	内农种审字第0168号		2013年
602	小麦	康选9号	内农种审字第0172号		2013年
603	水稻	古榆香稻3号	蒙审稻2007010号		2013年
604	水稻	兴粳4号	蒙审稻2004001号		2013年
605	水稻	古榆香稻1号	蒙审稻2004002号		2013年
606	水稻	古榆香稻2号	蒙审稻2007009号		2013年
607	玉米	蒙甜10号	蒙审玉2007024号		2013年
608	玉米	蒙糯二号	蒙审玉2006015号		2013年
609	玉米	巴单5号	蒙审玉2005004号		2013年
610	玉米	金早1号	蒙审玉2005012号		2013年
611	玉米	巴单四号	蒙审玉2004014号		2013年
612	玉米	金山6号	蒙审玉2004018号		2013年
613	玉米	N3030	蒙审玉2004026号		2013年
614	玉米	N45-T5	蒙审玉2003012号		2013年
615	玉米	蒙甜1号	蒙审玉2003013号		2013年
616	玉米	蒙甜3号	蒙审玉2003014号		2013年
617	玉米	蒙甜5号	蒙审玉2003015号		2013年
618	玉米	兴单5号	内农种审字第0318号		2013年
619	玉米	兴单6号	内农种审字第0319号		2013年
620	玉米	兴单7号	内农种审字第0320号		2013年

（续）

序号	作物种类	品种名称	审定编号	审定年度	退出年度
621	玉米	掖单19	内农种审字第0329号		2013年
622	玉米	掖单20	内农种审字第0330号		2013年
623	玉米	蒙单5号（哲单14）	内农种审字第0256号		2013年
624	玉米	铁单10号	内农种审字第0266号		2013年
625	玉米	丹玉15	内农种审字第0269号		2013年
626	玉米	合玉17	内农种审字第0268号		2013年
627	玉米	龙单8号	内农种审字第0273号		2013年
628	玉米	本育九	内农种审字第0219号		2013年
629	玉米	掖单13	内农种审字第0178号		2013年
630	玉米	白单9号	内农种审字第0142号		2013年
631	玉米	克单4号	内农种审字第0105号		2013年
632	玉米	中单2号	内农种审字第0102号		2013年
633	玉米	黄莫417	内农种审字第020号		2013年
634	玉米	掖单4			2013年
635	大豆	黑眉豆	内农种审字〔1992〕5号		2013年
636	大豆	北交86-17	内农种审字第0286号		2013年
637	大豆	北丰7号	内农种审字第0287号		2013年
638	大豆	合丰35	内农种审字第0290号		2013年
639	大豆	黑农35	内农种审字第0291号		2013年
640	大豆	北87-19	内农种审字第0288号		2013年
641	大豆	黑农37	内农种审字第0292号		2013年
642	大豆	吉林12	内农审字〔1992〕5号		2013年
643	大豆	抗线2号	内农种审字第0333号		2013年
644	大豆	吉林43	蒙审豆200002号		2013年
645	大豆	疆莫豆2号	蒙审豆2002003		2013年
646	大豆	蒙豆7号	蒙审豆2002004		2013年
647	大豆	蒙豆10号	蒙审豆2002007		2013年
648	大豆	兴抗线1号	蒙审豆2003004号		2013年
649	大豆	中作引1号	蒙审豆2003005号		2013年
650	大豆	中作962	蒙审豆2003006号		2013年

（续）

序号	作物种类	品种名称	审定编号	审定年度	退出年度
651	大豆	蒙豆19	蒙审豆2006001号		2013年
652	大豆	大农1号	蒙审豆2006005号		2013年
653	大豆	蒙豆24	蒙审豆2006006号		2013年
654	大豆	兴豆5号	蒙审豆2007001号		2013年
655	大豆	蒙豆18	蒙审豆2007004号		2013年
656	大豆	蒙豆25	蒙审豆2007006号		2013年
657	大豆	黑农55	蒙审豆2007007号		2013年
658	大豆	黑农59	蒙审豆2008002号		2013年
659	大豆	合丰25	内农种审字第0145号		2013年
660	大豆	蒙豆5号	内农种审字第0278号		2013年
661	大豆	兴豆4号	内农种审字第0280号		2013年
662	油菜	格劳保	内农种审字第0236号		2013年
663	油菜	青油241	内农种审字第0304号		2013年
664	玉米	庆丰969	蒙审玉2004013号		2014年
665	玉米	金创3号	蒙审玉2010011号		2014年
666	玉米	蒙单6号（哲单37）	种审证字第0257号		2015年
667	油菜	蒙油4号	蒙审菜200001		2015年

七、非主要农作物品种登记

2012年自治区农牧业厅下发了《关于颁布内蒙古自治区非主要农作物目录的通知》（内农牧种植发〔2012〕83号），确定了燕麦、大麦、荞麦、谷子、绿豆、亚麻为自治区非主要农作物，由自治区实行登记管理，未列入目录的非主要农作物由盟市农作物品种推荐小组进行登记管理。

（一）呼和浩特市非主要农作物品种登记

2013年呼和浩特市出台了《呼和浩特市非主要农作物品种登记管理办法》，对申报范围、条件、程序、提供材料等内容做了详细规定。根据《呼和浩特市非主要农作物品种登记管理办法》，2013—2015年呼和浩特市农作物品种推荐小组共登记非主要农作物品种50个，其中，黄瓜6个，番茄3个，甜椒6个，辣椒4个，茄子2个，菜豆3个，西葫芦2个，西瓜3个，大葱1个，药材1个，籽用西葫芦5个，高丹草1个，欧李6个，地被石竹3个，红甜菜1个，胡萝卜1个，洋葱1个，藜麦1个（表2-2-9至表2-2-11）。

表2-2-9　2013年呼和浩特市非主要农作物品种登记名录

序号	作物种类	品种名称	亲本组合/品种来源	登记单位	登记编号
1	大葱	内葱三号	来源于日本	内蒙古农牧业科学院蔬菜所	呼品登2013001
2	胡萝卜	金红六号	10570-1×30302-2	内蒙古农牧业科学院蔬菜所	呼品登2013002
3	洋葱	金美	来源于美国黄皮洋葱杂交种泰美009分离后代优良单株	内蒙古农牧业科学院蔬菜所	呼品登2013003
4	药材	蒙青兰1号	源于呼和浩特市野生香青兰	内蒙古天际绿洲特色生物资源研发中心	呼品登2013004
5	籽用西葫芦	SH-S817	S08Q12×S08Q3S	酒泉市三禾种业有限责任公司（五原县大地种业有限责任公司）	呼品登2013005
6	籽用西葫芦	京丰9号	SXM07109×SXF07111	甘肃省武威三新种业有限责任公司	呼品登2013006
7	籽用西葫芦	京新801	SXM07143×SXF07108	甘肃省武威三新种业有限责任公司	呼品登2013007

表2-2-10　2014年呼和浩特市非主要农作物品种登记目录

序号	作物种类	品种名称	亲本组合/品种来源	登记单位	登记编号
1	黄瓜	德尔2010	由天津德瑞特种业有限公司引入	内蒙古农牧业科学院蔬菜所	呼品登2014001
2	黄瓜	黛安娜	从上海种都种业科技有限公司引入	内蒙古农牧业科学院蔬菜所	呼品登2014002
3	黄瓜	津优35	由天津科润黄瓜研究所引入	内蒙古农牧业科学院蔬菜所	呼品登2014003
4	番茄	CM-966	由南京金盛达有限公司引入	内蒙古农牧业科学院蔬菜所	呼品登2014004
5	番茄	国际粉霸	从上海种都种业科技有限公司引入	内蒙古农牧业科学院蔬菜所	呼品登2014005
6	番茄	小甜妮	从上海种都种业科技有限公司引入	内蒙古农牧业科学院蔬菜所	呼品登2014006
7	辣椒	合创香辣1号	托县辣椒地方品种群体提纯复壮	呼和浩特市合创农业科技研究中心	呼品登2014007

（续）

序号	作物种类	品种名称	亲本组合/品种来源	登记单位	登记编号
8	辣椒	合创薄皮青椒09-14	呼和浩特市薄皮青椒品种群体提纯复壮	呼和浩特市合创农业科技研究中心	呼品登2014008
9	西瓜	合创小帅黄	db102 × db57	呼和浩特市合创农业科技研究中心	呼品登2014009
10	欧李	蒙原红花欧李	辽宁朝阳丘陵山区和内蒙古大青山、蛮汉山区引入成年欧李进行自然杂交	内蒙古大地生态农林科技研究发展中心 内蒙古农业大学	呼品登2014010
11	欧李	蒙原金秋欧李	辽宁朝阳丘陵山区和内蒙古大青山、蛮汉山区引入成年欧李进行自然杂交	内蒙古大地生态农林科技研究发展中心 内蒙古农业大学 辽宁农业职业技术学院	呼品登2014011
12	欧李	蒙原秋丰欧李	辽宁朝阳丘陵山区和内蒙古大青山、蛮汉山区引入成年欧李进行自然杂交	辽宁农业职业技术学院 内蒙古农业大学 内蒙古大地生态农林科技研究发展中心	呼品登2014012
13	欧李	蒙原早红欧李	辽宁朝阳丘陵山区和内蒙古大青山、蛮汉山区引入成年欧李进行自然杂交	内蒙古大地生态农林科技研究发展中心 辽宁农业职业技术学院 内蒙古农业大学	呼品登2014013
14	欧李	蒙原嫣紫欧李	辽宁朝阳丘陵山区和内蒙古大青山、蛮汉山区引入成年欧李进行自然杂交	内蒙古农业大学 内蒙古大地生态农林科技研究发展中心	呼品登2014014
15	欧李	蒙原早丰欧李	辽宁朝阳丘陵山区和内蒙古大青山、蛮汉山区引入成年欧李进行自然杂交	内蒙古农业大学 内蒙古大地生态农林科技研究发展中心	呼品登2014015
16	地被石竹	蒙原石竹1号	内蒙古大青山野生石竹和山东的雪原1号进行自然杂交	内蒙古农业大学 内蒙古大地生态农林科技研究发展中心	呼品登2014016
17	地被石竹	蒙原石竹2号	内蒙古大青山野生石竹和山东的雪原1号进行自然杂交	内蒙古农业大学 内蒙古大地生态农林科技研究发展中心	呼品登2014017
18	地被石竹	蒙原石竹3号	内蒙古大青山野生石竹和山东的雪原1号进行自然杂交	内蒙古农业大学 内蒙古大地生态农林科技研究发展中心	呼品登2014018

（续）

序号	作物种类	品种名称	亲本组合/品种来源	登记单位	登记编号
19	高丹草	内杂饲1号	高粱不育系11A×高丹草RIL21	内蒙古农业大学 呼和浩特市合创农业科技研究中心	呼品登2014019
20	辣椒	北星九号	P222-001×P227-006	内蒙古农牧业科学院蔬菜所	呼品登2014020

表2-2-11　2015年呼和浩特市非主要农作物品种登记目录

序号	作物	品种名称	亲本组合/品种来源	登记单位	登记编号
1	食用红甜菜	红宝一号	从蒙古引入，经过四代选育而成	内蒙古自治区生物技术研究院	呼品登2015001
2	甜椒	奥代丽	从山东寿光先正达种子有限公司引入	内蒙古农牧业科学院蔬菜所	呼品登2015002
3	甜椒	萧新19	从安徽萧新种业有限公司引入	内蒙古农牧业科学院蔬菜所	呼品登2015003
4	甜椒	慧丰10号	P87-4×P-1	内蒙古农牧业科学院蔬菜所 包头市灏华农业科技有限责任公司	呼品登2015004
5	甜椒	中甜2号	从中国农业科学院蔬菜花卉研究所引入	内蒙古农牧业科学院蔬菜所	呼品登2015005
6	辣椒	日本长金	从山东寿光南澳绿亨农业有限公司引入	内蒙古农牧业科学院蔬菜所	呼品登2015006
7	辣椒	慧丰11	Hp957×Hp2000-1	内蒙古农牧业科学院蔬菜所 包头市灏华农业科技有限责任公司	呼品登2015007
8	辣椒	A9	从辽宁沈阳丰农农业有限公司引入	内蒙古农牧业科学院蔬菜所	呼品登2015008
9	茄子	超亮紫圆茄	从赤峰市农研所种子公司引入	内蒙古农牧业科学院蔬菜所	呼品登2015009
10	茄子	爱丽舍	从山东寿光瑞克斯旺种子公司引入	内蒙古农牧业科学院蔬菜所	呼品登2015010
11	菜豆	天马红冠	从北京世纪天马种子有限公司引入	内蒙古农牧业科学院蔬菜所	呼品登2015011
12	菜豆	辽豇高产王	从沈阳凌丰种苗商行引入	内蒙古农牧业科学院蔬菜所	呼品登2015012

（续）

序号	作物	品种名称	亲本组合/品种来源	登记单位	登记编号
13	菜豆	将军一点红	从吉林益农种业有限公司引入	内蒙古农牧业科学院蔬菜所	呼品登2015013
14	西葫芦	冬美	从北京中研利鑫国际种业有限公司引入	内蒙古农牧业科学院蔬菜所	呼品登2014014
15	西葫芦	京冬玉	从北京中研利鑫国际种业有限公司引入	内蒙古农牧业科学院蔬菜所	呼品登2015015
16	西瓜	全美2K	从日本井田公司引入	内蒙古农牧业科学院蔬菜所	呼品登2015016
17	西瓜	新金兰	从农友种苗（中国）有限公司引入	内蒙古农牧业科学院蔬菜所	呼品登2015017
18	黄瓜	内农大袖珍黄瓜	新BY-2×津BY-5	内蒙古农业大学农学院	呼品登2015018
19	黄瓜	内农大育1号	长春BY-3×宁阳BY-6	内蒙古农业大学农学院	呼品登2015019
20	黄瓜	内农大育2号	新BY-3×宁阳BY-5	内蒙古农业大学农学院	呼品登2015020
21	藜麦	蒙藜一号	从南美洲引入BC-16、B2-08和A-21进行自然异交，经过6个以上世代选育而成	中国农业科学院作物科学研究所 内蒙古农业大学农学院 内蒙古益稷生物科技有限公司	呼品登2015021
22	籽用西葫芦	金地1号	20R-11-3×R-6	内蒙古农牧业科学院特色作物所	呼品登2015022
23	籽用西葫芦	金地2号	LD-11-1×R-8	内蒙古农牧业科学院特色作物所	呼品登2015023

（二）赤峰市非主要农作物品种登记

赤峰市农牧业局自2013年开展了非主要农作物的品种登记工作，成立了赤峰市农作物品种推荐小组，并向各旗县区农（牧）业局下发了《关于对部分非主要农作物实行登记管理的通知》（赤农牧种植发〔2012〕10号）。2013—2015年，推荐小组对引育单位（个人）申请的5个番茄品种、5个辣椒品种、5个胡萝卜品种、1个黄瓜品种、16个菜豆品种、2个西瓜品种、1个帚用高粱品种、1个糜子品种、1个芥菜品种、2个饲用谷子品种进行了登记（表2-2-12）。

表2-2-12　2013—2015年赤峰市非主要农作物品种登记名录

作物	品种名称	申请单位（个人）	登记编号
番茄	汉姆一号	赤峰和润农业高新科技产业开发有限公司	赤登番2013001号
	汉姆七号	赤峰和润农业高新科技产业开发有限公司	赤登番2013002号
	汉姆九号	赤峰和润农业高新科技产业开发有限公司	赤登番2013003号
	瑞菲	内蒙古自治区农牧业科学院 赤峰市农业多种经营管理站	赤登番2014001号
	思贝德	内蒙古自治区农牧业科学院 赤峰市农业多种经营管理站	赤登番2014002号
辣椒	长金	内蒙古农牧科学院蔬菜所 赤峰市农业多种经营管理站	赤登椒2013001号
	赤研21号	赤峰市农牧科学研究院	赤登椒2014001号
	冬盛	赤峰市农牧科学研究院	赤登椒2014002号
	红美人	赤峰市农牧科学研究院	赤登椒2014003号
	黄贵妃	赤峰市农牧科学研究院	赤登椒2014004号
胡萝卜	红参237	赤峰华农种籽有限责任公司	赤登胡萝卜2013001号
	红参238	赤峰华农种籽有限责任公司	赤登胡萝卜2013002号
	红参239	赤峰华农种籽有限责任公司	赤登胡萝卜2013003号
	华农868	赤峰华农种籽有限责任公司	赤登胡萝卜2013004号
	华农赤龙	赤峰华农种籽有限责任公司	赤登胡萝卜2013005号
黄瓜	中荷10号	内蒙古自治区农牧业科学院 赤峰市农业多种经营管理站	赤登黄瓜2014001号
菜豆	赤裕9号	赤峰裕隆种子有限公司	赤登菜豆2014001号
	赤裕15	赤峰裕隆种子有限公司	赤登菜豆2014002号
	赤裕19	赤峰裕隆种子有限公司	赤登菜豆2014003号
	赤裕21	赤峰裕隆种子有限公司	赤登菜豆2014004号
	赤裕22	赤峰裕隆种子有限公司	赤登菜豆2014005号
	赤裕23	赤峰裕隆种子有限公司	赤登菜豆2014006号
	蒙丰1号	赤峰蒙丰农业科技有限公司	赤登菜豆2014007号
	蒙丰2号	赤峰蒙丰农业科技有限公司	赤登菜豆2014008号
	蒙丰3号	赤峰蒙丰农业科技有限公司	赤登菜豆2014009号
	植科1号	赤峰植科豆类蔬菜研究所	赤登菜豆2014010号
	白头翁	赤峰市丰田科技种业有限公司	赤登菜豆2014011号
	丰豆13	赤峰市丰田科技种业有限公司	赤登菜豆2014012号

（续）

作物	品种名称	申请单位（个人）	登记编号
菜豆	丰豆15号	赤峰市丰田科技种业有限公司	赤登菜豆2014013号
	丰豆8号	赤峰市丰田科技种业有限公司	赤登菜豆2014014号
	丰豆9号	赤峰市丰田科技种业有限公司	赤登菜豆2014015号
	花皮豆	赤峰市丰田科技种业有限公司	赤登菜豆2014016号
西瓜	三高十二	赤峰市红山区叁高种业商行	赤登西瓜2013001号
	三高八号	赤峰市红山区叁高种业商行	赤登西瓜2013002号
帚用高粱	帚杂01	孔庆芝	赤登帚2013001号
糜子	赤黍8号	赤峰市农牧科学研究院	赤登糜2014001号
芥菜	赤芥1号	赤峰市农牧科学研究院	赤登芥2013001号
饲用谷子	饲谷2号	中国农业科学院作物科学研究所 赤峰市农牧科学研究院 中国农业科学院北京畜牧兽医研究所	赤登饲谷2015001号
	饲谷5号	中国农业科学院作物科学研究所 赤峰市农牧科学研究院 中国农业科学院北京畜牧兽医研究所	赤登饲谷2015002号

（三）巴彦淖尔市非主要农作物品种登记

巴彦淖尔市于2013年开始了对辖区内未列入自治区登记管理目录的其他非主要农作物品种的登记工作。具体工作由巴彦淖尔市农作物品种推荐小组负责，并对登记工作做了如下规范。

申请登记的品种应符合以下条件：

（1）人工选育、引进或发现并经过改良。

（2）品种权属及来源清晰。

（3）遗传性状相对稳定，形态特征和生物学特性一致，与其他品种有明显差异。

（4）品种命名符合《农业植物品种命名规定》。

（5）有规范的品种特征特性描述。

（6）应具有两年以上的品种试验结果，产量水平或品质性状高于当地主推品种。

登记管理的程序：

（1）填报拟登记管理品种申请表。拟登记管理品种于每年12月30日前将申请表提交巴彦淖尔市推荐小组办公室。

（2）拟登记管理的品种试验。凡申报巴彦淖尔市非主要农作物品种登记的单位或个人，对申报品种进行试验，第一年由申请人自己组织在拟推广区域试验，第二年由市推荐小组办公室指定区域试验点试验，每年每个品种试验点不少于3个。

（3）田间鉴定。市推荐小组办公室对完成两年试验的品种，组织相关专家组成田间鉴定小组，对申请登记的品种进行田间现场鉴定。田间鉴定意见作为品种登记的主要依据。

（4）登记管理。市推荐小组对完成登记程序准予登记的品种，颁发登记证书，并予公告。编号为巴彦淖尔市品种登记办简称、作物种类、年号、序号。序号为三位数，如2012年通过登记的甜瓜品种编号为“巴登甜瓜2012001”。

登记管理应提交的材料：

（1）品种选育（引进）报告。

（2）试验结果。

（3）特征特性。

（4）栽培技术要点。

（5）品质分析、抗病性鉴定报告。

（6）品种（含杂交种亲本）果实和全株等标准图片。

（7）其他需要提供的材料。

责任：

申请人应对登记品种的来源真实性以及品种的丰产性、抗逆性、适应性、品质等负责，因品种造成损失的，应当承担相应责任。

其他事项：

（1）登记品种的种子包装标识以及广告宣传上主要性状描述等内容应与登记内容一致。

（2）在巴彦淖尔市境内销售应当登记而未经登记的品种种子，不得经营、推广。

（3）在巴彦淖尔市境内申请非主要农作物商品种子生产，所生产的品种应经过自治区认定或市级以上登记，未经认定或登记的，不予办理生产备案登记，不得组织种子生产。

2013—2015年，巴彦淖尔市共对在市内销售的6种非主要农作物种子进行了登记，累计登记93个品种（表2-2-13至表2-2-15）。

表2-2-13　2013年巴彦淖尔市非主要农作物品种登记名录

序号	作物	品种名称	登记单位（个人）	登记编号
1	有壳葫芦	金丰八号	五原县三利种苗中心	巴登葫芦2013001号
2	有壳葫芦	金丰九号	包头市三主粮种业有限公司	巴登葫芦2013002号
3	有壳葫芦	丰籽一号	巴彦淖尔市凯福鑫农业科技发展有限公司	巴登葫芦2013003号
4	有壳葫芦	丰籽二号	巴彦淖尔市凯福鑫农业科技发展有限公司	巴登葫芦2013004号
5	有壳葫芦	科来9号	巴彦淖尔市科河种业有限公司	巴登葫芦2013005号
6	有壳葫芦	科欣10号	巴彦淖尔市科河种业有限公司	巴登葫芦2013006号
7	有壳葫芦	万合1号	内蒙古五原县四季新种子经销部	巴登葫芦2013007号
8	有壳葫芦	四季新11	内蒙古五原县四季新种子经销部	巴登葫芦2013008号
9	有壳葫芦	金平果12	武威金苹果有限责任公司	巴登葫芦2013009号
10	有壳葫芦	祥瑞一号	巴彦淖尔市临河区兴农种业	巴登葫芦2013010号

（续）

序号	作物	品种名称	登记单位（个人）	登记编号
11	有壳葫芦	祥瑞二号	巴彦淖尔市临河区兴农种业	巴登葫芦2013011号
12	有壳葫芦	丰产十号	康杰	巴登葫芦2013012号
13	有壳葫芦	金平果10号	武威金苹果有限责任公司	巴登葫芦2013013号
14	有壳葫芦	汇元6号	五原县汇元种业	巴登葫芦2013014号
15	有壳葫芦	汇元7号	五原县汇元种业	巴登葫芦2013015号
16	有壳葫芦	绿星109	五原县绿川五星种业	巴登葫芦2013016号
17	有壳葫芦	丰产6号	康杰	巴登葫芦2013017号
18	有壳葫芦	丰产八号	康杰	巴登葫芦2013018号
19	有壳葫芦	丰产九号	康杰	巴登葫芦2013019号
20	有壳葫芦	白雪二号	临河区西亚种子农资经销部	巴登葫芦2013020号
21	有壳葫芦	白雪三号	临河区西亚种子农资经销部	巴登葫芦2013021号
22	有壳葫芦	京成7128	临河区金冠农资	巴登葫芦2013022号
23	有壳葫芦	F600	内蒙古富达农业发展有限公司	巴登葫芦2013023号
24	有壳葫芦	鑫丰一号	包头市灏华农业科技有限责任公司	巴登葫芦2013024号
25	有壳葫芦	晋葫10	巴彦淖尔市临河区金裕种子经销部	巴登葫芦2013025号
26	有壳葫芦	德丰九号	孙建平	巴登葫芦2013026号
27	籽用南瓜	金冠8号	康杰	巴登葫芦2013027号
28	籽用南瓜	玉金宝	临河区西亚种子农资经销部	巴登葫芦201028号
29	籽用南瓜	金平果 鸳鸯会	武威金苹果有限责任公司	巴登葫芦2013029号
30	籽用南瓜	多籽南瓜	包头市灏华农业科技有限责任公司	巴登葫芦2013030号
31	籽用南瓜	绿珠1号	内蒙古五原县四季新种子经销部	巴登葫芦2013031号
32	籽用南瓜	金平果2010	武威金苹果有限责任公司	巴登葫芦2013032号
33	籽瓜	红美人	内蒙古丰农种业有限公司	巴登籽瓜2013001号
34	籽瓜	红秀3号	巴彦淖尔市科河种业有限公司	巴登籽瓜2013002号
35	籽瓜	林籽2号	巴彦淖尔市科河种业有限公司	巴登籽瓜2013003号
36	籽瓜	林籽4号	巴彦淖尔市科河种业有限公司	巴登籽瓜2013004号
37	蓖麻	CHS-6	李心文	巴登蓖麻2013001号
38	蓖麻	中蓖杂3号	中国农科院油料作物研究所	巴登蓖麻2013002号
39	蓖麻	CH-8	李心文	巴登蓖麻2013003号
40	蓖麻	内蓖杂1号	内蒙古农业大学农学院	巴登蓖麻2013004号

表2-2-14　2014年巴彦淖尔市非主要农作物品种登记名录

序号	作物	品种名称	登记单位（个人）	登记编号
1	有壳葫芦	林优8号	内蒙古西蒙种业有限公司	巴登葫芦2014001号
2	有壳葫芦	利农瑞丰9号	内蒙古乌前旗利农农贸种子经销部	巴登葫芦2014002号
3	有壳葫芦	弘昌十八	内蒙古五原县弘昌现代农业专业合作社	巴登葫芦2014003号
4	有壳葫芦	希望九号	临河金冠农资	巴登葫芦2014004号
5	有壳葫芦	TC168	乌拉特前旗乌拉山镇	巴登葫芦2014005号
6	有壳葫芦	农丰十九	内蒙古五原县新亮种子商行	巴登葫芦2014006号
7	有壳葫芦	瑞丰九号	甘肃省酒泉希望种业有限公司	巴登葫芦2014007号
8	有壳葫芦	科欣11	巴彦淖尔市科河种业有限公司	巴登葫芦2014008号
9	有壳葫芦	科欣12	巴彦淖尔市科河种业有限公司	巴登葫芦2014009号
10	有壳葫芦	科欣13	巴彦淖尔市科河种业有限公司	巴登葫芦2014010号
11	有壳葫芦	超金九号	武威金苹果有限责任公司	巴登葫芦2014011号
12	有壳葫芦	SH-S817	五原县大地种业	巴登葫芦2014012号
13	有壳葫芦	SH-S819	五原县大地种业	巴登葫芦2014013号
14	有壳葫芦	泰瑞-60	内蒙古丰农种业有限责任公司	巴登葫芦2014014号
15	籽用南瓜	京成四星无壳	临河金冠农资	巴登葫芦2014015号
16	籽用南瓜	泽丰5号	内蒙古西蒙种业有限公司	巴登葫芦2014016号
17	籽瓜	鼎红1号	内蒙古西蒙种业有限公司	巴登籽瓜2014001号
18	籽瓜	蒙优1号	内蒙古西蒙种业有限公司	巴登籽瓜2014002号
19	籽瓜	林籽3号	巴彦淖尔市科河种业有限公司	巴登籽瓜2014003号
20	籽瓜	红秀4号	巴彦淖尔市科河种业有限公司	巴登籽瓜2014004号
21	籽瓜	林籽5号	巴彦淖尔市科河种业有限公司	巴登籽瓜2014005号
22	番茄	IVF6242	中国农业科学院蔬菜花卉研究所	巴登番茄2014001号
23	番茄	石番35	石河子开发区新番种业有限公司	巴登番茄2014002号
24	番茄	石番36	石河子开发区新番种业有限公司	巴登番茄2014003号
25	番茄	石番38	石河子开发区新番种业有限公司	巴登番茄2014004号

表2-2-15　2015年巴彦淖尔市非主要农作物品种登记名录

序号	作物	品种名称	登记单位（个人）	登记编号
1	有壳葫芦	弘昌十六	内蒙古五原县弘昌种子经销部	巴登葫芦2015001号

（续）

序号	作物	品种名称	登记单位（个人）	登记编号
2	有壳葫芦	超级金苹果1号	武威金苹果农业股份有限公司	巴登葫芦2015002号
3	有壳葫芦	超级金苹果2号	武威金苹果农业股份有限公司	巴登葫芦2015003号
4	有壳葫芦	超级金苹果3号	武威金苹果农业股份有限公司	巴登葫芦2015004号
5	有壳葫芦	凯丰八号	内蒙古天承籽业有限责任公司	巴登葫芦2015005号
6	有壳葫芦	谷丰九号	内蒙古谷丰农业科技有限公司	巴登葫芦2015006号
7	有壳葫芦	R3681	巴彦淖尔市临河区瑞德金种子经销部	巴登葫芦2015007号
8	有壳葫芦	R3682	巴彦淖尔市临河区瑞德金种子经销部	巴登葫芦2015008号
9	有壳葫芦	希望骄子	临河区金冠农资经营部	巴登葫芦2015009号
10	有壳葫芦	优嘉一号	内蒙古华威种业有限责任公司	巴登葫芦2015010号
11	有壳葫芦	利丰	内蒙古华威种业有限责任公司	巴登葫芦2015011号
12	有壳葫芦	丰田8号	陈起胜	巴登葫芦2015012号
13	籽用南瓜	超级金苹果无壳	武威金苹果农业股份有限公司	巴登葫芦2015013号
14	籽用南瓜	R3683	巴彦淖尔市临河区瑞德金种子经销部	巴登葫芦2015014号
15	籽用南瓜	弘昌三十号	五原县弘昌现代农业专业合作社	巴登葫芦2015015号
16	籽用南瓜	泽丰7号	内蒙古西蒙种业有限公司	巴登葫芦2015016号
17	甜瓜	世纪125	内蒙古富达农业发展有限公司	巴登甜瓜2015001号
18	甜瓜	世纪127	内蒙古富达农业发展有限公司	巴登甜瓜2015002号
19	甜瓜	塞上明珠	内蒙古谷丰农业科技有限公司	巴登甜瓜2015003号
20	甜瓜	优蜜17	内蒙古谷丰农业科技有限公司	巴登甜瓜2015004号
21	甜瓜	新田蜜17	巴彦淖尔市新田种苗有限公司	巴登甜瓜2015005号
22	甜瓜	福甜	巴彦淖尔市凯福鑫农业科技发展有限公司	巴登甜瓜2015006号
23	籽瓜	鼎红3号	内蒙古西蒙种业有限公司	巴登籽瓜2015001号
24	籽瓜	蒙优3号	内蒙古西蒙种业有限公司	巴登籽瓜2015002号
25	籽瓜	红秀5号	内蒙古巴彦淖尔市科河种业有限公司	巴登籽瓜2015003号
26	籽瓜	金籽瓜	内蒙古巴彦淖尔市科河种业有限公司	巴登籽瓜2015004号
27	番茄	IVF6172	中国农业科学院蔬菜花卉研究所	巴登番茄2015001号
28	番茄	金富源8号	新疆金种农乐农业科技发展有限公司	巴登番茄2015002号

（四）包头市非主要农作物品种登记

2015年包头市农牧业局下发了《包头市农牧业局关于对包头市非主要农作物品种实行登记管理的通知》（包农发〔2015〕25号），成立了包头市农作物品种推荐小组，负责全市非主要农作物品种的登记管理工作。推荐小组下设办公室（设在包头市种子管理站），负责登记管理的日常工作，各旗县区种子管理站负责辖区品种登记申请的受理、审核、上报工作。2015年全市共审核登记了9类作物39个品种。其中，茄果类14个品种，豆类7个品种，根菜类4个品种，叶菜类3个品种，藜麦1个品种，甘蓝类1个品种，瓜果类5个品种，葱蒜类4个品种。

（五）其他盟市非主要农作物品种登记

通辽市根据《通辽市非主要农作物管理办法》相关规定，2014年备案登记了1个红干椒品种北星5号。乌兰察布市在2015年登记1个藜麦品种蒙藜一号。

第三节　农作物种子生产经营许可管理

一、生产经营许可管理制度

内蒙古自治区农作物种子生产经营许可管理制度随着政治、经济、社会发展而演进，与不同历史时期下形成确立的种业管理体制密切相关：自治区人民政府成立初期，种子管理工作一度由农业、粮食、商业及供销社多头管理。种子经营由粮食部门负责。自治区农牧厅负责种子管理工作的日常业务。国家第一个五年计划完成后，自治区开始逐步确立了计划经济体制下以各级种子管理站为主体的行政、技术、经营三位一体的管理体制。自治区对玉米种子市场准入管理采取各级国有种子公司实行计划供应、垄断经营的方式。20世纪80年代后期，针对常规作物种子市场放开后，种子生产经营主体日趋多元，市场秩序亟待规范的新形势，1987年自治区农业委员会、工商行政管理局联合转发了农牧渔业部、国家行政管理局制定的《关于加强农作物种子生产、经营管理的暂行规定》，并对“三证一照”（种子生产许可证、种子经营许可证、种子质量合格证、种子营业执照）的发放与管理作了补充规定，种子经营由农业部门种子公司（站）独家经营改为许可制度。1989年3月《中华人民共和国种子管理条例》经国务院常务会议审议通过实施，提出建立种子生产经营许可制度：商品种子生产单位和个人应当具有对所经营种子能正确识别种类、鉴定质量和掌握贮藏保管技术的人员，具有与经营种子相适应的资金、营业场所和设施，必须经所在地县以上地方人民政府农业主管部门核发《种子经营许可证》后，方可经营杂交玉米、杂交水稻等主要农作物杂交种。内蒙古自治区农业委员会于1990年制定了《内蒙古自治区农作物种子“三证一照”管理办法》（试行），此后，种子市场的“三证一照”管理制度陆续在全区推行。1994年1月，内蒙古自治区第八届人民代表大会常务委员会第五次会议通过的《内蒙古自治区农用种子管理条例》，放宽了对杂交玉米种子经营的限制，如“杂交种子和常规作物原种，由旗县及以上种子公司组织经营”“农业科研单位、农业院校，可以经营自育的，并审定通过的种子”“苏木乡镇农业综合服务机构，可以经营由旗县种子公司批发的杂交种子”。随着1996年全区种子管理体制改革的推行，全区脱离经营业务的种子管理站开始履行种子行政许可、行政处罚、行政管理等职责。2000年《中华人民共和国种子法》正式实施后，种子生产经营活动的许可管理制度正式以国家法律的形式确立。2001年农业部发布实施了《农作物种子生产经营许可证管理办法》，明确规定：主要农作物商品种子生产、种子经营实行许可制度，种子经营者必须先取得种子经营许可证后，方可凭证向工商行政管理机关申请办理或者变更营业执照。申请领取种子生产许可证的单位和个人具有繁殖种子的隔离和培育条件；具有无检疫性病虫害的种子生产地点或者县级以上人民政府林业行政主管部门确定的采种林；具有与种子生产相适应的资金和生产、检验设施；具有相应的专业种子生产和检验技术人员。申请领取具有植物新品种权的种子生产许可证的，应当征得品种权人的书面同意。申请领取种子经营许可证的单位和个人，具有与经营种子种类和数量相适应的资金及独立承担民事责任的能力；具有能够正确识别所经营的种子，检验种子质量，掌握种子贮藏、保管技术的人员；具有与经营种子的种类、数量相适应的营业场所及加工、包装、贮藏保管设施和检验种子质量的仪器设备。种子经营者专门经营不再分装的包装种子的，或者受具有种子经营许可证的种子经营者以书面委托代销其种子的，可以不办理种子经营许可证。

二、生产经营许可的实施主体

2001年8月，自治区第九届人大常委会第二十四次会议通过了《内蒙古自治区农作物种子条例》，第一章第三条明确规定：旗县级以上人民政府农业行政主管部门负责本行政区域内的种子工作，其日常管理工作由种子管理机构负责。2001年11月，内蒙古自治区农牧业厅与自治区种子管理站签署了《农业行政执法委托书》，委托执法内容为：内蒙古自治区农牧业厅委托内蒙古自治区种子管理站，在内蒙古自治区行政区域内，行使《中华人民共和国种子法》《内蒙古自治区农作物种子条例》及有关法律法规赋予的权利和义务，在种质资源保护、品种选育、审定和认定、种子质量监督和检验、种子生产、经营、调运许可证发放、非主要农作物种子生产备案、种子市场管理、广告审查等方面开展执法活动。2006年《国务院办公厅关于推进种子管理体制改革加强市场监管的意见》（国办发〔2006〕40号文件），明确规定"各级种子管理机构要依法履行种子行政许可、行政处罚、行政管理等职责，加强对本行政区域内种子市场和种子质量的监管"。按照上述法规文件要求，自治区受各级农业行政主管部门委托的种子管理机构负责种子生产经营许可工作。

三、生产经营许可管理工作

（一）出台配套管理办法，完善许可制度架构

围绕《内蒙古自治区农作物种子条例》的贯彻落实，针对自治区非主要农作物种子、原包装种子生产经营许可管理基础薄弱，缺乏统一有效的程序性规定，监督检查职责落实不到位等问题，2010年2月26日，自治区农牧业厅下发了《内蒙古农牧业厅关于贯彻〈内蒙古自治区农作物种子条例〉配套办法的通知》（内农牧种植发〔2010〕33号）（附录6），出台《内蒙古自治区非主要农作物商品种子生产备案登记管理办法》《内蒙古自治区种子经营企业设立分支机构备案登记管理办法》《农作物原包装种子经营备案登记管理办法》《农作物种子委托代销备案登记管理办法》4个配套行政许可管理办法；为全面贯彻落实农业部《农作物种子生产经营许可管理办法》（农业部令，2011年第3号），自治区农牧业厅印发了《关于贯彻实施〈农作物种子生产经营许可管理办法〉的通知》（内农牧种植发〔2011〕366号），进一步细化了种子行业许可准入执行标准，强化了许可全过程监管机制；2012年8月，自治区农牧业厅印发了《内蒙古自治区马铃薯种薯生产经营许可管理办法》（附录7），明确了马铃薯种薯生产经营许可条件和准入标准，填补了马铃薯生产

经营许可管理的空白，为自治区马铃薯种业健康发展奠定了基础。

（二）推进政务公开，规范许可程序

按照“简政放权、严格规范、高效便民、公开透明”的原则推进了行政许可管理。一是创新行政许可办理方式，积极推进网上申报。2012年7月9日，内蒙古自治区种子管理站在鄂尔多斯市举办了“全区农作物种子生产经营许可网上申报培训班”，对全区各盟市和产粮大县种子管理机构负责农作物种子生产经营许可的工作人员进行了业务培训。各级种子管理机构依托全国农作物种子生产经营许可信息管理系统，实行种子生产经营许可网上申报、审批及信息公开，初步实现了国家、自治区、盟市、旗县区四级种子许可信息互联互通、共享共用。二是按照《中华人民共和国种子法》《农作物种子生产经营许可证管理办法》（农业部令，2011年第3号）要求，建立了农作物种子生产经营许可管理“四制办理流程”即网上申报制、现场勘验制、专家评审制、法人核发制。下发了《关于进一步规范农作物种子生产经营许可管理的通知》（内农牧规发〔2015〕2号；自治区人民政府法制办备案编号：NMYT-2015-0002）（附录8），进一步明确许可程序与审批标准、受理时限等方面的内容。农作物种子生产经营许可管理实现了申报、受理、审核、核发全程公开透明，切实提高了种子生产经营许可管理水平。三是按照《内蒙古自治区人民政府办公厅关于开展责任清单编制工作的通知》（内政办发〔2015〕82号）要求，自治区种子管理站对生产经营许可等行政权力事项逐项分解了责任事项、追责情形和追责依据，编制并公开农作物种子生产经营许可行政审批流程图（图2-3-1）、申请条件和服务指南，全面推行首问负责制、服务承诺制、限时办结制。

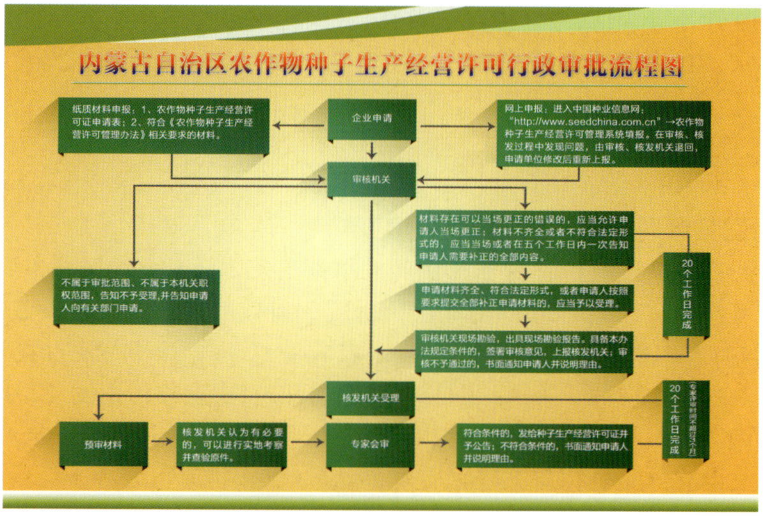

图2-3-1　自治农作物种子生产经营许可行政审批流程图

（三）强化动态监管，开展企业资质核查

围绕国办40号文件的贯彻落实，2006年内蒙古自治区种子管理站开展了注册资本300万元以上种子企业的资质、诚信生产、依法经营等情况的核查工作。对在核查中存在

问题或不符合国办40号文件准予许可条件的企业，不予办理生产、经营许可证；2007年自治区种子管理站下发了《关于进一步推进种子企业改制的通知》，通报了因未按期完成改制工作而注销经营许可证的21家企业名单；按照农业部《2010年种子执法年活动方案》和自治区农牧业厅《2010年种子执法年活动工作方案》的要求，依据《中华人民共和国种子法》《农作物种子生产经营许可证管理办法》及《内蒙古自治区农作物种子条例》中有关种子生产、经营许可的条件，2010年开展了全区种子生产经营企业的核查。实地查验了银行、会计事务所、审计事务所出具的2009年年底该企业资产证明；办公、经营、生产、加工、仓储、检验等设施设备有效的产权证明；品种权证书或品种权转让合同；种子质量检验员、加工仓储人员和种子生产技术人员的有效证明，及技术人员为企业正式员工的有效证明。全年共核查了农业部发证企业3家、自治区发证企业95家，下达了57份整改通知书，吊销了3家企业的种子经营许可证。为提高发现问题和防范化解风险的能力，从2013年开始，自治区种子管理站结合行业基础信息统计工作，及时掌握企业生产经营信息，对经营异常的企业及时开展实地核查。2013—2015年，共核查杂交玉米种子生产经营企业15家，下达整改意见2份。2006年全区杂交玉米生产经营种子企业共111家，2015年全区杂交玉米种子生产经营企业减少为44家，有效促进行业的升级和聚集度提高。

（四）开展全区范围内的种业从业人员考核培训

为配合《农作物种子生产经营许可管理办法》对企业技术人员的要求，2008年内蒙古自治区种子管理站组织人员编写了《种子加工与储藏》，分别在全区举办了全区种子生产技术人员培训班5期（图2-3-2），种子加工技术人员培训班4期，种子贮藏技术人员培训班5期。考核通过种子生产技术人员1 465人，加工技术人员2 056人，贮藏技术人员1 521人。

图2-3-2　自治区种子管理站在呼伦贝尔市举办全区种子生产技术人员培训班

第四节　农作物种业信息服务与管理

在我国正由工业化向信息化社会迈进的大背景下，信息化的迅猛发展给现代种业管理工作带来深刻变革。从2008年开始，自治区种子管理站将推进行业信息服务体系建设作为整合行政资源、提高执法效能、创新管理机制的重要内容来抓，积极争取财政资金和项目推动种业信息化建设。增强了种业技术管理与服务能力，提高种子管理工作的质量和效率。

一、全面改版升级“内蒙古种业信息网”，加强网络平台建设

通过对“内蒙古种业信息网”的改版升级，增加了种业展示、种业要闻、质量监管、市场管理、品种试验等模块，网站与农业部种子生产经营许可管理系统、种子进出口申报系统、植物新品种保护办理系统实现了无缝连接。初步搭建了基于互联网技术，覆盖自治区、各盟（市）、重点旗（县）三级的集网上办公、信息发布、企业展示、专业技术数据库于一体的种业信息平台。健全了公共信息服务平台，实现一站式发布，多站呈现的信息实时传递，更好地为种子企业提供了政策法规、市场动态、网上办公等公共信息服务。

二、积极推进农业部生产基地与市场价格监控体系建设

通过增加投入，完善基层种子管理机构种业信息化建设的软硬件和网络，开展不同形式的种业直报信息员和行业基础信息员培训，提高信息报送科技装备水平，完善信息数据资料的收集、整理、汇总和分析工作程序，做好种子价格、经营、质量、市场监管、机构人员等方面信息资源的开发与利用，切实加强了种子生产与销售价格监控体系建设。确保种子生产与销售价格监测数据的真实性、准确性和时效性。截至2015年，全区共建成农业部直报信息点27个，其中，种子生产基地信息点12个，种子市场信息点10个，企业信息点5个（表2-4-1）。18个旗县级种子管理站，4个盟市级种子管理站，5个区域性龙头企业承担了信息直报任务。

全区每年开展4次对杂交玉米、高粱、水稻、向日葵、大豆、小麦等农作物品种的生产情况、库存、价格的全区范围内的调研统计，并将相关情况及时汇总上报全国农业技术推广服务中心。2010—2015年，共上报农作物种子信息数据6 644条，其中，杂交玉米种子价格信息数据4 448条，小麦种子价格信息数据233条，大豆种子价格信息数据446条，向日葵种子价格信息数据629条，马铃薯脱毒种薯价格信息数据294条，高粱种子价格信息数据594条。

表2-4-1　自治区承担农业部农作物种子直报信息点单位统计表

类别	序号	采集单位名称
种子生产基地信息点	1	赤峰市宁城县种子管理站
	2	赤峰市松山区种子管理站

（续）

类别	序号	采集单位名称
种子生产基地信息点	3	赤峰市克什克腾旗种子管理站
	4	赤峰市喀喇沁旗种子管理站
	5	呼伦贝尔市种子管理站
	6	通辽市扎鲁特旗种子管理站
	7	鄂尔多斯市达拉特旗种子管理站
	8	鄂尔多斯市杭锦旗种子管理站
	9	赤峰市翁牛特种子管理站
	10	兴安盟科右前旗种子管理站
	11	巴彦淖尔市杭锦后旗种子管理站
	12	鄂尔多斯市乌审旗种子管理站
种子市场信息点	1	包头达茂旗种子管理站
	2	赤峰市敖汉旗种子管理站
	3	通辽市科尔沁左翼中旗种子管理站
	4	通辽市科尔沁区种子管理站
	5	锡林郭勒盟种子管理站
	6	呼和浩特市种子管理站
	7	乌拉特前旗种子管理站
	8	乌兰察布市种子管理站
	9	太仆寺旗种子管理站
	10	扎兰屯市种子管理站
主要企业信息点	1	达拉特旗天利和种子有限责任公司
	2	内蒙古丰垦种业有限责任公司
	3	通辽市厚德种业有限责任公司
	4	内蒙古西蒙种业有限公司
	5	巴林左旗鑫达种业有限公司

第五节　农作物生产防灾减灾机制

救灾备荒种子储备是市场经济条件下保障农业生产用种安全，调剂市场余缺，提供灾后生产用种需要的重要手段。内蒙古自治区杂粮杂豆种质资源丰富，马铃薯脱毒种薯生产能力突出，早熟玉米品种选育生产也有一定优势，具备承担国家种子救灾备荒种子储备工作的明显优势。2006年以来，内蒙古自治区农牧业厅高度重视种子储备工作，严格挑选承储企业和储备品种，不断完善储备种子管理制度，强化监督检查，落实监管措施，按照农业部下达的储备品种和数量要求，及时组织承储企业将储备任务落实到位，2006—2015年，自治区累计完成国家储备任务2 600万千克，先后有11家企业承担了储备任务（图2-5-1，图2-5-2），储备种子涉及玉米、马铃薯、绿豆、高粱、谷子、荞麦6类作物的46个品种。储备补助总资金近2 000万元。

图2-5-1　内蒙古民丰种业有限公司国家救灾备荒马铃薯脱毒种薯储备库

图2-5-2　大民种业股份有限公司国家救灾备荒玉米种子储备库

一、储备管理制度日趋完善

2008年内蒙古自治区种子管理站制定并实施了《内蒙古自治区国家救灾备荒种子储备管理办法》，对承储企业条件，储备合同，资金管理，储备种子保管、调用进行规范，并每年对管理办法的落实情况进行监督检查。同时，根据国家产业政策要求和企业实际生产经营状况动态监测，结合企业管理制度落实情况，及时调整下一年度承储企业和储备计划，确保了国家救灾备荒种子“储得住、管得好、用得上”；2014年内蒙古自治区种子管理站对《内蒙古自治区国家救灾备荒种子储备管理办法》作了重新修订，进一步明确了储备种子日常监管程序与部门分工，确立了企业自主申报、盟市择优推荐、自治区审核上报的申报程序和诚信企业、育繁推一体化企业优先的原则。

二、定期开展储备检查

2006年以来，为进一步加强农业财政专项资金监管，提高财政支农资金使用效益，内蒙古自治区种子管理站每年下发《关于开展国家救灾备荒种子储备项目专项检查的通知》，并派出检查组对国家救灾备荒种子储备项目进行了专项检查，重点检查国家救灾备荒种子储备工作责任制、应急预案措施、储备种子数量质量、账目支出等方面内容。通过检查，进一步完善了种子储备的库点管理、进出仓管理、台账管理、质量管理和安全保管制度（图2-5-3）。

图2-5-3　大民种业股份有限公司国家救灾备荒种子堆垛与标识

三、减灾救灾功能有效发挥

2007年，承储单位巴林左旗鑫达种业有限公司按调运程序将救灾的荞麦种子1万千克及时、保质、保量调往受灾区江苏省鄱阳县。救灾面积2 000亩，挽回经济损失40万元。2008年，调拨武川县塞丰马铃薯种业有限责任公司脱毒种薯20万千克，救灾面积1 600亩，挽回经济损失65万元。

表2-5-1　2006-2015年内蒙古自治区国家救灾备荒种子储备情况一览表

承储时间	承储单位	储备数量/万千克	作物种类	品种名称
2006年	通辽金山种业科技有限责任公司	40	杂交玉米	郑单958、金山7号、金山12
		30	荞麦	黑三楞
	赤峰市元宝山区种子公司	60	杂交玉米	兴垦3号
		30	荞麦	黑三楞
	内蒙古蒙丰种业股份有限公司	40	荞麦	黎麻道
	乌兰察布市种子公司	30	荞麦	茶色大粒、黎麻道
		30	马铃薯	紫花白、克新1号
2007年	通辽金山种业科技有限责任公司	70	玉米	郑单958、金山9
		50	荞麦	黑三楞
	赤峰市丰田科技种业有限责任公司	60	玉米	丹玉27、农大3138、丰田6号
	巴林左旗鑫达种业有限公司	50	荞麦	大粒荞麦
	武川县塞丰马铃薯种业有限责任公司	30	马铃薯	大西洋、克新1号
2008年	通辽金山种业科技有限责任公司	70	玉米	内单314、金山9号、金山8号、金山11
	赤峰市丰田科技种业有限责任公司	60	玉米	农大3138、丰田6号、丹玉27
		25	谷子	赤谷4号、赤谷6号
	巴林左旗鑫达种业有限公司	100	荞麦	茶色大粒
	武川县塞丰马铃薯种业有限责任公司	5	马铃薯	克新1号
2009年	通辽金山种业科技有限责任公司	70	玉米	内单314、金山10、金山11、金山15
	赤峰市丰田科技种业有限责任公司	60	玉米	丰田6号、丰田8号、丹玉27
		25	谷子	赤谷4号、赤谷6号
	巴林左旗鑫达种业有限公司	50	荞麦	茶色大粒
		40	绿豆	明绿豆
	武川县塞丰马铃薯种业有限责任公司	15	马铃薯	克新1号

（续）

承储时间	承储单位	储备数量/万千克	作物种类	品种名称
2010年	通辽金山种业科技有限责任公司	85	杂交玉米	内单314、金山10号、金山27
	赤峰市丰田科技种业有限责任公司	75	杂交玉米	丰田6号、丰田8号、丰田12
	巴林左旗鑫达种业有限公司	30	谷子	赤谷4号、赤谷6号
		50	荞麦	茶色大粒
	武川县塞丰马铃薯种业有限责任公司	20	马铃薯	克新1号
2011年	通辽金山种业科技有限责任公司	70	杂交玉米	金山27、金山12、内单314
	赤峰市丰田科技种业有限责任公司	40	杂交玉米	丰田1号、丰田6号、丰田12
		30	杂粮	赤谷4号、赤谷6号
	巴林左旗鑫达种业有限公司	50	杂粮	茶色大粒荞麦
	武川县塞丰马铃薯种业有限责任公司	20	马铃薯	克新1号
	内蒙古正丰马铃薯种业股份有限公司	50	马铃薯	克新1号
2012年	大民种业股份有限公司	60	杂交玉米	大民三号、兴单13
	通辽金山种业科技有限责任公司	40	杂交玉米	金山27
	赤峰市丰田科技种业有限责任公司	40	杂粮	赤谷4号、赤谷6号
	巴林左旗鑫达种业有限公司	40	杂粮	茶色大粒荞麦
	武川县塞丰马铃薯种业有限责任公司	40	马铃薯	克新1号
	内蒙古正丰马铃薯种业股份有限公司	40	马铃薯	克新1号
2013年	大民种业股份有限公司	60	杂交玉米	大民三号、兴单13号
	通辽市厚德种业有限责任公司	40	杂交玉米	厚德198、厚德203、厚德405
	赤峰市丰田科技种业有限责任公司	40	杂粮	赤谷4号、赤谷6号
	巴林左旗鑫达种业有限公司	40	杂粮	茶色大粒荞麦
	武川县塞丰马铃薯种业有限责任公司	40	马铃薯	克新1号
	内蒙古正丰马铃薯种业股份有限公司	40	马铃薯	克新1号
2014年	大民种业股份有限公司	30	杂交玉米	大民三号、兴单13
	通辽市厚德种业有限责任公司	55	杂交玉米	厚德198、厚德203、厚德405
	赤峰市德丰种业有限公司	40	杂粮	冀杂5、赤谷8、山西红谷
	巴林左旗鑫达种业有限公司	40	杂粮	茶色大粒荞麦
	武川县塞丰马铃薯种业有限责任公司	55	马铃薯	克新1号
	内蒙古坤元太和农业科技有限公司	40	马铃薯	费乌瑞它

（续）

承储时间	承储单位	储备数量/万千克	作物种类	品种名称
2015年	大民种业股份有限公司	50	杂交玉米	大民三号、兴单13号
	通辽市厚德种业有限责任公司	35	杂交玉米	厚德198、厚德203、厚德405、厚德501
		30	杂粮	敖杂1号、敖杂2号、厚杂9号、厚绿1号、吉林35
	翁牛特旗玉龙种子有限公司	50	杂粮	赤谷4号、赤谷5号、日本大粒荞麦
	内蒙古民丰种业有限公司	50	马铃薯	克新1号、夏波蒂、大西洋、费乌瑞它
	内蒙古坤元太和农业科技有限公司	45	马铃薯	费乌瑞它
合计		2 600		

第六节　农作物新品种展示示范

新品种展示示范工作是提高种业科技成果转化率、加快新品种更新换代步伐、提高主导品种覆盖率、将品种管理工作向生产环节延伸的重要手段。在实际工作中自治区各级种子管理部门认真落实农业部、自治区农牧业厅的安排部署，因地制宜、因势利导，创新工作机制。采取站企联合、站所联合，展示示范与项目结合的方式，不断丰富展示示范内容。为种子生产企业展示优良产品、广大种田群众选择优良品种搭建工作平台。2006年以来，展示示范规模逐年扩大，作物种类由最初的玉米、小麦、大豆、马铃薯、水稻、向日葵6类发展到玉米、小麦、水稻、大豆、马铃薯、向日葵、谷子、高粱、饲用作物、绿豆、红小豆、荞麦、糜子13类作物，年展示示范面积由最初的几百亩发展到上万亩，年展示示范品种由最初的几十个增加到800余个。建立了不同层次、不同规模、不同形式的新品种展示点、示范片。初步统计，2006—2015年，自治区累计落实农作物新品种展示点241个，展示新品种5 651个，展示总面积达9 368亩，建设新品种示范片429个，示范品种1 255个，示范总面积137 836亩。新品种展示示范工作由最初单一的国家、自治区级品种展示示范逐渐向基层扩展，形成了以区、盟市级为主，旗县级为辅的三级联动运行机制，为主要农作物新品种的展示、示范、宣传、推广奠定了良好的基础。自治区农作物新品种展示示范工作也得到了国家项目与资金支持。2006年以来，国家先后投资1 669万元，在呼和浩特市、兴安盟、通辽市、翁牛特旗、临河区建设了5个玉米新品种示范基地，累计建设示范田1 170亩，极大地推动了项目建设区域的新品种展示示范工作。

一、呼和浩特市新品种展示示范工作

呼和浩特市农牧业局高度重视农作物新品种展示示范工作，由分管局长具体负责此项工作。市种子管理站每年将农作物新品种展示示范工作列为全年工作重点，结合全市农牧业工作安排，制订具体实施方案，并由专人负责实施。2006—2015年，呼和浩特市种子管理站除自治区投入的展示示范经费外，争取市本级农牧业、财政、科技、农业综合开发等资金共计180万元，用于农作物新品种展示示范工作。从2011年起，农作物新品种展示示范工作经费列入了呼和浩特市财政预算，每年下拨专项经费10万元用于展示示范工作。

2006—2015年，共有50家国内外种子生产经营企业和科研单位向呼和浩特市新品种展示示范基地提供新品种进行展示示范。共展示玉米、饲用高粱、向日葵、甜菜、苜蓿、马铃薯等作物新品种700多个，累计示范推广新品种80多个，同时向全市农民推荐农业生产主导品种和国家、自治区良种推广补贴项目品种50多个。其中，安排玉米示范85点次，面积31 580亩，累计推广玉米新品种183个，推广面积1 121.7万亩，增加收入110 080.6万元。2006年玉米新品种推广面积24.5万亩，占总播面积的12.6%；2010年玉米新品种推广面积102.1万亩，占总播面积的48.2%；2015年玉米新品种推广面积195.7万亩，占总播面积的83.4%（表2-6-1）。展示示范工作的深入开展，加快了呼和浩特市农作物品种的更新换代速度，提高了主要农作物良种覆盖率，推动了科研成果的转化，实现了农业科技成果的产业化开发，增强了农民科学种田的意识。

表2-6-1 2006—2015年呼和浩特市新品种展示示范及推广工作汇总统计表

年度	展示示范作物及品种数	推荐玉米新品种数	全市玉米示范点及面积	推广玉米新品种/个	玉米新品种推广面积/万亩	玉米播种面积/万亩	新品种占播种面积/%	推广新品种效益/万元	玉米收购价格/（元/千克）
2006	玉米等6类作物，100个品种	17	8点，1 800亩	7	24.5	194.30	12.6	1 764.0	1.44
2007	玉米等4类作物，65个品种	13	8点，2 300亩	11	55.6	169.16	32.9	4 003.2	1.44
2008	玉米，50个品种	15	8点，2 500亩	11	78.3	195.21	40.1	5 950.8	1.52
2009	玉米，30个品种	23	10点，3 000亩	15	90.5	199.95	45.3	6 878.0	1.52
2010	玉米，20个品种	32	10点，3 200亩	16	102.1	211.8	48.2	9 291.1	1.82
2011	玉米，28个品种	35	10点，3 700亩	18	118.3	220.14	53.7	11 830.0	2.00

（续）

年度	展示示范作物及品种数	推荐玉米新品种数	全市玉米示范点及面积	推广玉米新品种/个	玉米新品种推广面积/万亩	玉米播种面积/万亩	新品种占播种面积/%	推广新品种效益/万元	玉米收购价格/（元/千克）
2012	玉米，76个品种	38	11点，4 300亩	23	135.6	215.99	62.8	14 509.2	2.14
2013	玉米，62个品种	35	9点，2 080亩	25	151.8	227.61	66.7	17 153.4	2.26
2014	玉米，85个品种	50	6点，5 200亩	27	169.3	222.60	76.1	19 130.9	2.26
2015	玉米，78个品种	56	5点，3 500亩	30	195.7	234.69	83.4	19 570.0	2.00
合计	/	314	85点，31 580亩	183	1 121.7	/	/	110 080.6	/

呼和浩特市种子管理站注重载体创新，不断丰富展示示范工作内涵。开展了新品种展示示范工作的四结合模式。一是将农作物品种展示示范与自治区农业院校教学相结合，吸引农学专业大学生在展示示范基地实习，推动了内蒙古农业大学的现场教学实习基地建设。二是将展示示范与农牧业龙头企业选择、引进农作物新品种相结合，引导内蒙古伊利实业集团股份有限公司、内蒙古蒙牛乳业股份有限公司业务人员每年到农作物新品种示范展示田参观、学习，选择适合奶牛养殖的青贮玉米新品种，推动了农牧业的融合发展。三是将农作物品种展示示范与农业新技术推广工作相结合，创新农业科技服务方式，提升种植业增产增收能力。四是将展示示范与引导农民选择新品种相结合。呼和浩特市各旗县、各乡镇带领村干部和农民们到示范田选择适宜种植的品种。示范区相邻乡镇的农民自发参观品种展示示范田，选择品种，学习栽培管理技术，提升了展示示范区种植业规范化、科技化水平。

呼和浩特市农作物新品种展示示范区，以其丰富的品种类型、科学的管理模式、配套的栽培技术措施，得到了各级各部门领导的高度赞扬和基层广大农民的充分认可。国家、自治区、呼和浩特市领导曾经多次到呼和浩特展示示范区视察指导工作，并指示有关部门组织相关人员学习和借鉴，要求各地积极推广这一为农民办实事的好做法。从2006年开始，呼和浩特市各旗县农业行政主管部门加大了农作物品种展示示范田建设力度。截至2015年，已经建成相对稳定的、面积为50 ~ 100亩的农作物新品种展示示范田18个，以和林格尔县展示示范核心区为中心，共建成与农作物新品种展示示范相结合的"农户小科技园"400多个。同时，呼和浩特市农作物新品种展示示范田的建设，改变了农业科技示范园区的建设思路，提高了农业科技示范园区的建设标准；示范园区的科技含量显著提升。目前，呼和浩特市40万亩农业科技示范园区都安排了新品种展示示范田，已经成为呼和浩特市农业科技示范园区建设的标准模式，产生了明显的效果。

2006—2015年，呼和浩特市展示示范区共召开现场会议50多场，举办各种类型与种子相关的培训班200余期，先后有全区各盟市种子管理站及种子生产经营企业，河北省、北京市、黑龙江省等省市区的育种专家、科技人员，黑龙江省、吉林省、辽宁省、山西省、北京市、广东省、河北省、宁夏回族自治区种子管理站及种子生产经营企业，各地区农民到展示区参观、学习，总人数达15万人次。2013年8月，自治区农作物新品种展示示范现场会在呼和浩特市召开。来自全区各盟市种子管理站、种子经营企业负责人及业务骨干约100人参加了现场会（图2-6-1）。

图2-6-1 自治区农牧业厅贾跃峰副厅长（左一）在全区农作物新品种展示示范现场会上致辞

二、通辽市新品种展示示范工作

2006—2015年，结合农业部高产创建活动的深入开展，通辽市累计展示面积2 095亩，共展示品种334个；示范面积7 752亩，共示范品种148个（表2-6-2）。展示示范点建设实现了全市主要产粮大县（旗）的全覆盖。通过新品种展示示范工作的开展，通辽市种子管理站一方面重点引进筛选符合市场需求、适合通辽市生态条件种植推广的农作物新品种、新类型。另一方面充分发挥品种特征特性，探索良种良法配套栽培技术，为大面积推广新品种提供科学依据，真正把示范基地建成新品种考察、观摩、推广的窗口。通过点面结合，以点带面有效增强了新品种的影响力和辐射面，加快了科研成果转化速度和品种更新换代进程，切实改变了品种多、乱、杂现象，提升了良种覆盖率和普及率，促进了种业的科技创新。10年间累计向社会推介了适宜通辽地区推广种植的新品种24个，新品种年推广面积达到800万亩左右，占全市玉米种植面积的50%以上。其中，2009年推介的厚德198、金山27、宏博218、金创8号等品种累计推广面积达到500多万亩，2012年推介的滑玉14、人禾698、农华101、伟科702等品种（图2-6-2），累计推广面积达到300多万亩。

图2-6-2　通辽市组织玉米新品种展示示范现场观摩会

表2-6-2　2006—2015年通辽市新品种展示示范工作汇总统计表

年度	展示面积/亩	品种数量/个	作物种类/种	点次/次	品种数量/个	示范作物种类/种	点次/次	任务来源
2006	70	38		2	9	3	2	国家、自治区
2007	120	22	1	4	11		4	国家、自治区
2008	210	46		12	21	1	7	国家、自治区
2009	200	20	1	4	10	4	4	国家、自治区
2010	200	26	1	4	4	1	2	国家、自治区
2011	200	21	1	4	7	3	3	国家、自治区
2012	300	15	1	7	7	1	1	国家、自治区
2013	200	18	1	10	11	1	1	国家
2014	287	73	1	12	30	1	2	国家
2015	308	55	1	11	38	1	2	国家
小计	2 095	334			148			

通辽市政府多次组织各旗县、乡镇领导到示范区进行检查观摩；各旗县区农牧业局也组织基层种子管理、农业科技推广人员到新品种展示示范区进行学习；种子经营企业组织代理商、农民代表观摩参观，扩大了新品种的宣传影响力，使新品种展示示范更加贴近农业生产实际。

三、鄂尔多斯市新品种展示示范工作

按照内蒙古自治区农牧业厅和和鄂尔多斯市农牧业局的统一部署，鄂尔多斯市结合良种补贴项目和高产创建活动的开展，在全市深入推进农作物新品种展示示范工作。2006—2015年，展示示范点从4个发展到24个，作物种类涵盖了籽粒玉米、饲用玉米、小麦、向日葵、马铃薯、小杂粮（包括糜子、谷子、豇豆、扁豆、豌豆、绿豆、甜荞、苦荞）、胡麻7大类，建立了8个稳定的展示示范基地（图2-6-3、表2-6-3），每年组织召开市、旗、乡镇3级新品种展示现场观摩会20多次，组织各级农技人员和农牧民现场观摩2 000多人次。

图2-6-3　鄂尔多斯市玉米新品种展示示范田

新品种展示示范工作达到了以典型引路、以典型推动的目的，加速了新品种新技术的推广，为农牧民筛选出了一批适合当地种植的优良品种。鄂尔多斯市通过新品种展示示范推广的新品种有：浚单20、哲单20、郑单958、沈单16、真金8号、伊单410、伊单314、满世通526、丰田6号、先玉335、晋单52号、科多4号、科多8号、伊单52、平安14、金冲1号、金豫6号、吉单342、大民3307、先玉696、先玉698、西蒙6号、包玉9号、农华106、大民3307、金穗99、伊单52等，每年新品种推广面积达100万亩。

表2-6-3　2006—2015年鄂尔多斯市新品种展示示范工作汇总统计表

年度	展示示范点/个	种植面积/亩	涉及作物种类	品种数量/个
2006	4	1 500	玉米、小麦、糜黍、葵花、荞麦、绿豆、甜菜、牧草、小杂粮	345
2007	4	2 000	玉米、小麦、葵花、饲用玉米、牧草、小杂粮	376
2008	4	1 800	玉米、小麦、葵花、饲用玉米、牧草、小杂粮	315
2009	7	1 600	玉米、小麦、葵花、饲用玉米、小杂粮	281

（续）

年度	展示示范点/个	种植面积/亩	涉及作物种类	品种数量/个
2010	8	1 700	玉米、小麦、葵花、饲用玉米、小杂粮	130
2011	7	2 000	玉米、马铃薯、葵花、饲用玉米、小杂粮	120
2012	7	1 820	玉米、饲用玉米	48
2013	9	236	玉米	78
2014	16	330	玉米	93
2015	24	405	玉米、马铃薯	110

四、赤峰市新品种展示示范工作

赤峰市新品种展示示范工作由赤峰市种子管理站牵头，松山区种子管理站、赤峰市丰田科技种业有限责任公司、赤峰市农牧科学研究院等单位负责组织实施。2006—2015年，赤峰市新品种展示示范工作开展情况如下。

2006年承担了国家和自治区的玉米新品种示范任务，国家示范点设在松山区当铺地镇关家营村，示范品种16个，分别为丰田6号、丰田10号、丰田8号、丰田9号、双玉1号、三北4号、蠡玉13、三北9号、浚单20、郑单958、硕秋8号、田艺9号、永玉2号、大民420、大民338、大地10号，面积60亩；自治区示范点设在松山区夏家店乡二道坡村，示范品种12个，分别为硕秋8号、大地10号、永玉2号、田艺9号、蠡玉13、浚单20、郑单958（德农）、郑单958（秋乐）、丰田9号、丰田10号、丰田8号、双玉1号，面积70亩。

2007年承担了国家和自治区的玉米和杂粮新品种展示任务，展示点设在赤峰国家农作物品种区域试验站。展示玉米品种35个，分别为农大364、辽单120、长城288、丰田10号、丰田11、赤单661、屯玉2号、吉东2号、铁单20、铁单25、铁单18、DH11、利民15、大地6号、冀玉9号、辽单39、富友9号、硕秋10号、大地10号、永玉2号、锐步1号、丰禾10号、张玉9号、豫玉10号、平育11、康地5035、辽单129、丰田6号、浚单20、内单314、田艺9号、洛玉1号、蠡玉13、郑单958、先玉335，面积20亩。展示谷子品种5个，分别为赤谷4号、赤谷8号、赤谷10号、蒙金谷一号、丰田501；红小豆品种4个，分别为冀红4号、冀红352、白红2号、白红5号；绿豆品种1个，白绿6号，面积5亩。

2007年承担了国家和自治区的玉米和杂粮新品种示范任务。国家玉米新品种示范点设在松山区当铺地满族乡北道村，示范品种7个，分别为永玉2号、张玉9号、丰田10号、丰田6号、丰田9号、德单8号、浚单20，面积500亩；自治区玉米新品种示范点设在松山区夏家店乡二道坡村，示范品种7个，分别为永玉2号、张玉9号、丰田10号、丰田6号、丰田9号、德单8号、浚单20，面积35亩；国家和自治区谷子品种示范点设在松山区岗子乡，示范品种为山西红谷和赤谷6号，面积150亩。

2008年承担了国家和自治区的玉米新品种展示任务（图2-6-4）。展示点设在赤峰国家农作物品种区域试验站。展示品种48个，分别为吉东4号、富友9号、潞玉13、永玉3号、大地6号、铁旭1号、铁旭1843、宏泽11、久龙8号、蒙东18、丰田11、丰田14、三北4号、三北9号、铁南1号、张玉9号、金玉208、辽单30、康地5035、永玉2号、吉单35、铁单15、丰田6号、平安54、德单8号、奥玉3007、金山20、张玉1355、金山16、平育11、内单314、通科8、郑单17、滑986、田艺9号、锐步1号、宁玉309、豫玉10号、蠡玉18、大民338、郝育98、秀清74-5、浚单20、辽河1号、平安14、晋单52、京单28、中单322，每个品种展示面积为60米^2。

2008年承担了国家和自治区的玉米新品种示范任务。国家示范点设在松山区当铺地满族乡关家营村，示范品种9个，分别为丰田6号、永玉2号、蠡玉18、德单8号、锐步1号、丰田11、永玉3号、辽单120、大地6号，面积500亩；自治区示范点设在松山区夏家店乡二道坡村，示范品种12个，分别为大地6号、辽单120、丰田8号、德单8号、辽河1号、锐步1号、金山16、宏博218、金山20、中科11、金玉6号、丰田13，面积40亩。

2009年承担了国家和自治区的玉米和杂粮新品种展示任务。新品种展示点设在赤峰国家农作物品种区域试验站。展示玉米品种29个，分别为奥玉3007、东单8号、富友9号、长城98、铁旭1号、辽单33、张玉1355、铁旭1843、丰田11、田艺9号、大地5号、蠡玉35、丰田13、丰田16、峰玉86、硕秋10号、东单7号、辽单39号、宁玉309、郑单17、宏博218、中单322、豫玉10号、丰黎99、先玉335、KXA4574、KX3564、金山12、中农大青贮67，面积10亩；谷子品种8个，分别为峰谷11、丰田501、蒙谷7号、蒙谷8号、蒙丰谷11、沁谷1号、峰谷12、蒙金谷一号，面积10亩。

2009年承担了国家和自治区的玉米和杂粮新品种示范任务。国家玉米新品种示范点设在松山区当铺地满族乡关家营村，示范品种10个，分别为丰田9号、东单7号、宏博218、益丰29、丰田11、龙辐玉3号、通科3、奥玉3007、先玉335、KX3564，面积500亩；自治区玉米新品种示范点设在松山区夏家店乡三家村，示范品种6个，分别为奥玉3007、KWS3564、益丰29、东单7号、丰田13、辽河1号，面积40亩；国家燕麦新品种示范点设在克什克腾芝瑞镇，示范品种为燕科一号，面积200亩（图2-6-5）。

图 2-6-4　自治区种子管理站王跃飞副站长在赤峰检查玉米品种展示田

图2-6-5　全国小宗粮豆专家组在赤峰市考察国家燕麦新品种示范田

2010年承担了国家玉米新品种示范任务。示范点分别设在松山区当铺地满族乡关家营村和哈拉道口镇波罗和硕村。松山区当铺地满族乡关家营村示范品种8个，分别为KWS3564、KWS4574、东单5号、宁玉309、丰田833、峰玉86、DK656、焦单6号，面积35亩；哈拉道口镇波罗和硕村示范品种9个，分别为KWS3564、KWS4574、东单5号、宁玉309、丰田13、峰玉86、巡天19、豪单168、金山26，面积40亩。

2011年承担了自治区玉米新品种展示任务。展示点设在赤峰国家农作物品种区域试验站，展示品种23个，分别为农华101、赤单661、金山27、方玉36、方玉1号、玉龙6号、沈87、浚单26、沁单683、三泰九、益丰29、硕秋12、德单2号、硕秋9号、丰田9号、欣晟18、巡天19、滑玉14、中地77、乐玉1号、京科528、丰田837、丰田13，面积6亩。

2011年承担了自治区玉米新品种示范任务。示范点设在松山区当铺地满族乡关家营村，示范品种7个，分别为农华101、赤单661、金山27、玉龙6号、益丰29、丰田833、丰田13，面积30亩。

2012年承担了自治区玉米新品种展示任务（图2-6-6）。分中晚熟、中熟（覆膜、不覆膜）和早熟（覆膜）3个组别。中晚熟点设在赤峰国家农作物品种区域试验站，展示品种24个，分别为京华8、农华101、赤单661、京科968、巡天19、丰田13、丰田14、玉龙9号、玉龙6号、宁玉309、西蒙6号、大民8860、宁单10号、三泰九、乐玉1号、三北21、德单11、硕秋9号、冠丰116、辽禾6、SN696、金创1号、峰玉86、利民33，面积3亩。中熟点设在巴林左旗林东镇，展示不覆膜品种8个，分别为吉单535、丰田12、先正达407、鑫达135、鑫达5号、新实69 、良丰25、天农九；覆膜品种17个，分别为沁单九、峰玉86、金创1号、辽禾6、SN696、德单11、硕秋9号、京华8号、农华101、丰田6号、玉龙2号、先正达408、大民8860、益丰29、吉品7号、秦龙9号、佳尔336，面积2亩。早熟点设在克什克腾旗万合永镇，展示覆膜品种22个，分别为蒙龙3、绥玉17、

图2-6-6　赤峰市种子管理站左慧忠站长、付金宁副站长参观玉米新品种展示示范田

金创3号、沁单683、赤早5、丰田5号、CF22、玉龙1号、硕秋12、鑫达5号、蒙东18、乐玉1号、丰单3号、内早9、硕秋2号、东单2008、承单22、丰早303、通科8号、冀承单3号、哲单37、龙单13，面积12亩。

2012年承担了自治区玉米和国家小宗粮豆新品种示范任务。玉米新品种示范点设在松山区当铺地满族乡关家营村，示范品种14个，分别为农华101、京科968、丰田13、玉龙9号、三泰九、豪单168、真金8号、京华8号、赤单661、巡天19、丰田14、玉龙6号、三北21、润农88，面积50亩。绿豆新品种示范点设在阿鲁科尔沁旗新民镇，示范品种为冀绿7号、天山明绿，面积100亩。谷子和糜子新品种示范点分别设在喀喇沁旗小牛群镇南台子村、敖汉旗四家子镇、翁牛特旗广德公镇、巴林左旗林东镇和赤峰市农牧科学研究院。喀喇沁旗小牛群镇南台子村示范品种为赤谷10号、张杂谷3号，面积300亩；敖汉旗四家子镇示范品种为赤谷10号、张杂谷3号和赤黍2号，面积200亩；翁牛特旗广德公镇示范品种为张杂谷3号，面积400亩；巴林左旗林东镇示范品种为赤谷10号和赤黍2号，面积200亩；赤峰市农牧科学研究院示范品种为峰谷13和赤黍2号，面积200亩。

2013年承担了自治区玉米和杂粮新品种展示任务。玉米新品种展示点分别设在赤峰国家农作物品种区域试验站、喀喇沁旗科技示范园区、巴林左旗鑫达种业科技试验示范园区和喀喇沁旗西桥镇。赤峰国家农作物品种区域试验站展示品种为丰田843、良玉208等24个，面积8亩；喀喇沁旗科技示范园区展示品种为沁单712、京科528等28个，面积25亩；巴林左旗鑫达种业科技试验示范园区展示品种为鑫达135、先玉696等17个，面积7亩；喀喇沁旗西桥镇展示品种为三泰九、先达201等35个，面积25亩。杂粮新品种展示点设在赤峰市农牧科学研究院，展示荞麦品种榆荞4号等34个，面积100亩。

2013年承担了自治区玉米和杂粮新品种示范任务。玉米新品种示范点分别设立在松山区当铺地满族乡、松山区良种场和喀喇沁旗小牛群乡。松山区当铺地满族乡示范品种为玉龙9号、京科968等15个，面积30亩；松山区良种场示范品种为宇鑫6号、浚单29等15个，面积15亩；喀喇沁旗小牛群乡示范品种为沁单683、天农九等11个，面积20亩。杂粮新品种示范点分别设立在阿鲁科尔沁旗新民乡敖汉村、喀喇沁旗南台子乡、喀喇沁旗四十家子乡团结村和松山区初头朗镇杨八地村。阿鲁科尔沁旗新民乡敖汉村示范绿豆品种为科绿1号、冀绿7号、大明绿，面积100亩；喀喇沁旗南台子乡示范谷子品种为峰谷13，面积150亩；喀喇沁旗四十家子乡团结村示范谷子品种为峰红谷（图2-6-7），面积70亩；松山区初头朗镇杨八地村示范糜子品种为赤黍2号，面积200亩。

2014年承担了自治区玉米新品种展示任务，分中晚熟、中熟和中早熟3个组别。中晚熟点分别设在赤峰国家农作物品种区域试验站和喀喇沁旗西桥镇。赤峰国家农作物品种区域试验站展示品种22个，分别为良玉188、良玉208、利禾1、利禾2、玉龙9号、凤育6、晋单73、德单1001、禾玉33、金艾130、丰田13、丰田843、丰田14、金穗99、利农368、农华101、赤单218、农华106、鑫达108、豫禾988、郑单958（CK1）、先玉335（CK2），面积6亩；喀喇沁旗西桥镇展示品种29个，分别为冀玉9号、蠡玉18号、玉龙9号、费玉3号、长单506、中单2996、吉农大401、富尔1号、金玉208、伟科702、九园36、中单909、吉单342、利禾1、铁源24、良玉188、良玉208、晋单73、德单1001、禾

图2-6-7　谷子品种峰红谷展示田

玉33、金艾130、丰田13、丰田843、丰田14、利农368、农华101、农华106、豫禾988、伟科702，面积8亩。中熟点设在巴林左旗林东镇，展示品种9个，分别为鑫达5号、鑫达135、鑫达8号、吉单27、吉单502、利民33、天农九、吉农大401、先正达408，面积3亩。中早熟点设在喀喇沁旗小牛群镇，展示品种7个，分别为满世通507、雷奥150、元华1号、元华2号、金田9号、龙作1号、金山21，面积3亩。

2014年承担了自治区玉米和国家小宗粮豆新品种示范任务。玉米新品种示范点设在松山区当铺地满族乡北道村，示范品种16个，分别为利禾1、玉龙8号、晋单73、德单1001、禾玉33、丰田13、丰田843、丰田14、利农368、赤单218、农华106、先玉698、元华1号、中迪985、郑单958（CK1）、先玉335（CK2），面积25亩。绿豆新品种示范点设在翁牛特旗桥头镇，示范品种为科绿1号、冀绿7号、白绿8号、白绿11、大明绿豆（CK），面积100亩，采取大小垄覆膜、隔穴留苗种植技术；谷子品种示范点设在宁城县、松山区和喀喇沁旗，示范品种为赤谷10号和峰红谷，面积220亩；糜子品种示范点设在松山区初头朗镇，示范品种为赤黍2号，面积100亩。

2015年承担了自治区玉米新品种展示任务，分中晚熟和中熟2个组别。中晚熟点分别设在赤峰国家农作物品种区域试验站、喀喇沁旗西桥镇和松山区城子乡。赤峰国家农作物品种区域试验站展示品种33个，分别为丰田101、丰田13、丰田840、丰田14、赤单218、峰单189、农华101、农华106、先农202、农华213、伟科702、利禾1、利禾2、金艾130、金艾977、M001、鑫达188、德单1001、德单2号、华农887、宇鑫6号、五谷318、五谷568、铁研58、MC278（现代）、稼农3168、厚德186、良玉918、禾玉158、玉龙10号、MC703、先玉335、郑单958，面积8亩；喀喇沁旗西桥镇展示品种50个，分别为吉玉301、吉东28、长单506、雷奥150、雷奥1号、泽玉16、九园36、吉农大401、吉单92、赤单218、先玉335、先玉696、先玉698、农华101、农华106、玉龙9号、西蒙6号、泽玉11、MC703、翔玉998、博品1号、利禾1、铁研39、沁单11、良丰25、华农

887、MC278、金玉208、德单1001、德单2号、丰田14、丰田13、厚德186、良玉918、伟科702、中单909、金艾977、金艾130、宇鑫6号、先农202、利禾2、稼农3168、农华213、M001、禾玉158、五谷318、五谷568、新玉12、金创6号、沁单3号，面积10亩；松山区城子乡展示品种23个，分别为丰田13、丰田840、丰田14、赤单218、峰单189、农华101、利禾1、利禾2、金艾130、德单1001、德单2、华农887、宇鑫6号、铁研58、MC278（现代）、禾玉158、MC703、吉农大668、吉农大401、浚单29、京科968、NK718、奥玉3804，面积5亩。中熟点设在巴林左旗林东镇，展示品种21个，分别为XD108、鑫达188、辽作1号、铁旭338、京华8号、大德216、翔玉998、松玉410、元华116、38P05、鑫达135、鑫达5号、鑫达8号、兴垦10、德美亚1号、安早10、先正达408、元华6号、大德317、天农九、先玉335，面积5亩。

2015年承担了自治区玉米和国家小宗粮豆新品种示范任务。玉米新品种示范点设在松山区当铺地满族乡北道村，示范品种23个，分别为五谷568、五谷318、宇鑫6号、金艾977、金艾130、峰单189、丰田840、豫禾357、丰田833、禾玉158、铁研58、M001、丰田14、MC278、豫禾863、丰田13、玉龙10号、农华106、利禾2、MC703、优迪919、德单2号、丰田12，面积30亩。绿豆新品种示范点设在翁牛特旗桥头镇，示范品种为科绿1号、冀绿7号、白绿8号和大明绿豆，面积100亩，采取大小垄覆膜、隔穴留苗种植技术；谷子新品种示范点分别设在敖汉旗四家子镇、松山区城子乡和喀喇沁旗，示范品种为赤谷10号和峰红谷，面积120亩；糜子新品种示范点分别设在翁牛特旗广德公镇、松山区城子乡和喀喇沁旗，示范品种为赤黍2号和赤黍8号，面积120亩。

五、包头市新品种展示示范工作

2006—2015年，结合农业部高产创建活动的开展，按照自治区农牧业厅的部署，包头市累计展示玉米、小麦、向日葵、蔬菜、杂粮等8类作物的275个新品种，示范新品种147个，展示示范总面积13 064亩。其中，展示面积742亩，示范面积12 322亩（图2-6-8）。

图2-6-8　包头市组织玉米新品种展示示范现场观摩会

表2-6-4　2006—2015年包头市新品种展示示范工作汇总统计表

年度	展示面积/亩	品种数量/个	作物种类/种	点次/次	示范面积/亩	品种数量/个	作物种类/种	点次/次
2006	115	113	玉米、向日葵、小麦、蔬菜等7类	8	70	9	玉米	3
2007	30	18	玉米	4	50	20	玉米、马铃薯	5
2008	20	18	玉米	12	2 242	20	玉米	7
2009	200	15	玉米、向日葵	2	670	11	玉米	4
2010	20	16	玉米、向日葵、大豆	1	980	8	玉米	3
2011	30	11	玉米	1	640	17	玉米、向日葵、打籽葫芦	5
2012	80	22	玉米、蔬菜	4	2 100	12	玉米、马铃薯	7
2013	70	11	玉米	1	1 500	11	玉米	3
2014	80	16	玉米	3	2 000	16	玉米、马铃薯	4
2015	97	35	玉米、杂粮、杂豆共5类	5	2 070	23	玉米、杂粮、杂豆共5类	6
小计	742	275			12 322	147		

六、锡林郭勒盟新品种展示示范工作

2006—2007年，锡林郭勒盟承担了自治区饲用玉米新品种展示示范任务。年展示示范品种15个，展示示范面积10亩。

2008年落实自治区新品种展示示范任务12.6亩，展示示范玉米品种13个：克单10号、克单11、克单12、金山12、内早9、郑单958、冀单58、冀承单3号、承单3359、四单19、内早9、内早6、东陵白；莜麦品种4个：坝莜4号、坝莜3号、坝莜1号、花早2号；胡麻品种4个：坝选11、坝亚12、轮选1号、定亚17。

2009年落实自治区新品种展示示范任务12.6亩；2010年落实自治区新品种展示示范任务10亩，展示示范玉米品种东陵白、金山6号、金山8号、郑单958、承单3359、内早9等15个品种；莜麦品种1个：坝莜4号；马铃薯品种5个：大西洋、夏波蒂、底西芮、早大白、费乌瑞它。

2011年落实自治区新品种展示示范任务21亩，展示示范玉米品种6个：东陵白、金山12、金山11、郑单958、承单3359、内早9；莜麦品种1个：坝莜4号；马铃薯品种5个：大西洋、夏波蒂、克新1号、早大白、费乌瑞它；胡麻品种3个：坝选3号、坝亚12、定亚17。

2012年落实自治区新品种展示示范任务28亩，展示示范马铃薯品种：克新1号和费乌瑞它；玉米品种：金山126、金山33、金山27、哲单39、承单3359、内单302；莜麦品种：燕科1号、赤燕7号。

2013年落实自治区新品种展示示范面积60亩，展示示范玉米品种5个：农大364、吉单35、东单12、永玉3号、东陵白；马铃薯品种3个：费乌瑞它、克新1号、康尼贝克。

2014年落实自治区玉米、马铃薯新品种展示示范任务50亩。展示示范地点在多伦县蔡木山乡。展示示范玉米品种3个：农大364、吉单264、永玉3号；马铃薯品种2个：费乌瑞它、夏波蒂。

2015年落实自治区玉米品种展示示范任务50亩。展示示范地点在多伦县蔡木山乡白城子村。展示示范玉米品种5个：冀承单3号、阳光1号、富友9号、辽单625、濮单6号。

七、乌兰察布市新品种展示示范工作

2006—2015年，乌兰察布市种子管理站承担了国家、自治区下达的玉米、马铃薯展示示范任务（表2-6-5）。累计玉米展示面积469.4亩，马铃薯展示面积288亩，马铃薯示范面积1 900亩。新品种展示示范起到了辐射带动的作用，提高了早熟玉米品种和马铃薯新品种的推广应用步伐。

表2-6-5　2006—2015年乌兰察布市新品种展示示范工作汇总统计表

年度	展示示范作物	展示示范点	展示示范面积/亩	展示示范品种
2006	玉米 马铃薯	察右前旗	玉米展示：100 马铃薯示范：100	玉米展示：承早20、内早9、四单19、中北410、科多4号、东陵白 马铃薯示范：夏波蒂、大西洋
2007	玉米 马铃薯	凉城县 商都县 四子王旗	玉米展示：50 马铃薯展示：3 马铃薯示范：200	玉米展示：兴垦10号、金山12、京单28、大京九23、内早9、承单14 马铃薯展示：克新1号、费乌瑞它、底西芮、夏波蒂、大西洋 马铃薯示范：克新1号、费乌瑞它、底西芮、夏波蒂
2008	玉米 马铃薯	丰镇市 四子王旗	玉米展示：64.6 马铃薯示范：150	玉米展示：内单205、郝育19、东单5、良星4、丰田12、丰田6号、北优2号、承单3359、大地1号、包玉2号、郝育20、四单19、真金306、兴垦10号、京单28、真金31、真金32 马铃薯示范：克新1号、费乌瑞它、底西芮、夏波蒂
2009	马铃薯	察右中旗 四子王旗	展示：100 示范：600	展示：克新1号、冀张薯8号、底西芮、坝薯10号、晋薯14、同薯20、荷兰14、康尼贝克、中薯3号、中薯7号、中薯8号、中薯9号、中薯10号 示范：克新1号、费乌瑞它

（续）

年度	展示示范作物	展示示范点	展示示范面积/亩	展示示范品种
2010	玉米 马铃薯	丰镇市 察右中旗、 四子王旗	玉米展示：36 马铃薯展示：30 马铃薯示范：300	玉米展示：赤早5号、种星7号、真金202、郝育20、包玉2号、哲单37、内单4号、晋单32、内单205、郝育19、东单5号、五谷702、元华2号、先正达408 马铃薯展示：冀张薯8号、中薯3号、中薯7号、中薯8号、中薯9号、中薯10号、康尼贝克、底西芮、紫花白、克新1号 马铃薯示范：克新1号、夏波蒂、后旗红
2011	玉米 马铃薯	丰镇市、 察右中旗、 四子王旗	玉米展示：57 马铃薯展示：10 马铃薯示范：250	玉米展示：科河8号、华农118、郑单958、张玉1355、内单205、五谷702、南北1号、四单19 马铃薯展示：克新1号、荷兰14、坝薯10、中薯18、中薯19 马铃薯示范：克新1号、后旗红、夏波蒂、中薯7号、中薯9号、中薯11、中薯12、中薯13
2012	玉米 马铃薯	凉城县、 商都县、 察右后旗、 四子王旗	玉米展示：20 马铃薯展示：60 马铃薯示范：300	玉米展示：京华8号、京科528、金韵1号、四单19、南北1号、大地5号、铁源24、兴垦3、中北410、沈玉21 马铃薯展示：克新1号、冀张薯8号、红美、黑彩、青薯9号、康尼贝克、后旗红、费乌瑞它、铃田99、中薯系列 马铃薯示范：克新1号、夏波蒂、费乌瑞它
2013	玉米 马铃薯	察右前旗、 凉城县、 商都县	玉米展示：53 马铃薯展示：20	玉米展示：久龙15、承单16、真金202、种星7号、丰垦008、登海19、包玉2号、先达201、龙源3、蒙龙46、方玉24、赤早5、兴垦5号、兴垦6号、兴垦9号、兴垦10号、丰垦009、大地11、沁单712、九玉2号、硕秋5号、硕秋2号、德单1029、绥玉17、丰田12、久龙10号、先正达408、沁单683、CF22 马铃薯展示：克新1号、铃田红彩、早大白、荷兰14、夏波蒂
2014	玉米 马铃薯	察右前旗、 凉城县、 察右中旗	玉米展示：48.8 马铃薯展示：40	玉米展示：久龙15、丰垦008、先达203、方玉36、兴垦5号、兴垦6号、兴垦3号、九玉1034、丰田6号、丰田9号、久龙10号、登科269、丰泽一、嫩单12、三北301、长丰59、秦龙9号、吉单35 马铃薯展示：克新1号、冀张薯8号、冀张薯5号、 1533、红美、黑彩、青薯9号、康尼贝克、后旗红、费乌瑞它、铃田99、大西洋、中薯系列

（续）

年度	展示示范作物	展示示范点	展示示范面积/亩	展示示范品种
2015	玉米 马铃薯	丰镇、 察右中旗	玉米展示：40 马铃薯展示：25	玉米展示：先正达408、兴垦6号、兴垦3号、西途8号、东单5号、丰田12、兴业99、大德216、兴垦9号、丰垦008、先达201 马铃薯展示：克新1号、红美、青薯9号、康尼贝克、费乌瑞它、铃田99、大西洋、夏波蒂、冀张薯8号

八、呼伦贝尔市新品种展示示范工作

2006—2015年，呼伦贝尔市累计承担国家、自治区新品种展示示范点74个，展示示范品种538个，展示示范面积25 485亩（表2-6-6）。

表2-6-6 2006—2015年呼伦贝尔市新品种展示示范工作汇总统计表

年度	展示面积/亩	点次	品种数量	作物种类	示范面积/亩	点次	品种数量	作物种类
2006	50	2	41	2	1 500	3	10	2
2007	60	2	48	2	1 500	3	5	2
2008	60	2	80	3	3 000	4	4	2
2009	100	2	47	3	3 550	8	7	4
2010	120	2	41	2	2 350	5	4	3
2011	100	2	22	2	1 800	4	7	3
2012	88	4	39	2	1 900	4	5	3
2013	217	8	80	2	2 700	5	7	3
2014	190	4	24	2	3 000	4	4	2
2015	1 200	4	61	2	2 000	2	2	1
合计	2 185	32	483		23 300	42	55	

2006年呼伦贝尔市承担国家小麦、高油大豆示范。小麦新品种示范在图里河镇春光农场，面积500亩，品种为龙麦30、格莱尼、龙麦26、海农1号。亩产分别达到285千克、272千克、225千克、260千克。高油大豆示范总计1 000亩：500亩在阿荣旗向阳峪松树林村，品种为蒙豆12、蒙豆16、东农46，亩产分别达到170千克、165千克、158千克；500亩在莫旗宝山镇西宝山村，品种为疆莫豆1号、蒙豆12、蒙豆14，产量分别达到166千克、174千克、146千克。承担自治区大豆、玉米展示50亩。在扎兰屯呼伦贝尔市农研所展示大豆品种20个，玉米品种5个；在阿荣旗九丰种业展示大豆品种10个，玉米品种6个。

2007年呼伦贝尔市承担国家小麦、高油大豆示范。小麦新品种示范在图里河镇春光农场，面积500亩，品种为龙麦30、格莱尼、龙麦26。高油大豆在阿荣旗、莫旗各示范500亩，合计1 000亩。在阿荣旗向阳峪松树林村示范品种蒙豆17；在莫旗宝山镇西宝山村示范品种黑河38号，采用大垄密植和垄上三行栽培技术各250亩，亩产达到180千克。承担自治区大豆、玉米展示60亩。在扎兰屯呼伦贝尔市农研所展示大豆品种22个，玉米品种4个；在阿荣旗九丰种业展示大豆品种12个，玉米品种10个。

2008年呼伦贝尔承担国家小麦、高油大豆示范。小麦新品种示范面积2 000亩，品种为龙麦30、龙麦26。其中在图里河镇春光农场1 200亩，春兴农场800亩。龙麦30亩产257千克、龙麦26亩产250千克。高油大豆在阿荣旗向阳峪松树林村，示范品种蒙豆17共400亩，莫旗宝山镇西宝山村示范品种黑河38号共600亩，亩产分别达到190千克和200千克。承担自治区大豆、玉米、向日葵展示60亩。在扎兰屯呼伦贝尔市农研所展示大豆品种25个，玉米品种10个，向日葵品种5个；在阿荣旗九丰种业展示大豆品种15个，玉米品种25个。

2009年呼伦贝尔承担国家、自治区小麦、高油大豆、马铃薯、大麦示范任务。国家小麦新品种示范面积200亩，在牙克石牧园镇示范品种龙麦30、格来尼，平均比对照亩增产22.5%。高油大豆示范面积1 550亩：在阿荣旗六合镇示范品种蒙豆30有500亩，阿荣旗霍尔奇镇示范品种蒙豆30有500亩，在莫旗尼尔基镇示范品种蒙豆30、登科1号共550亩，平均比对照亩增产28.5%。承担自治区马铃薯新品种示范500亩，在阿荣旗新发乡示范克新1号300亩，在牙克石市示范克新1号200亩。大麦新品种示范800亩，在额尔古纳市拉布大林农场示范垦啤麦7号500亩，在谢尔塔拉农场十队示范垦啤麦2号、垦啤麦7号300亩。承担自治区大豆、玉米、向日葵展示100亩。在扎兰屯呼伦贝尔市农研所展示大豆品种6个，玉米品种12个，向日葵品种7个；在阿荣旗九丰种业展示大豆品种10个，玉米品种12个。

2010年呼伦贝尔承担国家、自治区小麦、高油大豆、马铃薯示范。国家小麦新品种示范面积500亩，在牙克石煤田镇示范品种丰实麦3号，平均比对照亩增产23%。国家高油大豆示范面积1 550亩：在阿荣旗六合镇示范品种蒙豆30有500亩，阿荣旗霍尔奇镇示范品种蒙豆30有500亩，莫旗尼尔基镇示范品种蒙豆30、登科1号共550亩，平均比对照亩增产19.87%。自治区马铃薯新品种示范300亩，在阿荣旗新发乡示范克新1号。承担自治区大豆、玉米展示120亩。在扎兰屯呼伦贝尔市农研所展示大豆品种13个，玉米品种10个；在阿荣旗九丰种业展示大豆品种8个，玉米品种10个。

2011年呼伦贝尔承担国家、自治区小麦、高油大豆、马铃薯示范。国家小麦新品种示范面积500亩，在牙克石牧原镇示范品种丰实麦3号、拉2577，平均比对照亩增产7.5%。国家高油大豆示范面积1 000亩：在阿荣旗六合镇示范品种蒙豆30有500亩，莫旗尼尔基镇示范品种蒙豆30、登科1号共500亩，平均比对照亩增产9.7%。自治区马铃薯新品种示范300亩，在阿荣旗新发乡，示范品种3个。承担自治区大豆、玉米展示100亩。在阿荣旗九丰种业展示大豆品种10个，玉米品种12个。

2012年呼伦贝尔承担国家、自治区小麦、高油大豆、马铃薯示范。国家小麦新品种示范面积500亩，在牙克石南博河示范品种丰北麦9号，龙麦33，平均比对照亩增产5%。

高油大豆示范面积1 100亩：在阿荣旗六合镇示范品种黑河38有500亩，莫旗甘河农场示范品种登科1号600亩，平均比对照亩增产12.5%。马铃薯在阿荣旗新发乡示范品种克新1号300亩，平均比对照亩增产26%。承担国家自治区大豆、玉米展示88亩：在阿荣旗九丰种业展示大豆品种14个、玉米品种11个；在阿荣旗查巴奇乡展示玉米品种4个；在扎兰屯市成吉思汗镇展示玉米品种7个；扎兰屯市大河湾镇展示玉米品种3个。

2013年呼伦贝尔承担国家高油大豆（图2-6-9）、小麦、马铃薯示范。国家高油大豆示范面积共1 000亩：在阿荣旗霍尔奇镇示范品种黑河3有500亩，莫旗甘河农场示范品种登科1号500亩，平均比对照亩增产7.5%。马铃薯在海拉尔哈克镇示范品种费乌瑞它、中薯8号、早大白共500亩，平均比对照亩增产16%。小麦新品种示范面积1 200亩，在牙克石南博河、韩力农场，品种为丰北麦9号、龙麦33。承担国家自治区大豆、玉米展示217亩，玉米品种75个，大豆品种5个，展示点次8个。

图2-6-9　阿荣旗高油大豆品种示范田

2014年呼伦贝尔承担国家、自治区高油大豆、油菜示范。国家高油大豆示范面积共1 000亩：在莫旗塔温敖宝示范品种克山1号、登科5号共500亩；在鄂伦春马尾山示范品种克山1号500亩，平均比对照亩增产10.8%。油菜示范品种秦杂油19在牙克石丰原农场和拉布大林农场各1 000亩，共2 000亩，平均比对照亩增产8.3%。

2015年呼伦贝尔承担国家高油大豆示范。国家高油大豆示范面积共1 000亩，其中在莫旗宝山镇示范品种克山1号500亩；在鄂伦春宜里镇示范品种登科5号500亩，平均比对照亩增产8.4%。承担国家自治区大豆、玉米展示1 200亩，展示玉米品种50个，大豆品种11个，展示点次4个。

由于农作物新品种展示示范工作辐射带动作用明显，项目区农民对新品种的认知程度得到大幅提高。呼伦贝尔市以品种展示示范工作为切入点，指导农民选择良种、应用良法、充分发挥优良品种对农业生产的促进作用，加大了新品种宣传推广力度，并通过观摩会、新闻媒体推介、培训农民及农业技术人员，扩大展示示范工作的影响。累计召开大小型观摩会180余次，培训农民及农业技术人员2万余人次。同时，为贯彻落实农业部为农民办实事工作部署，农业部种子管理局、发展计划司会同全国农业技术推广服务中心、农业部科技发展中心、中国种子协会在粮棉油大县开展了主要农作物新品种展示示范工作，推进种子管理部门看禾推介品种、农民看禾选用品种、种子企业看禾营销品种，从源头上解决品种多乱杂、农民选种难问题。国家安排100个粮棉油大县（场）种子管理站（局）承担主要农作物新品种展示示范工作，呼伦贝尔市阿荣旗种子管理站承担该项任务（图2-6-10），每年展示示范近3年通过国家或省级审定的主要农作物品种，每年展示品种不少于10个，每个展示品种种植面积不少于1亩。

图2-6-10　阿荣旗种子管理站姜宏站长在现场观摩会上介绍新品种

九、巴彦淖尔市新品种展示示范工作

巴彦淖尔市种子管理站承担国家、自治区、市级新优农作物品种的引进、展示、示范工作。2006—2015年共建设玉米（图2-6-11）、食用向日葵（图2-6-12）、油用向日葵、小麦等作物新品种的自治区级示范园区46个，示范品种200个（表2-6-7至表2-6-10），示范面积18 910亩。建设玉米国家级展示园区8个，展示品种226个，展示面积218亩；建设玉米、食用向日葵、油用向日葵、小麦等作物新品种的自治区级展示园区51个，展示品种864个（表2-6-11至表2-6-14），展示面积1 151亩。

图2-6-11 巴彦淖尔市种子管理站淡海清站长检查展示示范田

图2-6-12 巴彦淖尔市种子管理站工作人员在向日葵展示示范田进行田间调查记录

表2-6-7 2006—2015年巴彦淖尔市玉米新品种示范工作汇总统计表

作物名称	年度	建设示范园区个数/个		示范面积/亩		示范品种个数/个	
		国家级	自治区级	国家级	自治区级	国家级	自治区级
玉米	2006	0	0	0	0	0	0
	2007	0	0	0	0	0	0
	2008	0	1	0	400	0	2

（续）

作物名称	年度	建设示范园区个数/个		示范面积/亩		示范品种个数/个	
		国家级	自治区级	国家级	自治区级	国家级	自治区级
玉米	2009	0	4	0	2 280	0	7
	2010	0	1	0	100	0	10
	2011	0	3	0	1 100	0	13
	2012	0	5	0	2 400	0	16
	2013	0	1	0	300	0	10
	2014	0	2	0	600	0	10
	2015	0	2	0	600	0	36
合计		0	19	0	7 780	0	104

表2-6-8　2006—2015年巴彦淖尔市食用向日葵新品种示范工作汇总统计表

作物名称	年度	建设示范园区个数/个		示范面积/亩		示范品种个数/个	
		国家级	自治区级	国家级	自治区级	国家级	自治区级
食葵	2006	0	0	0	0	0	0
	2007	0	0	0	0	0	0
	2008	0	0	0	0	0	0
	2009	0	2	0	690	0	3
	2010	0	1	0	50	0	6
	2011	0	1	0	100	0	6
	2012	0	1	0	1 200	0	8
	2013	0	4	0	350	0	26
	2014	0	1	0	600	0	5
	2015	0	2	0	2 800	0	12
合计		0	13	0	5 790	0	66

表2-6-9 2006—2015年巴彦淖尔市油用向日葵新品种示范工作汇总统计表

作物名称	年度	建设示范园区个数/个		示范面积/亩		示范品种个数/个	
		国家级	自治区级	国家级	自治区级	国家级	自治区级
油葵	2006	0	0	0	0	0	0
	2007	0	0	0	0	0	0
	2008	0	0	0	0	0	0
	2009	0	1	0	1 000	0	2
	2010	0	1	0	350	0	10
	2011	0	1	0	100	0	3
	2012	0	1	0	300	0	2
	2013	0	0	0	0	0	0
	2014	0	0	0	0	0	0
	2015	0	0	0	0	0	0
合计		0	4	0	1 750	0	17

表2-6-10 2006—2015年巴彦淖尔市小麦新品种示范工作汇总统计表

作物名称	年度	建设示范园区个数/个		示范面积/亩		示范品种个数/个	
		国家级	自治区级	国家级	自治区级	国家级	自治区级
小麦	2006	0	0	0	0	0	0
	2007	0	0	0	0	0	0
	2008	0	0	0	0	0	0
	2009	0	3	0	1 690	0	2
	2010	0	1	0	900	0	2
	2011	0	1	0	200	0	1
	2012	0	3	0	600	0	4
	2013	0	2	0	200	0	4
	2014	0	0	0	0	0	0
	2015	0	0	0	0	0	0
合计		0	10	0	3 590	0	13

表2-6-11　2006—2015年巴彦淖尔市玉米新品种展示工作汇总统计表

作物名称	年度	建设展示园区个数/个		展示面积/亩		展示品种个数/个	
		国家级	自治区级	国家级	自治区级	国家级	自治区级
玉米	2006	0	1	0	21	0	14
	2007	0	1	0	15	0	18
	2008	1	1	30	30	44	44
	2009	2	2	42	42	56	56
	2010	1	1	26	26	30	30
	2011	0	1	0	30	0	30
	2012	1	3	30	75	30	61
	2013	1	2	40	105	20	51
	2014	1	3	20	75	16	56
	2015	1	5	30	174	30	116
合计		8	20	218	593	226	476

表2-6-12　2006—2015年巴彦淖尔市食用向日葵新品种展示工作汇总统计表

作物名称	年度	建设展示园区个数/个		展示面积/亩		展示品种个数/个	
		国家级	自治区级	国家级	自治区级	国家级	自治区级
食葵	2006	0	1	0	15	0	10
	2007	0	1	0	15	0	9
	2008	0	1	0	13	0	9
	2009	0	2	0	20	0	17
	2010	0	1	0	17	0	19
	2011	0	1	0	15	0	16
	2012	0	1	0	27	0	24
	2013	0	1	0	85	0	42
	2014	0	3	0	60	0	41
	2015	0	3	0	135	0	90
合计		0	15	0	402	0	277

表2-6-13　2006—2015年巴彦淖尔市油用向日葵新品种展示情况

作物名称	年度	建设展示园区个数/个		展示面积/亩		展示品种个数/个	
		国家级	自治区级	国家级	自治区级	国家级	自治区级
油葵	2006	0	1	0	9	0	6
	2007	0	1	0	10	0	8
	2008	0	1	0	10	0	8
	2009	0	2	0	11	0	12
	2010	0	1	0	7	0	9
	2011	0	1	0	5	0	7
	2012	0	1	0	10	0	10
	2013	0	1	0	10	0	10
	2014	0	1	0	15	0	8
	2015	0	1	0	9	0	5
合计		0	11	0	96	0	83

表2-6-14　2006—2015年巴彦淖尔市小麦新品种展示情况

作物名称	年度	建设展示园区个数/个		展示面积/亩		展示品种个数/个	
		国家级	自治区级	国家级	自治区级	国家级	自治区级
小麦	2006	0	1	0	7	0	5
	2007	0	0	0	0	0	0
	2008	0	0	0	0	0	0
	2009	0	0	0	0	0	0
	2010	0	1	0	20	0	7
	2011	0	1	0	20	0	7
	2012	0	1	0	8	0	4
	2013	0	1	0	5	0	5
	2014	0	0	0	0	0	0
	2015	0	0	0	0	0	0
合计		0	5	0	60	0	28

十、兴安盟新品种展示示范工作

兴安盟按照自治区农牧业厅对新品种展示示范工作的部署要求，结合本地区农牧业生产实际，各年度均制定了全盟的新品种展示示范工作方案，安排部署新品种展示示范工作。2006—2015年，全盟累积种植展示田面积2 000余亩，展示农作物新品种300余个；种植示范田面积6 000余亩，示范新品种100余个。结合新品种展示示范工作的开展，组织开展盟各级农牧业主管领导（图2-6-13）、种业代表及农民种植大户、合作社代表参加的现场观摩会，10年累积有2万余人对展示示范田进行了观摩。

图2-6-13 自治区农牧业厅赵存才巡视员（中）考察兴安盟新品种展示示范工作

第三章　政策扶持与现代农作物种业发展

第一节　种业政策措施贯彻落实

一、种业发展规划与阶段目标

2006年以来，国家通过“种子工程项目”“优质粮食产业工程项目”“农业综合开发项目”的规划与实施，在内蒙古自治区建设了一批农作物种子检测中心、农作物品种区域试验站、良种繁育基地、新品种展示与示范基地，加快了自治区种业基础设施建设，提升了技术装备水平，种业发展条件显著改善。自治区农牧业厅围绕充分发挥自治区种业资源优势，做大做强现代种业，提高自治区现代农业的核心竞争力，相继制定了《内蒙古自治区种业发展十一五规划》《内蒙古自治区种业发展十二五规划》《内蒙古自治区马铃薯种业发展规划》《内蒙古自治区现代农作物种业发展规划（2012—2020年）》，为自治区现代种业发展谋篇布局。全区各盟市地方政府也因地制宜，加强规划和产业政策引导，推动地方种业健康有序发展。呼伦贝尔市在《呼伦贝尔市国民经济和社会发展第十一个五年规划》中提出，“加快农牧林业新品种、新技术、新装备的开发、引进与推广，大力实施农牧林渔业种子工程”。在《呼伦贝尔市国民经济和社会发展第十二个五年规划》提出，“大力开展动植物新品种、农牧林业实用新技术和科技新产品的研究创新，加快实用增产技术推广和普及，提高良种选育、栽培技术、节水灌溉、科学施肥水平”。在《呼伦贝尔市2015年政府工作报告》中提出，“加快发展社会事业。协同创新，实施农牧林业种子工程”。在《呼伦贝尔市农牧林渔种子工程科技发展规划（2014—2020）》中提出农作物种业发展目标，“到2020年，在全市培育6家以上‘育繁推一体化’种子龙头企业，市场占有率要达到50%以上，主要农作物良种覆盖率达到98%，商品化供种率达到80%以上；建成3～4个粮食、油料、蔬菜等商业化育种中心，建成满足呼伦贝尔、辐射蒙东和黑龙江省的玉米、大豆、油菜、小麦良种繁育基地，东北地区最大的马铃薯育种和脱毒种薯繁育基地；在‘高产、优质、抗病’的基础上，大力发展适宜呼伦贝尔地区积温、抗逆性强、营养价值高、有利机械化收获的新品种，每年示范推广2～3个具有重大应用前景的农作物优良品种；建立健全农作物种子标准体系，建成种质资源保存开发利用体系，形成科研分工合理、产学研结合的育种新机制”。通辽市在《通辽市国民经济和社会发展十一五规划》提出，“加大结构调整力度，抓好农牧业良种繁育工程、疫病防治、国家大型商品粮基地、优质粮产业工程……农牧业科技要积极推广应用新品种培育和良种繁育技术……到2010年，选育主要农作物新品种3个以上，农牧业良种覆盖率均达到90%以上”。在《通辽市国民经济社会发展十二五规划纲要》提出，“利用现代科学技术，抓好玉米和蓖麻品种选育的科技攻关，立足于创造自主知识产权，培育国内领先水平的新品种”。乌兰察布市在《乌兰察布市国民经济和社会发展第十一个五年规划纲要》中提出，“马铃薯（蔬菜）产业按照种植标准化、品种专用化、生产集约化和产品优质化的目标要求，进一步完善良种繁育体系，加快良种繁育步伐，建成100万亩种薯生产基地”。在《乌兰察布市国民经济和社会发展第十二个五年规划纲要》中提出，“ 大力发展现代农牧业。……完善良种繁育体系建设，建成100万亩种薯生产基地。使我市成为全国最大的种薯加工专用薯生产供应基地，建成国家级马铃薯基地。……加强农牧业安全服务体系建设。加大马铃薯种薯和商品薯标准化质量认证体系建设，加强农畜产品质量监督检测机构建设”。包头市在《包头市人民政府办公厅2012年全市“南菜北薯”战略推进意见》（2012年3月26日）提出，“马铃薯种植面积稳定在110万亩左右。其中，设施马铃薯面积达到80万亩，……种薯面积达到15万亩，新增6万亩。……加大种子执法力度，健全企业种薯质量自检制度，强化种薯质量检测和监管，确保种薯质量”。

二、贯彻落实国务院办公厅《关于推进种子管理体制改革加强市场监管的意见》

国务院办公厅《关于推进种子管理体制改革加强市场监管的意见》（国办发〔2006〕40号）（以下简称《国办意见》）和农业部办公厅《关于进一步推进种子管理体制改革的紧急通知》（农办农〔2007〕53号）文件下发以来，自治区人民政府高度重视，指示自治区农牧业厅提出具体贯彻落实的意见。自治区农牧业厅按照文件和自治区政府的指示精神，认真组织有关部门和单位传达学习了《国办意见》，时任自治区农牧业厅党组书记、厅长陶克同志和分管副厅长赵存才同志就学习贯彻落实《国办意见》作了重要批示。2006年11月28日，在《内蒙古自治区政府办公厅转发国务院办公厅关于推进种子管理体制改革加强市场监管意见的通知》（内政办发〔2006〕18号）（附录9）中，针对推进种子管理体制改革工作，对各盟行政公署、市人民政府、各旗县人民政府明确提出如下要求：一是要将成立种子管理体制改革领导小组的情况于2006年12月中旬前上报；二是制订实施方案的工作要在2007年2月底前结束；三是脱钩工作要在2007年6月底前完成。2006年12月14日，《内蒙古自治区政府办公厅关于成立自治区推进种子管理体制改革工作领导小组的通知》（内政办字〔2006〕437号）以内部明电发布，以时任自治区分管主席雷额尔德尼为组长，由农牧业厅、财政、工商、发改委、编委、劳动和社会保障等部门负责人组成的推进种子管理体制改革工作领导小组正式成立，为该项工作的推进奠定了组织基础。各级农业主管部门及时将有关文件和会议精神向当地政府领导进行了汇报，积极与当地财政、编委、国资局等相关部门就改革事宜进行沟通交流，相继成立了种子管理体制改革领导小组，多数由当地政府分管领导和农业行政主管领导担任主要负责人，将改革事宜作为重要工作进行落实，加大了种子管理体制改革力度，并有效推进了体制改革的速度，为改革工作顺利进行奠定了扎实的基础。各盟市成立种子管理体制改革领导小组后，积极开展工作，对辖区内种子管理体系进行了认真的摸底调查，了解当地种子管理机构、国有种子企业数量和运行情况，并会同相关部门制定了改革实施方案，明确了改革目标、要求、组织措施以及方法步骤，为改革工作顺利进行提供了依据。各地严格按照实施方案进行操作，按照“归属清晰、权责明确、保护严格、流转顺畅”的要求，通过产权转让、股份改造、撤消、整体出售等多种形式将公司进行改制或重组。在人员的安置和补偿过程中，各地都坚持以人为本，妥善做好了有关事宜的善后工作。

为推进种子管理体制改革，2007年7月5日，自治区农牧业厅下发了《关于报送贯彻落实国办发〔2006〕40号文件情况的通知》(农牧办发〔2007〕30号)，要求“严格按照国办发〔2006〕40号文件要求，6月30日前未完成脱钩的国有种子企业，一律不得再从事种子生产经营活动，自治区农牧业厅将注销其经营许可证，并不再安排种子方面的项目。完成脱钩并继续从事种子生产经营活动的种子企业，由于国有资产产权关系及出资人均已发生变化，必须按照有关规定重新申请注册”。

《国办意见》下发前，自治区有种子管理站73个，其中：自治区级1个，盟市级12个，旗县级60个。有12个旗县的站司没有分设，18个旗县未设立种子管理站；37家种子公司是农业局下属企业。通过种子管理体制改革，自治区累计有17家国有种子公司完成了脱钩，20家未完成脱钩的企业被注销。4个旗县（乌兰察布市的兴和县和商都县、兴安盟的乌兰浩特市、锡林郭勒盟的太仆寺旗）新成立了种子管理站。截至2007年，全区共建立种子管理站81个。其中全额拨款66个，占81.5%，差额的15个。内蒙古自治区种子管理站，乌海市、阿拉善盟种子管理机构获准进入参照公务员法管理单位序列。

三、贯彻落实《国务院关于加快推进现代农作物种业发展的意见》

为贯彻落实文件精神，自治区农牧业厅先后向自治区人民政府上报了《关于贯彻落实全国现代农作物种业工作会议精神的请示》(内农牧种植字〔2011〕76号）和《关于以自治区人民政府文件下发关于加快推进现代农作物种业发展的实施意见的请示》(内农牧种植字〔2012〕11号)，并积极与自治区财政厅、发改委、地税局、工商局联系沟通，完成了对实施意见的会签工作，2012年5月11日，内蒙古自治区人民政府下发了《内蒙古自治区人民政府办公厅转发自治区农牧业厅关于加快推进现代农作物种业发展实施意见的通知》(内政办〔2012〕52号）(附录10），提出了发展总体目标：“到2020年，我区形成科研分工合理、产学研相结合、资源集中、运行高效的育种新机制，培育具有重大应用前景和自主知识产权的突破性优良品种10 ~ 20个，主要农作物新品种更新更换1次；建设玉米、小麦、大豆、马铃薯、向日葵及蔬菜等标准化、规模化、集约化、机械化的优势种子生产基地200万亩；打造5 ~ 7家育种能力强、生产加工技术先进、市场营销网络健全、技术服务到位的‘育繁推一体化’现代农作物种业集团；健全职责明确、手段先进、监管有力的三级种子管理体系，显著提高优良品种自主研发能力和覆盖率，确保粮食等主要农产品有效供给。”同时在文件中强调，“为确保各项政策措施落实到位，由自治区农牧业厅会同自治区党委农牧办，自治区发展改革委、财政厅、工商局、地税局等部门成立推进现代农作物种业发展工作协调组，研究解决推进现代农作物种业发展中的重大问题，组织拟定重大政策，对《意见》中已明确的具体政策，抓紧落实到位”。在文件贯彻落实过程中，通过与自治区财政厅的积极沟通争取，从2012年开始自治区财政厅每年增加了160万财政专项资金，用于全区种子市场执法检查、质量监督抽查、行业信息管理、品种区域试验等工作的开展。自治区政府拿出1亿元用于马铃薯脱毒种薯补贴。在此基础上，全区各盟市也相继出台了贯彻落实意见。2012年2月，通辽市制定了《关于加快推进现代农作物种业发展的实施办法》，提出“到2020年……培育具有重大应用前景和自主知识产权的突破性优良品种6 ~ 8个；新建、完善市级现代农作物新品种展示示范园区1 ~ 2个；培育育种能力强、生产加工技术先进、市场营销网络健全、技术服务到位的‘育繁推一体化’企业1 ~ 3家；培育年销售种子500吨以上的批发商50家、年销售种子50吨以上的乡镇种子零售商500家；建成相对集中、长期稳定的标准化、规模化、集约化、机械化的优势种子生产基地5万亩以上。健全职责明确、手段先进、监管有力的种子管理体系”。2013年6月，兴安盟下发了《兴安盟行政公署关于加快推进现代农作物种业发展的实施意见》（兴署发〔2013〕42号）（附录11），提出“主要农作物新品种更新更换1次，在同等投入条件下纯增10亿千克粮食；建设各类农作物标准化、规模化、集约化、机械化的优势种子生产基地10万亩；打造1 ~ 2家育种能力强、生产加工技术先进、市场营销网络健全、技术服务到位的‘育繁推一体化’现代农作物种业集团；健全职责明确、手段先进、监管有力的盟及旗县市级种子管理体系”。

四、贯彻落实《国务院办公厅关于深化种业体制改革提高创新能力的意见》

《国务院办公厅关于深化种业体制改革提高创新能力的意见》（以下简称《意见》）和《汪洋副总理在现代种业座谈会上讲话》下发后，时任自治区人民政府副主席的王玉明同志于2013年12月30日批示：“请农牧业厅牵头，会同科技、财政、发改、林业部门拿出具体意见。”2014年1月6日，自治区人民政府召开常务会议，传达了《意见》和《汪洋副总理在现代种业座谈会上讲话精神》。2014年5月26日，内蒙古自治区人民政府下发了《内蒙古自治区人民政府办公厅转发自治区农牧业厅〈关于加快推进现代农作物种业发展实施意见的通知〉》（内政办〔2012〕52号）（附录12）。

2014—2015年，围绕《意见》的贯彻落实，自治区农牧业厅以推动全区现代种业发展为主线，将市场经济理念、法治思维、创新服务意识贯穿种子工作始终；大力推进种业科研体制改革，加强以企业为核心的商业化育种能力建设；以强化种子市场监管为抓手，严厉打击套牌侵权和制售假劣种子行为，维护品种选育者的合法权益，净化种子市场环境；积极争取国家和自治区有关政策和资金支持；强化种子管理体系和能力建设，促进种业持续健康发展。

（一）认真落实各项扶持政策，将种子工程、农业综合开发等项目优先向“育繁推一体化”种子企业倾斜

按照项目扶持，东西兼顾的原则加大企业扶持力度。针对大民种业有限公司中早熟玉米品种选育能力突出的情况，优先安排国家救灾备荒种子储备任务。累计补贴储备资金163.7万元；同时，推进了主要农作物品种生物育种创新基地项目建设，提升种业育繁推一体化企业科技创新能力，加快新品种选育进程。积极组织大民种业有限公司、科河种业有限公司申报国家生物育种研究创新基地项目。2015年《内蒙古巴彦淖尔科河玉米

生物育种研究创新基地项目》获农业部批复，项目总投资1 065万元。

（二）深化品种审定制度改革

进一步制定和完善评价标准，增加品种试验类型，开展机收类型玉米品种试验。对适于机械化作业、轻简化种植、广适多抗的品种，根据专家评审合议，适当降低产量标准，简化试验程序，鼓励引导育种单位选育开发适应机械化生产、优质高产、多抗广适新品种。优化区试点布局，推进种业联合体开展自主品种试验。深入开展品种试验田间实测工作，实现主要农作物品种试验实测全覆盖，确保试验数据真实有效，保证品种试验工作的客观性、准确性，为品种审定提供科学支撑。

（三）加快推进良种繁育基地建设

充分发挥种子工程项目带动示范与产业推动效应，加强对区域特色作物、常规农作物生产经营企业的扶持。积极推进小麦、常规水稻、高粱、谷子、向日葵及蔬菜等标准化、规模化、集约化、机械化种子生产基地建设。加快海南繁育基地建设，打造内蒙古优良品种南繁育种平台。

（四）如期完成“事企脱钩”工作

按照《农业部办公厅关于加快推进种业“事企脱钩”工作的通知》（农办种〔2015〕17号）要求，自治区农牧业厅强化措施，全力推动该项工作的开展：组织工作组赴涉及“事企脱钩”工作的通辽市通科种业有限责任公司，赤峰市农业科学研究所种子公司进行专题调研座谈。赤峰市农业科学研究所种子公司生产经营状况良好，公司品种研发能力突出，市场占有率高；通辽市通科种业有限责任公司债权债务清理非常困难。针对两公司经营状况的不同，在充分交流，征求意见的基础上，按照从实际出发，分类指导的原则，制定了工作方案。并督促企业所在市农牧业局积极向市政府汇报该项工作，争取政府的支持。赤峰市农业科学研究所种子公司于2015年8月制定了《赤峰市农研所种子公司改制方案》，明确了国有产权流转、股权结构和出资方式、职工安置等几方面的内容，并经市政府办公会议审议通过。通辽市通科种业有限责任公司未在规定时限内推进事企脱钩工作，其原有种子生产经营许可证有效期截至2015年12月31日，并即注销。

第二节 优势特色作物种子繁育基地建设

内蒙古自治区粮食生产以玉米、小麦、水稻、大豆、马铃薯、向日葵6大作物和谷子、高粱、莜麦、糜黍、绿豆等杂粮杂豆为主。并形成了体现不同区域特点和优势的粮食生产基地，如河套土默川平原、大兴安岭沿麓优质小麦优势产区；西辽河平原及中西部广大地区的优质玉米生产基地；大兴安岭东南的优质大豆生产基地；阴山北麓和大兴安岭东南的优质马铃薯、杂粮杂豆生产基地。各种子企业依托作物优势种植区域旺盛的市场需求，开展种子生产经营活动，在优势种植区域形成了相应农作物种子的优势生产基地。

一、玉米杂交种子生产基地建设

（一）生产优势

内蒙古自治区地域辽阔，光热资源丰富，是我国重要的玉米主产区、高产区。位于自治区东部的通辽市、赤峰市、兴安盟和呼伦贝尔市是全区玉米优势种植区，分布在北纬40°～45°，是北半球三大“黄金玉米带”之一。同时，由于处在一年一熟制春玉米区，与夏播区相比，玉米生长周期更长，产量水平更高，品质更好。因而，内蒙古自治区也是国家传统的玉米杂交种子制种基地，在玉米杂交种子繁育方面，具有六大突出优势：一是光照资源适宜。自治区地处高纬度、高海拔，晴天多，太阳辐射强。年辐射总量为4 750～6 250兆焦耳/米^2，东部的大兴安岭林区最低，巴彦淖尔市西部、阿拉善盟及乌海市最高，为6 490～6 991兆焦耳/米^2。黄河流域、土默川、西辽河平原的年总辐射量均比同纬度的沿海地区多418.6～837.4兆焦耳/米^2。一年中4～9月作物生产期间辐射量占全年总辐射量的65%左右。年日照时数2 580～3 400小时，从东北向西南逐渐增多。日照时数与太阳辐射一样，与我国西北地区同属于全国的高值区，而且日照百分率也较高，除呼伦贝尔市和兴安盟较低为57%～65%外，大部分地区都在65%～70%，中部、西部的局部地区可达70%～78%。玉米是C_4植物，光能利用率高，辐射强、日照时数长能促进玉米的旺盛生长。此外，还具有生长季节气温日差较大的特点，平均在12～16℃。降水集中于夏季，全区大部地区6～8月的降水量约占全年降水量的70%，此时正值玉米生长旺期，雨热同季，有利于玉米种子的干物质积累；秋季天气晴朗干爽，有利于种子脱水晾晒；冬季寒冷干燥，适宜种子贮藏。二是生态区域多样。从东到西围绕大兴安岭东南和阴山山脉西南，随着光热资源、无霜期、降水量的差异，形成了涵盖早熟、中熟、晚熟各熟期的玉米杂交制种生态区域（表3-2-1）。三是区位优势明显。周边省份，特别是东北早熟玉米种植区对内蒙古自治区生产的杂交玉米种子有较大需求。四是农民劳动力价格低，制种成本可以得到有效控制。五是玉米杂交种子生产历史悠久，制种技术成熟，农民认知度高。六是地形地貌丰富。丘陵、沙地为玉米杂交制种设立隔离区提供了优越的自然条件。在玉米制种产业发展的高峰期，内蒙古自治区年制种面积在60万亩以上，每年有近200家种子企业在自治区开展杂交玉米种子制种业务。

表3-2-1　内蒙古自治区不同熟期玉米品种适宜的制种区域

繁育类型	≥10℃活动积温	适宜制种区域（乡镇）
早熟品种 110～115天	2 500～2 700℃	该区域包括喀喇沁旗的小牛群乡、美林镇，林西县的新林镇，克什克腾旗的土城子镇，巴林左旗的哈拉哈达镇，巴林右旗的幸福之路苏木，扎鲁特旗的巨日河镇，科右前旗的索伦乡、巴达仁贵乡，科右中旗的土列毛都镇，松山区大庙镇，翁牛特旗广德公镇
中早熟品种 116～121天	2 700～2 900℃	乌拉特前旗的小佘太乡，土默特左旗的台阁牧乡，松山区的大庙镇、大夫营子乡，喀喇沁旗的大牛群乡，林西县的官地镇、大营子乡，翁牛特旗的五分地镇、乌丹镇，科右前旗的古迹乡，扎赉特旗的巴达尔湖镇，巴林左旗的野猪沟，乌拉特前旗的大佘太乡

（续）

繁育类型	≥10℃活动积温	适宜制种区域（乡镇）
中熟品种 122～127天	2 900～3 100℃	乌拉特中旗的德令山镇，乌拉特前旗的大佘太乡，和林县的舍比崖乡、大红城乡，土默特左旗的此老乡、兵州亥乡，松山区的王府镇，敖汉旗的新惠镇、丰收乡，喀喇沁旗的驼店乡、永丰镇，宁城县的必斯营子乡、大明镇，巴林右旗的宝日勿苏镇、西拉木伦苏木，翁牛特旗的解放营子乡，阿鲁科尔沁旗的双胜镇、巴拉奇如德苏木、新发镇，扎鲁特旗的香山镇，科右中旗的杜尔基镇、高力板镇，科右前旗的葛根庙镇
中晚熟品种 128～133天	3 100～3 300℃	磴口县的沙金套海、公地乡、纳林套海乡、哈腾套海乡，杭锦后旗的小召乡、召庙镇、大树湾乡、三道桥镇、太阳庙乡，临河区的新华镇、乌兰图克镇，五原县的银定图镇、塔而湖镇、新公中镇，杭锦旗的巴拉贡镇、呼和木都镇，松山区的安庆镇、哈拉道口镇，翁牛特旗的红山镇，阿鲁科尔沁旗的绍根镇，敖汉旗的牛古吐乡、丰收乡，奈曼旗的东明镇、八仙筒镇、科尔沁左翼中旗的希伯花镇、舍伯吐镇，科尔沁左翼后旗的金宝屯镇

（二）基地建设

2006—2015年，国家种子工程项目围绕西辽河平原玉米生产优势区域，累计投资建设了通辽市扎鲁特旗、科左中旗、科左后旗、开鲁县，兴安盟科尔沁右翼中旗5个玉米良种繁育基地项目，项目总投资3 123万元，共建设繁育基地9.1万亩。同时，各优势区域地方政府围绕加强玉米制种基地管理、整顿生产秩序、促进产业持续健康发展也相继制定了管理办法，强化治理。2006年赤峰市人民政府根据《种子法》和《内蒙古自治区农作物种子条例》等有关法律法规，

图3-2-1 赤峰市种子管理站工作人员在玉米制种田进行花期检查

图3-2-2　赤峰市松山区玉米杂交制种田

制定了《赤峰市农作物种子生产管理办法》（附录13），对生产准入、基地落实、田间管理（图3-2-1）和种子调运等环节做出了明确规定，为规范种子生产秩序和保证种子质量发挥了重要作用。2013年，赤峰市松山区被农业部认定为国家级杂交玉米种子生产基地（图3-2-2）。

二、马铃薯脱毒种薯繁育基地建设

（一）生产优势

内蒙古自治区地处北纬39° 37′～43° 28′，日照充足，昼夜温差大。降雨集中在7月、8月、9月，占全年降水量的70%左右。雨热同季，能充分满足马铃薯生长发育需求。由于具备海拔高，气候冷凉干燥的特点，一些传毒介体（主要是蚜虫）不易造成严重危害，因而是我国马铃薯种薯、食用鲜薯和加工原料薯最理想的生产基地。全区101个旗县区都有马铃薯种植。马铃薯成为自治区仅次于玉米的第二大作物，内蒙古自治区马铃薯种植面积分布情况见表3-2-2。种植优势区域主要分布在自治区中部和东部地区：中部优势区主要包括了包头市、鄂尔多斯市、呼和浩特市、乌兰察布市、锡林郭勒盟5盟市的武川县、四子王旗（图3-2-3）、太仆寺旗、正蓝旗（图3-2-4）、固阳县、达拉特旗等23个旗县（区）。常年种植面积占自治区总种植面积的70%以上。核心种植区是乌兰察布市，2009年乌兰察布市被中国食品工业协会命名为“中国马铃薯之都”。该区域年降水量300毫米左右，海拔高、风速大、蚜虫少，土质以沙壤为主，非常适宜马铃薯生长；东部优势区主要包括呼伦贝尔市、兴安盟、赤峰市3个盟市的阿荣旗、扎赉特旗、海拉尔市、克什克腾旗等11个旗县区。常年种植面积占自治区总面积的30%，核心区为呼伦贝尔市，年均种植面积在100万亩以上，由于呼伦贝尔市降水充沛，土壤有机质含量高，亩产量位居全区首位。

图3-2-3　乌兰察布市四子王旗马铃薯脱毒种薯生产田

图 3-2-4　锡林郭勒盟正蓝旗马铃薯脱毒种薯生产田

表3-2-2　2006—2015年内蒙古自治区马铃薯种植面积统计表

单位：万亩

盟市	2006	2007	2008	2009	2010	2011	2012	2013	2014	2015
包头	103.0	111.6	97.1	102.1	123.0	136.0	99.9	98.2	88.9	55.7
鄂尔多斯	30.3	29.7	34.8	38.9	31.8	32.6	36.2	33.9	32.1	30.9
乌兰察布	397.5	390.2	393.8	418.6	400.1	401.2	416.9	398.7	400.4	373.0
通辽	30.3	38.6	16.4	17.0	15.1	15.4	15.6	8.3	7.0	4.89
呼伦贝尔	94.2	124.5	165.5	121.5	126.4	141.8	129.8	86.4	68.5	60.8

（续）

盟市	2006	2007	2008	2009	2010	2011	2012	2013	2014	2015
锡林郭勒盟	38.0	43.1	56.4	70.0	75	80.9	88.5	93.4	95.0	106.8
呼和浩特	131.4	137.3	145.6	151.3	141.9	139.4	108.4	117.3	133.1	103.3
兴安盟	30.8	32.5	56.6	28.5	35.9	30.2	38.7	35.6	36.0	24.1
合计	855.5	907.5	966.2	947.9	949.2	977.5	934	871.8	861	759.49

注：数据来源于相应盟市种子管理站统计。

（二）基地建设

2006年以来，国家种子工程项目先后投资建设达茂旗、商都县、察右中旗3个马铃薯脱毒种薯良种繁育基地项目，项目总投资1 951万元；农业综合开发项目先后投资建设了大兴安岭农场管理局、阿荣旗、科右前旗、太仆寺旗、乌兰察布市农业科学研究所、察右前旗、四子王旗、武川县、土默特左旗9个区域性马铃薯脱毒种薯良种繁育基地。并针对区域性龙头企业，先后投资建设了内蒙古正丰马铃薯种业股份有限公司（含续建）、海拉尔麦福劳有限责任公司、武川县塞丰马铃薯种业有限责任公司、固阳县精诚脱毒马铃薯种薯繁育中心、克什克腾旗民悦君丰农牧科技发展有限公司、内蒙古格瑞德马铃薯种业有限公司(太仆寺旗)、内蒙古坤元太和农业科技有限公司（正蓝旗）、呼伦贝尔鹤声薯业发展有限公司（鄂温克自治旗）、淖尔河种业（扎赉特旗）、内蒙古民丰薯业有限公司（集宁区）、诚丰薯业有限公司(察右中旗)、内蒙古凌志马铃薯科技股份有限公司（翁牛特旗）12个脱毒马铃薯良种繁育基地，累计总投资10 511.9万元，建设脱毒种薯繁育基地近20万亩。有力地改善了优势马铃薯脱毒种薯产区和龙头企业的生产条件和基础设施，极大地推动了马铃薯种薯产业的发展。同时，各马铃薯种薯生产经营企业也依托区域自然、生态优势加大对基地建设的投入。截至2015年，全区种薯生产经营企业形成扩繁试管苗2.6亿株，繁育微型薯7亿粒，原种16万吨，一、二级种薯200万吨的生产能力。

三、大豆良种繁育基地建设

（一）生产优势

内蒙古自治区大豆优势产区集中，种植主要分布在呼伦贝尔市和兴安盟，赤峰市、通辽市和乌兰察布市年均种植面积也在10万亩以上（表3-2-3）。其中，呼伦贝尔市大豆种植面积占全区大豆播种面积的80%以上，是全国大豆种植面积最大的市，种植主要集中在大兴安岭东的扎兰屯市、阿荣旗、莫旗、鄂伦春旗（南部）四旗市，占全市大豆面积98%以上，辖属莫旗是全国最大的大豆生产旗县；兴安盟大豆种植主要集中在扎赉特旗、科右前旗。呼伦贝尔市大豆主产区土壤类型以黑土和栗钙土为主，土层深厚，土壤有机质含量在2% ～ 10%，保水保肥能力强。水资源较为丰富，年平均降水量350 ～ 500毫米，主要集中在7 ～ 9月，占全年降水量的70%左右。耕地肥沃、集中连片，降水充沛、雨热同季，有利于大豆的专业化、规模化、机械化生产。内蒙古自治区大豆优势生产区域气候冷凉，种子感病轻，再加上生育后期降雨较少，生产的种子色泽好、颗粒饱满、含水量低，利于贮存和外调，因而是大豆种子理想的繁育基地。

表3-2-3　2006—2015年内蒙古自治区大豆种植面积统计表

单位：万亩

盟市	2006	2007	2008	2009	2010	2011	2012	2013	2014	2015
赤峰	57.3	26.3	57.2	88.1	80.4	62.7	54.3	38.4	29.4	10.6
鄂尔多斯	3.8	3.6	3.2	3.2	5.1	6.6	7.1	6.6	6.6	5.9
呼伦贝尔	1 113.3	858.8	752.3	884.7	870.7	763.2	714.4	745.3	616.6	691.7
通辽	71.4	113.4	41.0	62.2	47.9	35.8	35.6	25.9	19.9	4.3
乌兰察布	5.5	10.1	6.3	4.5	23.2	24.1	13.5	18.9	14.3	20.0
呼和浩特	8.9	7.4	9.5	18.0	20.1	19.0	19.5	9.2	18.3	18.4
兴安盟	114.2	100.7	134.0	179.7	226.9	129.7	52.8	63.2	62.3	66.6
合计	1 374.4	1 120.3	1 003.5	1 240.4	1 274.3	1 041.1	897.2	907.5	767.4	817.5

注：数据来源于相应盟市种子管理站。

（二）基地建设

2006年以来，围绕大兴安岭大豆优势种植区域，国家在呼伦贝尔市投资建设了内蒙古自治区鄂伦春自治旗大豆良种繁育基地、内蒙古自治区扎兰屯市大豆良种繁育基地、内蒙古自治区阿荣旗大豆良种繁育基地；在兴安盟投资建设了内蒙古自治区扎赉特旗大豆良种繁育基地、兴安盟农研所大豆原原种扩繁基地。项目累计总投资2 987万元，建设繁育基地8万亩。在项目推动下，2013—2015年，呼伦贝尔市大豆种子累计制种面积达到33万亩，其中阿荣旗、莫旗、鄂伦春旗分别为4万亩、20万亩、9万亩，形成具有一定规模的大豆种子生产经营企业6家。繁育的大豆种子除满足呼伦贝尔市种植需要外，部分还销往黑龙江等周边省区。

四、小麦良种繁育基地建设

（一）生产优势

内蒙古自治区属于一年一作制春麦区，小麦播种面积和总产量约占全国春小麦的1/3以上，是全国最大的春小麦主产区，也是国家中强筋优质小麦产区。区内小麦种植范围广，西起阿拉善盟的额济纳旗，东至呼伦贝尔市的鄂伦春自治旗，南从鄂尔多斯市的乌审旗，北到呼伦贝尔市的额尔古纳市，全区12个盟市均有种植，呼伦贝尔市和巴彦淖尔市两地的种植面积最大（表3-2-4）。

表3-2-4　2006—2015年内蒙古自治区小麦种植面积统计表

单位：万亩

盟市	2006	2007	2008	2009	2010	2011	2012	2013	2014	2015
包头	40.0	28.4	33.2	58.5	49.7	60.5	76.2	61.3	59.8	55.9
赤峰	46.6	40.4	34.8	42.8	48.6	59.4	63.0	54.4	47.2	64.3

（续）

盟市	2006	2007	2008	2009	2010	2011	2012	2013	2014	2015
鄂尔多斯	10.7	10.7	8.6	11.6	9.0	9.8	10.2	8.9	6.2	5.3
乌兰察布	27.2	29.1	28.9	37.2	63.4	82.4	75.6	70.5	91.7	109.5
通辽	30.3	38.6	16.4	17.0	15.1	15.4	15.6	8.3	7.0	—
乌海	1.4	1.7	1.2	1.4	1.5	1.1	1.1	0.9	0.7	0.7
呼伦贝尔	240.4	382.2	201.7	235.3	268.6	304.0	327.5	327	354	331.8
锡林郭勒盟	120.6	120	83.6	90.3	98.0	77.1	85.2	107.7	85.0	80.2
呼和浩特	33.1	28.6	38.7	45.9	46.6	48.1	73.5	74.1	67.0	50.0
巴彦淖尔	230.1	190.8	192	245.6	196.1	188	178.2	138.8	114.2	115.5
兴安盟	34.2	49.0	26.2	33.9	42.1	57.4	62.7	64.8	69.3	71.2
共计	814.6	919.5	665.3	819.5	838.7	903.2	968.8	916.7	902.1	884.4

主要有三大种植优势区：西部的河套灌区灌溉小麦种植区，中部阴山山脉南北辐射地区及干旱、半干旱丘陵地区灌溉小麦种植区，东部大兴安岭沿麓地区旱作小麦种植区。其中，河套平原种植区积温高、光照条件好，土地肥沃、农田水利基础设施条件好，是全国十大商品粮基地之一，也是我国最大的自流灌溉区，自古就有“黄河百害，唯富一套”的美誉。生产的优质小麦，籽粒大、坚实饱满，蛋白质、面筋含量高，是制成各类优质面粉的专用原料；东部大兴安岭沿麓地区区域土地辽阔、土壤肥沃、年降水量550 ~ 650毫米，生态条件与加拿大、美国等强筋小麦生产地区相似，具有发展我国面包用硬红春小麦的生态资源优势。该区域小麦种植区生产连片集中、机械化程度高（图3-2-5）。

图 3-2-5　上库力农场小麦联合收割机收获场景

（二）基地建设

2006年以来，国家种子工程先后在河套平原种植区投资建设了内蒙古自治区杭锦后旗小麦良种繁育基地、五原县优质小麦良种繁育基地，在东部大兴安岭沿麓地区建设了额尔古纳市（图3-2-6）、牙克石市小麦良种繁育基地，累计投资2 316万元，共建设小麦种子繁育基地8万亩。通过该项目的实施，加强了小麦种子生产优势区域县级种子管理技术支持和服务体系建设，完善了小麦种子质量检验体系、品种区域试验体系和信息服务体系；保证了良种供应，推广了一批高产、优质、高效、多抗的小麦新品种，有力地促粮食生产发展，促进了农业增效、农民增收。

五、杂粮杂豆与油料作物良种繁育基地建设

（一）生产优势

内蒙古自治区全境以高原为主，多数地区在海拔1 000米以上，多低山丘陵、漫甸。气候冷凉，年平均温度1 ～ 8℃，只能满足一年一熟制农作物生长。而杂粮杂豆生育期一般都比较短，适播期的范围比较宽，同时具有耐寒、耐旱、耐瘠的特性，适宜在山旱地种植。内蒙古自治区又具有日照充足，雨热同季，昼夜温差大，工业污染少的优势，生产的杂粮具有籽粒饱满、色泽鲜亮、商品性好的特点，因而是全国杂粮杂豆的三大产区之一。种植的杂粮杂豆主要包括谷子、高粱、燕麦、荞麦、糜黍、蚕豆、豌豆、绿豆、红小豆、芸豆、豌豆等。赤峰的谷子，赤峰、通辽两市的高粱、绿豆（图3-2-7），乌兰察布的杂豆、鄂尔多斯的黍子、巴彦淖尔的糜子、武川燕麦等都以其优质、无污染而享誉国内外。

图3-2-6　上库力农场龙麦26小麦种子制种田

图3-2-7　赤峰市绿豆新品种示范田

（二）基地建设

2016年以来，国家种子工程项目在地处阴山北麓的武川县投资建设了小杂粮良种繁育基地，项目总投资455万元，建设基地面积8 000亩；农业开发项目在赤峰市松山区投资建设了优质谷子品种原原种扩繁基地项目，项目总投资190万元，建设繁育基地1万亩；在锡林郭勒盟太仆寺旗投资建设了胡麻良种繁育基地项目，项目总投资658万元，建设胡麻良种繁育基地10 400亩。通过杂粮杂豆及油料作物良种繁育基地建设，丰富了农民的种植选择，保障了种植业结构调整工作的顺利开展，推动了自治区杂粮杂豆及油料作物产业化发展。

六、南繁基地建设

南繁基地建设是现代农作物种子繁育体系建设的重要环节，进行种子加代南繁南育是使育种家种子尽快应用于生产，使生产上短缺的专用、特用等优良品种尽快得到补充的有效措施。同时，建设布局合理的南繁基地能增强品种的适应性、抗逆性和提高遗传稳定性，保障品种能大范围安全推广和生产。

内蒙古自治区南繁工作始于1966年，南繁的主要作物有：玉米、大豆、向日葵、杂粮和蔬菜等。繁育类型主要有亲本扩繁、杂交组合加代、材料鉴定等。四十多年来南繁工作为自治区种质资源创新和利用、保证生产用种等方面做出了巨大贡献。2010以来，全区每年有20 ～ 30家单位的70 ～ 80人在海南南繁。地点主要集中在三亚市周边的南宾和乐东地区，年租地面积约为1 500 ～ 2 000亩，租金一般为2 000 ～ 4 000元/亩，最高达5 000元/亩。由于大部分南繁用地租用关系缺乏长期性和稳定性，用地矛盾日益突出。而科研育种、种子应急生产、种子质量鉴定等南繁用地面积逐年扩大，与当地冬季特色瓜菜和非农建设客观上出现争地矛盾，造成南繁土地租金的上涨，加重了育种的经济负担。南繁基地的不稳定严重影响了南繁效果：一是南繁用地比较分散不便于管理，基地合同纠纷、治安案件、田间偷掠试验材料的现象时有发生；二是由于土地租金逐年上升，繁育单位资金压力大，影响了南繁规模，致使一些势头很好的品种不能及时投入生产，错失发展机遇；三是隔离区往往无法达到生产规程要求，直接影响繁育种子质量；四是南繁基地基础设施较差，不能满足繁育工作需要。缺乏稳定的南繁基地和生产、生活设施是自治区这一时期南繁工作面临的主要问题。

《国务院办公厅关于深化种业体制改革提高创新能力的意见》下发后，南繁基地建设引起自治区政府的高度重视，王玉明副主席带领发展和改革委员会、财政厅、农牧业厅负责同志对自治区南繁基地工作开展情况进行了调查研究，并就集中建设“内蒙古自治区农作物种子南繁基地”事宜向巴特尔主席写了签报。2013年12月27日，王玉明副主席在《关于加强内蒙古自治区农作物种子南繁基地建设的报告》(内农牧办报〔2013〕38号)上批复“请发改委、财政厅予以支持”。自治区人民政府巴特尔主席2014年的政府工作报告中提出了“推进玉米、小麦、马铃薯、苜蓿等制种、育种基地和南繁育种基地建设”。2014年自治区人民政府办公厅下发了《内蒙古自治区人民政府办公厅关于成立自治区南繁工作领导小组的通知》(内政办字〔2014〕152号)。2014年5月自治区机构编制委员会办公室批准内蒙古自治区种子管理站加挂自治区农牧业厅驻三亚南繁办事处的牌子，负责南繁日常管理工作。2014年6月30日，内蒙古自治区人民政府办公厅下发了《关于成立自治区南繁工作领导小组的通知》(内政办字〔2014〕152号)，由自治区人民政府副秘书长牧远任领导小组组长。2014年8月，内蒙古自治区农牧业厅党组任命张福宽为内蒙古自治区农牧业厅驻三亚市南繁办事处主任(内农牧党发〔2014〕7号)。2014年10月内蒙古自治区财政厅下拨总额1 200万元的南繁基地土地租赁费，用于在海南省三亚市乐东黎族自治县利国镇租赁520亩的南繁用地（图3-2-8）。自治区发改委批复了《农牧业厅南繁基地建设项目可行性研究报告》，项目建设期为2014—2016年，主要建设内容和规模为：在海南三亚市建设520亩南繁基地，建设必要的生产、生活设施（图3-2-9)、围栏、水利设施及农机具。2015年，占地总面积524.47亩的农牧业厅南繁基地投入使用。南繁基地在提供稳定、安全、有序的科研用地，改善南繁人员工作、生活条件，提高南繁工作的机械化、自动化、信息化水平等方面发挥出了积极作用。

图3-2-8 自治区农牧业厅海南南繁基地繁育田

图3-2-9 自治区农牧业厅海南南繁基地综合楼

第三节　种业龙头企业发展

种子企业是现代种业发展的重要实践与创新主体。加大对遵纪守法、创业创新、服务社会的“育繁推一体化”及地方特色中小种子企业的扶持，充分发挥种子企业在商业化育种、成果转化与应用等方面的主导作用，对激发市场活力、加快农业现代化建设步伐、实现农业经济持续健康发展具有重要意义。2016年以来，内蒙古自治区按照分类指导，统筹兼顾的原则，一方面通过强化种子工程等项目，支持企业建设育种创新基地、良种繁育基地、企业技术研发中心、重点实验室等产业化技术创新平台，推动政策落地实施，扶持“育繁推一体化”企业做大做强；另一方面积极整合自治区财政厅、发展和改革委员会、科学技术厅等部门的相关科研计划和专项，支持企业申请相关扶持资金，推进种子企业持续开展技术创新、经营模式创新、管理创新，实现中小企业又好又快的发展。自治区种子企业实力明显增强，一批初步建立起现代企业制度、市场营销网络健全、科技创新能力强的种业龙头企业在10年间得到快速成长。

一、大民种业股份有限公司

1. 公司概况。公司成立于1998年6月，位于内蒙古兴安盟乌兰浩特市经济技术开发区，占地55亩，拥有7家子公司，现注册资本1亿元；是中国种业五十强企业，内蒙古自治区农牧业产业化重点龙头企业，中国种业骨干企业，中国种子行业信用AAA级企业，2012年国家农业部首批认定的“育、繁、推”一体化企业。公司有员工171人，大专以上学历员工占70%。公司拥有2条1 200吨/批玉米种子果穗烘干成套生产线、2条10吨/小时的籽粒烘干线、2条40吨/小时玉米种子脱粒线和10吨/小时玉米种子精选加工生产线。2012年7月，在农业部种子管理局、中国农业科学院倡导下，内蒙古大民种业、北京德农种业、山西屯玉种业等国内8家大型种子企业共同投资成立“中玉科企联合（北京）种业技术有限公司”，专门从事分子技术、生物技术、转基因育种研发工作，以提升公司农业科技创新水平，增强竞争力；2012年9月，大民种业公司同中国农业大学国家玉米中心合作，联合开展玉米单倍技术研究（图3-3-1）；2013年6月同中国农业科学院作物科学研究所联合开展抗虫转基因玉米研究。截至2015年，公司具有自主知识产权的杂交玉米品种22个，豆类、瓜菜品种33个。其中，大民3307、大民707等品种累计推广面积均超过100万亩。

2. 项目扶持。2006—2015年，公司先后承担国家发展和改革委员会“玉米生物育种能力建设与产业化项目”，农业部农业科技成果转化资金项目“优质、抗倒、高产玉米新品种‘大民3307’中试示范与推广应用”，内蒙古自治区科技厅自治区科技重大专项“玉米新品种选育及高产高效综合技术集成项目”，自治区发展和改革委员会“内蒙古自治区战略性新兴产业发展项目”，累计项目投资2 260万元。

二、内蒙古丰垦种业有限责任公司

1. 公司概况。公司成立于1999年，注册资金3 000万元，位于兴安盟科尔沁右翼前

图3-3-1　大民种业生物育种研发中心

旗。公司有员工42人，大专以上学历员工占70%。其中，博士2人，高级农艺师3人，中级6人。公司拥有两条10吨/小时玉米种子精选加工生产线，建有配套设施完善的玉米育种研究所和海南种子繁育基地。公司于1999年开始早熟、极早熟玉米种质资源搜集、整理和研发工作，储备有各种类型极早熟、早熟种质资料4 000余份。公司先后投资1 000余万元，在兴安盟科右中旗建设了占地300亩配套设施完善的玉米育种研究所。投资300万元在海南南滨农场东光队建设了占地40亩的海南种子繁育基地。先后选育了兴垦3号（国审）、兴垦10号（国审）、丰垦008（蒙审）、丰早303（国审）、兴垦9号（蒙审）等13个玉米品种，其中5个品种获农业部植物新品种保护办公室授权。

2. 项目扶持。2006年以来，公司先后承担了农业部玉米良种繁育、高技术产业化示范工程项目，内蒙古自治区发展和改革委员会“内蒙古自治区战略性新兴产业发展项目”，农业综合开发“玉米良种繁育及加工基地建设项目”，累计获得项目资金支持2 040万元。

三、翁牛特旗玉龙种子有限公司

1. 公司概况。公司由翁牛特旗国营种子公司经过改制设立为股份有限公司。公司注册资本3 020万元，是赤峰市种子行业龙头企业。翁牛特旗玉龙种子有限公司组建了专业科研团队，并与吉林省白城市农科院、黑龙江省农科院、内蒙古农业大学等科研院所保持长期交流与合作，具有较强的科研能力。公司年均科研投入经费200多万元，在翁牛特旗建设了110亩配套设施完备的科研育种基地，在海南长期租用了20亩南繁育种基地。公司在新疆、甘肃、内蒙古拥有稳定的制种基地15 000亩，年制种能力500万千克。公司繁育自交系近2万份，组配杂交玉米组合1.5万份，选育的“玉龙”系列品种通过内蒙古自治区品种审定委员会审定并在北方春播玉米区大面积推广。

2. 项目扶持。2006—2015年，公司先后承担内蒙古自治区科学技术厅“玉龙系列玉米新品种繁育及配套种植技术示范项目”，农业综合开发“翁牛特旗良种繁育及加工基地建设项目”（图3-3-2）。项目资金累计投入1 001.29万元。

图3-3-2　翁牛特旗玉龙种子有限公司加工设施

四、内蒙古坤元太和农业科技有限公司

1. 公司概况。公司成立于2008年，位于内蒙古锡林郭勒盟正蓝旗，是一家专业从事马铃薯新品种选育推广和优质种薯生产的公司。公司拥有固定资产1.3亿元，员工260余人，其中科研人员40余人，具有硕士以上学历的8人，具有高级职称以上的人员（含合作人员）12人，专业生产技术人员150余人。

公司建有“马铃薯脱毒种薯繁育科技园区”，园区内有科研楼3 300米^2，组织培养中心4 000米^2，7 500万粒微型薯储存库1座、1万吨种薯储存库1座，现代化智能温室40座，现代化网室150座，机械库2 000米^2，并配套了相关的生活设施。公司的种薯生产水平达到全国先进水平，申请了“马铃薯脱毒迷你型种薯的无土栽培方法发明专利”（专利号：201210333355.3）。公司与本溪市马铃薯研究所知名马铃薯育种专家曲仁山老师合作，在辽宁本溪和坤元太和园区内建设了两处育种基地。2008年公司被正蓝旗人民政府认定为“锡林郭勒盟农牧业产业化重点龙头企业”。2010年被锡林郭勒盟行政公署认定为“盟级农牧业产业化重点龙头企业”。2013年被认定为“内蒙古自治区级扶贫龙头企业”。

2. 项目扶持。2008—2015年，公司先后承担了自治区战略性新兴产业项目“马铃薯种薯繁育科技园区育种产业化”（2012年），正蓝旗以工代赈扶贫开发示范项目“2012马铃薯种薯生产”，正蓝旗发改委“菜篮子”工程“内蒙古坤元太和农业科技有限公司黑城子示范区育苗日光温室建设项目”（2013年），自治区战略性新兴产业项目“马铃薯新品种选育及脱毒种薯繁育技术产业化研究”（2013年），农业综合开发“内蒙古锡林郭勒盟正蓝旗脱毒马铃薯良种繁育基地项目”（2014年），项目资金累计投入1 854.7万元。

五、内蒙古民丰种业有限公司

1. 公司概况。公司成立于2008年，总部设在乌兰察布市集宁区（图3-3-3），占地面积3 200亩，注册资本1.2亿元人民币。2011年被认定为“农业产业化国家重点龙头企业”；2012年被认定为“自治区扶贫龙头企业”“自治区A级质量信用等级企业”；2013年被认定为“国家高新技术企业”“国家农业科技园区核心区建设单位”“自治区十佳国家级龙头企业”“自治区产业创新人才团队”。公司现有员工298名，其中，博士3名、硕士10名、高级职称10名、大专以上学历142名。公司建成1万米^{2}的马铃薯脱毒组培中心，1.6万米^{2}的智能温室，1 300亩包括温室、网室的原原种生产农场。建有总面积8万亩，配备大型喷灌、滴灌等设施、设备的原种生产农场15个，形成年生产脱毒苗4 000万株、原原种8 000万粒、原种3万吨、一级种4万吨的生产能力。拥有马铃薯智能通风加湿仓储库34座。公司自主选育的马铃薯新品种“民丰红”，被评定为内蒙古自治区“名优特”产品，2010年获“中国民营科技创新成果金奖”，2015年正式通过自治区品种认定，并获“首届乌兰察布市市长质量奖”及“2015年度自治区主席质量奖”。公司下设的“内蒙古民丰马铃薯研究院”设有资源、脱毒、栽培种植、育种、植保、仓储6个研究室，分别负责马铃薯种质资源研究保存、马铃薯茎尖脱毒、病毒检测、病虫害防治、新品种培育、仓储及新技术研究、科技成果推广等工作。现已建成拥有520个品种，1 000余个株系的马铃薯种质资源库，研究院每年对上百个资源品种进行循环脱毒。

图3-3-3　内蒙古民丰种业有限公司园区

2. 项目扶持。2009—2015年，公司先后承担了农牧业产业化专项资金“优质马铃薯基地种薯生产基地建设项目”（2009年）、第七批“全国农业标准化示范区项目”（2010年）、农业综合开发产业化经营项目“集宁区2 500万株马铃薯脱毒苗新建项目”（2010年）、大宗农产品错峰冷藏设施建设项目“1万吨马铃薯种薯智能仓储库建设项目”

（2013年）、内蒙古自治区国家服务业引导资金“乌兰察布市集宁区马铃薯质量信息可溯源系统服务项目”（2013年）、第七批“全国农业标准化示范区项目”（2013年）、自治区科技创新引导奖励资金项目“千亩脱毒微型薯种薯高效繁育及窖藏技术的集成与示范”（2014年）、农业综合开发“内蒙古集宁区脱毒马铃薯良种繁育基地项目”（2014年）、科普惠农兴农村计划“内蒙古民丰薯业科普示范基地项目”（2015年）、“草原英才”工程“新型高效脱毒马铃薯繁育体系创新研发团队”（2015年），项目资金累计投入9 487.8万元。

六、内蒙古真金种业科技有限公司

1. 公司概况。公司于2008年由原达拉特旗国营种子公司转制设立，坐落于内蒙古鄂尔多斯市达拉特旗经济开发区（图3-3-4），注册资本1亿元，有员工30人，科研技术人员20人。公司是中国种子协会评定的AA级企业，内蒙古著名商标企业，内蒙古自治区农牧业重点龙头企业，内蒙古自治区扶贫龙头企业，内蒙古自治区民营科技企业，鄂尔多斯市科技创新型企业。同时也是内蒙古农业大学农学院教学科研试验实习基地。

图3-3-4　内蒙古真金种业科技有限公司全景

成功选育出玉米新品种真金8号、真金306、真金202 等一系列玉米新品种。其中8个品种已通过内蒙古自治区、黑龙江省、陕西省、新疆维吾尔自治区品种审定委员会的审（认）定。选育出各类瓜菜向日葵品种30多个，已有6个通过内蒙古自治区品种审定委员会的认定。公司先后与中国农科院生物技术研究所、四川农业大学玉米研究所、东北农业大学农学院、内蒙古农业大学农学院、内蒙古农业科学院、包头市农业科学研究院、河北省兆玉玉米科学研究所进行科研合作，并筹建国内第一个生物种子工程院士工作站。

2. 项目扶持。2012—2015年，公司先后承担了国家科技部科技成果转化项目“青贮玉米新品种真金青贮1号、真金青贮31、真金青贮32集成配套技术推广”（2012年）、内蒙古自治区千亿斤粮食规划“达拉特旗玉米良种繁育基地建设项目”（2013年）、农业综合开发“内蒙古自治区达拉特旗玉米原原种扩繁基地建设项目”，项目资金累计投入3 579.5万元。

七、内蒙古巴彦淖尔市科河种业有限公司

1. 公司概况。公司坐落于巴彦淖尔市临河区（图3-3-5），注册资金1亿元。现有员工30人，科研技术人员20人，2006年成立了农作物科学研究所，2013年正式注册为科河种业有限公司农作物科学研究院。公司从2010年起与中国农业大学国家玉米改良中心合作开展玉米双单倍体育种及分子标记辅助育种技术的研究应用。2011年被自治区科技厅认定为“企业技术研究开发中心”，2012年被自治区发改委认定为“农作物生物育种工程研究中心”，2013年被国家农业部认定为“育、繁、推”一体化企业。公司拥有自主知识产权品种33个，其中玉米品种9个、向日葵品种16个，瓜菜品种8个。科河8号通过内蒙古、甘肃、陕西、新疆四省区审（认）定，获自治区“科技进步二等奖”“农牧业丰收一等奖”。公司已搜集国内外玉米新品种资源5 000份。每年产DH系1万份，产单倍体种子50千克，加倍单倍体试验面积达100亩。

图3-3-5　内蒙古巴彦淖尔市科河种业有限公司全景

2. 项目扶持。公司先后承担了农业部“玉米原原种扩繁基地建设项目”（2010年），国家科技部“玉米生物育种技术研究与应用”（2013年），自治区科技厅“玉米生物育种技术研究与应用”，自治区发改委“内蒙古自治区农作物生物育种工程研究中心建设项目”（2014年），农业部“科河种业国家玉米生物育种创新基地建设项目”（2014年），国家项目资金累计投入1 305万元。

八、内蒙古西蒙种业有限公司

1. 公司概况。公司是专业从事农作物种子研发、繁育、加工、销售、技术服务的育繁推一体化民营企业，公司注册资本3 000万元，固定资产7 182万元。公司在巴彦淖尔市杭锦后旗建设了占地面积41 354米^{2}的功能完善、设备先进的现代化加工厂区（图3-3-6）。拥有先进的种子精选、分级、比重、包衣生产流水线5条，1 200吨玉米果穗烘

干生产线1条，玉米籽粒烘干生产线2条，配套先进防伪扫描分装生产线3条，钢板仓储群仓储能力达15 000吨。现有固定员工86人，其中，科研人员36名、育种专家团队6人。公司下设宁夏钧凯种业有限公司、西蒙种业甘肃营销公司、西蒙蒙晋冀营销公司、西蒙种业农业科学研究院、林优种子专业合作社。公司采取“自主+合作+引进”的商业化育种模式，与内蒙古农业大学农学院、巴彦淖尔市农牧业科学研究院、宁夏农林科学院、河南农业大学、河套大学建立了产、学、研的合作机制。公司有科研试验地850亩，海南南繁科研试验地102亩，是内蒙古发改委认定的“玉米生物育种工程研究中心”、内蒙古科技厅认定的“企业研究开发中心”。研发品种涉及杂交玉米、小麦、杂交向日葵、葫芦、水稻5大类作物。先后选育出玉米品种西蒙6号、西蒙青贮707、西蒙988、西蒙208、西蒙3358等系列品种。“西蒙”品牌被评为内蒙古著名商标、是国家级守合同重信用企业、中国种业AA级信用企业、内蒙古自治区农牧业产业化重点龙头企业、自治区优秀扶贫企业。

2. 项目扶持。公司先后承担了内蒙古自治区发改委战略性新型产业发展项目“30 000亩玉米生物育种高新技术产业链项目”（2014年），“巴彦淖尔市科技计划项目”（2014年），内蒙古自治区发改委“生物育种工程研究中心能力建设项目”（2015年），“巴彦淖尔市种子工程项目”（2015年），国家项目资金累计投入1 020万元。

图3-3-6　内蒙古西蒙种业有限公司

第四章　市场监管与法制建设

第一节　种子市场监管

进入种业发展新阶段，市场管理工作重点开始转向严格执法、加大市场清理整顿力度、净化种业市场环境上来。通过持续深入开展市场监管专项行动，构建自治区、盟市、旗县区三级种子市场监管体系，加大典型案件查处力度，自治区品种套牌侵权、制售假劣种子的势头得到遏制，种业市场环境不断得到净化，市场秩序持续好转。初步形成了竞争有序、公平公开的市场环境，有力地保障了自治区现代种业的健康有序发展。

一、加强种子市场常态化监管，持续开展打假保春耕行动

2006—2015年，按照农业部和自治区农牧业厅的要求和部署，针对种子市场监管领域存在的区域性、系统性风险隐患和突出问题，各级种子管理机构创新工作机制，强化责任担当，积极主动作为，持续深入开展了全区范围内种子市场专项治理行动，有效打击震慑了违法犯罪行为，营造了良好法治氛围和打击整治声势，降低了农业生产隐患。

（一）整合资源，加强春季种子市场的联查联动

2006—2009年，内蒙古自治区种子管理站根据农业部、自治区农牧业厅的要求，针对“经营假劣种子、虚假广告、未审先推、包装标签不规范、拆包销售散种子、跨地区超范围经营、抢套购种子、哄撬种子生产基地”等违法违规行为，连续4年制定并下发“内蒙古种子市场专项治理实施方案”和“关于开展内蒙古种子市场检查活动的通知”。全区各级种子管理机构也对治理工作进行了周密部署安排，成立了市场检查小组，制定了科学的工作方案，积极开展辖区内春季种子市场专项整治行动。

2006年2～4月，自治区种子管理站组成了两个检查组，对赤峰市的林西县、松山区、红山区，通辽市的扎鲁特旗、科尔沁区、市区种子市场，兴安盟的乌兰浩特市、科右前旗归流河镇，鄂尔多斯市的达拉特旗(图4-1-1)、东胜区、伊金霍洛旗、杭锦旗，巴彦淖尔市的临河区、杭锦后旗、五原县、乌拉特前旗，包头市的九原区种子市场进行了市场检查。共检查种子经营网点173个，100万元以上种子企业24家，查处散装销售种子2起，无经营档案1起，未审先推6起。下达有整改意见的检查结果通知单16份，移交当地农业行政主管部门立案查处5起。在2006年市场专项检查行动中，全区各级种子管理部门共检查种子经营门店3 000多家，依法查处种子案件106起，查处假劣种子127万千克，挽回经济损失260万元，整体结案率达90%；2007年自治区种子管理站组织检查组分东西部赴赤峰市、通辽市、兴安盟、鄂尔多斯市、巴彦淖尔市、包头市和呼和浩特市的

图4-1-1 鄂尔多斯市种子管理站站长王永亮（左一）检查种子门店经营档案

主要旗县的种子市场进行了检查。将巴彦淖尔市向日葵品种的未审先推、鄂尔多斯市的杂交玉米种子无证生产作为重点检查内容。共检查种子经营网点300多个，300万元以上的种子企业14家。检查过程中对未经审核批准发布广告的、经营未经审定种子的、包装标签不规范的、拆包销售散种子的经营网点进行了现场检查整顿。共发出整改通知书7份，移交地方农业行政主管部门立案查处种子案件5起；2008年全区共查处违规种子经营门店567个，没收未审先推向日葵种子2 000千克，虚假广告1万余份；2009年在各盟市积极开展自查的基础上，自治区种子管理站集中开展了对全区注册的134家主要农作物生产、经营企业的拉网式大检查和重点旗县区的200多个种子经营门点的突击抽查。全区共立案查处种子案件75起，没收种子12 067千克，行政罚款122万元。

（二）依法治种，推进执法年活动深入开展

2010—2012年，农业部连续三年开展了种子执法年活动。按照农业部要求和部署，自治区农牧业厅各年度制定和印发了《内蒙古自治区种子执法年活动方案》（以下简称《方案》），明确了执法年要以保护农民根本利益、保障农业生产用种安全为目标，以加强源头治理、市场整顿和长效机制建设为重点，以规范种子市场行为和查办重大案件为突破口，以落实责任制、加大宣传和曝光力度、加大案件查处力度和强化服务指导为手段，坚持着力治本、标本兼治、打防结合和属地管理原则，选择重点地区、重点作物、重点市场，深入开展种子市场专项治理行动。全区各级种子管理部门认真落实《方案》精神，通过三年专项活动的开展，切实推进了自治区种子市场监管法治化建设，提升了基层种子管理机构的监管能力，树立了农业主管部门的执法权威。全区种子质量明显提高，种子案件明显减少，市场秩序明显好转。

2010年1月29～30日。自治区种子管理站在呼和浩特市召开了全区种子管理工作会议暨种子执法年启动仪式，自治区农牧业厅主要领导参加了启动仪式，赵存才副厅长作重要讲话。自治区启动仪式后，巴彦淖尔市、乌兰察布市等盟市相继举行了种子执法年启动仪式。自治区种子管理站组织种子执法人员分东西两个检查组对自治区赤峰市、通辽市、兴安盟、鄂尔多斯市、包头市、巴彦淖尔市6个盟市种子市场上销售的农作物种子质量、标签、经营档案、品种审定及授权等情况进行了检查，共计抽检经销商62家，抽取种子样品98份，包括玉米、向日葵、高粱、甜瓜、谷子、蓖麻、绿豆、菜豆、萝卜、西葫芦、豇豆、籽瓜12种作物。检查了62个种子经营企业的95个种子标签，55个种子经营者的经营档案，以及63个品种的审定和授权情况；2011年全区各级种子管理机构对辖区内种子大市场及种子经销户开展了“六查”行动，即查品种真实性、查品种审定及授权情况、查种子质量、查种子标签、查转基因品种、查种子经营许可证和经营档案。累计共检查种子企业166家，经销网点5 707个，下发整改通知书168份，查扣假劣种子2 960.37千克，查处种子案件148起，案件查处率达到100%；2012年按照自治区农牧业厅《内蒙古自治区2012年种子执法年活动方案》要求，全区各级种子管理部门上下联动，共查处种子案件95起，没收种子1.08万千克，各级种子管理机构接待种子事故及案件上访投诉达980余次。

（三）科学统筹、提升打假护权行动效果

针对新形势下种子市场监管工作面临的突出问题，为继续保持执法监管的高压态势，进一步规范市场秩序，保护农民和品种权人的合法权益，2013年农业部印发了《农作物种子打假护权专项行动方案》，部署开展种子打假护权专项行动。2013年3月5日，自治区农牧业厅印发了《内蒙古自治区2013年农作物种子市场监管工作实施方案的通知》（内农牧种植发〔2013〕61号），强调要通过法规宣传、专项行动开展、质量监督抽查以及案件查处，全力打击种子生产经营中的侵犯知识产权、制售假劣的违法行为，保护合法企业和农民的利益，净化种子市场，为种业健康发展营造良好的环境。呼伦贝尔市、兴安盟、赤峰市、包头市、巴彦淖尔市等盟市也迅速制定出相应的工作方案，并成立了分管局长任组长的专项行动领导小组，对工作进行了详细部署。基层旗县种子管理站也都根据实际情况制定了《打击侵犯品种权和制售假劣种子行为专项行动方案》并上报盟市种子管理站。同时，各盟市、旗县向社会公布了种子案件投诉举报电话，方便专项行动的顺利开展。自治区种子管理站先后组织了6个工作组，对呼和浩特市、包头市、呼伦贝尔市(图4-1-2)、兴安盟、通辽市、赤峰市、鄂尔多斯市、巴彦淖尔市8个盟市的种子市场开展了种子市场专项检查。共抽查了134家种子经营户的经营许可证、经营档案、包装标签及有关的经营记录和文件，抽取样品199份，作物种类涉及玉米、高粱、向日葵3种。

图4-1-2　呼伦贝尔市种子管理站站长卞宏淳（右二）检查辖区种子经营门店

2014年自治区种子管理站组织7个检查组对呼和浩特市、包头市、鄂尔多斯市、巴彦淖尔市、呼伦贝尔市、兴安盟、通辽市、赤峰市、乌兰察布市9个盟市的的种子市场进行了交叉检查和市场抽检，共抽查种子样品440份，检查种子经营门店300家。组织了两个督察组采取明察暗访、突击检查等方式对全区9盟市17旗县的主要农作物种子市场开展检查。查处农业部种子局转办的种子案件4件，罚没种子14 000千克，罚没人民币96 920元。向基层种子管理站转发案件调查函23起。全区累计出动执法检查车辆10 232台次，执法人员28 000多人次，检查种子经营企业和门市部6 540家，立案查处100多起违法行为，共查扣假劣种子29 034千克，涉案金额达88.02多万元，有力地打击了违法行为。同时，根据《农业部办公厅关于开展2014年种子生产基地专项检查行动的通知》（农办种〔2014〕19号）文件要求，自治区种子管理站下发了《关于开展2014年种子生产基地专项检查的通知》（内农种市管发〔2014〕30号），在全区范围内开展生产基地专项检查和核查行动。以“谁发证谁监管”为原则，逐一筛查辖区内各生产企业、生产基地、生产品种，做到“证对、地对、品种对”的“三对”目标，从源头上遏制假劣种子，做到许可把关和许可后监管两不放松。全区共检查制种面积52 000亩，涉及玉米、大豆、马铃薯等3种作物。

图4-1-3 赤峰市种子管理站站长左慧忠（右二）检查辖区种子经营门店

2015年自治区种子管理站组织了8个检查组对呼和浩特市、包头市、鄂尔多斯市、巴彦淖尔市、呼伦贝尔市、兴安盟、通辽市、赤峰市(图4-1-3)、乌兰察布市9个盟市的种子市场进行了市场检查和抽检，共计抽查种子样品446份，检查种子经营门店300家。对23起生产经营假劣种子案件进行了立案查处，罚款125万元，没收种子8 000千克。有力打击了种子生产经营中的违法行为。整顿和规范种子市场秩序专项行动取得实效，制售假劣种子的势头得到遏制，有效降低了农业生产隐患。2015年全区种子市场秩序总体良好，全年未发生重大假劣种子坑农害农的案件。

二、完善工作机制、创新工作方法，保障监管重点任务落实

在完善监管工作机制方面，注重前移监管关口、下沉管理重心，采取全区各级种子管理部门上下联动、信息共享，抽调管理人员交叉互检开展专项行动。加强了对全区各盟市、旗县种子管理部门的工作指导。通过开展联合市场检查，使基层种子管理机构在实践中提高对《中华人民共和国种子法》《内蒙古自治区农作物种子条例》及配套规章、办法内容的理解和认识，强化了对种子生产、经营关键环节的掌控，进一步提升了种子管理部门监管责任意识。从2014年开始，自治区派出检查督导组，采取明察与暗访相结

合的方式，重点检查各地种子执法情况，包括执法不严、以罚代法、行政不作为或乱作为等问题，加强监督检查，强化正风肃纪。在创新监管工作方法方面，一是严格落实源头严防、风险严控，深入开展了入户倒查工作。随着种植业合作社的兴起和种植业大户的增多，种子销售方式发生重大变化。种子在交易市场和门店的集中销售大幅下降，进村入户逐渐成为种子销售主流。从2015年开始，自治区种子管理站安排部署了对重点乡镇的入户倒查工作。对于发现的违法违规线索，及时转交相关执法部门进行查处，并告知种植户及时采取退货、换种等方式防范种植风险。二是根据“农业部办公厅关于印发《种业全程可追溯管理和委托经营试点方案》的通知”（农办种〔2014〕13号）要求，以通辽市为试点，开展“种业全程可追溯管理和委托经营试点工作”。通辽市种子管理站依据《内蒙古自治区农作物种子条例》的配套办法《农作物原包装种子经营备案登记管理办法》和《农作物种子委托代销备案登记管理办法》的相关规定，结合通辽市市场管理工作实际制定了《通辽市农作物种子委托经营试点工作方案》，要求在经销商申请办理经营资质的同时，要求其所代理（经销）的品种同时备案登记，并将备案通过的品种打印在备案登记证上，探索解决种子销售中存在的未审先推、假劣套牌等不规范经营等行为，降低市场监管难度和农民用种风险。

三、深挖源头、采取有力措施，加大典型案件查处力度

按照宣传引导与违法惩戒并举，扶优与汰劣并重的监管思路，2006年以来，全区各级种子管理部门把查办波及面广、负面影响大的制售假劣套牌侵权种子案件，放在市场监管工作的突出位置，发现一起，处理一起，举报一起，彻查一起。保持打击违法行为的高压态势，推动建立良好的种子市场秩序。

2006年自治区种子管理站查处了“内蒙古巴蒙种业有限责任公司生产、销售假‘巴单四号’玉米种子”案件，没收种子9万多千克，罚款50万元。督办了“销售假‘S31’进口向日葵”案件。

2007年8月，巴彦淖尔市发生了L808食葵种子结实率低的案件。自治区种子站在接到相关情况反映的第一时间，由张福宽站长带队，组织管理人员赴巴彦淖尔市调查了解情况，并及时与巴彦淖尔市农牧业局、种子管理站制定了应急处理措施，对案件调查工作做了具体安排。在深入L808种植村社进行田间调查，全面了解农民生产受损情况的基础上，组织专家鉴定组进行了田间鉴定；针对巴彦淖尔市及相关旗县农牧业局开展的测产工作，自治区种子管理站派出案件督导组对测产工作进行了全面督查；并会同巴彦淖尔市农牧业局、各相关旗县政府针对案情进展，多次召开情况分析会，通报案情、部署工作。通过多次调解，L808种子的经销商和生产商共同承担了总价2 700万元的赔付金。

2011年春季，呼和浩特市武川县农户投诉购买的马铃薯脱毒种薯克新1号存在质量问题。自治区种子管理站会同呼和浩特市种子管理站、武川县农牧业局、武川县种子管理站及时组织人员开展调查，确定投诉共涉及500吨马铃薯脱毒种薯，购种金额为124.4万元。随后组织专家进行田间现场鉴定，确定了责任单位和处理方案。通过多次企业约谈与情况沟通，事件于6月份得到解决。

2013年秋季，呼和浩特市赛罕区、和林县和乌兰察布凉城县发生“红缨子”高粱种

子绝收案件，自治区党委王君书记、自治区纪委张力书记和自治区政府王玉明副主席均对该案件作出重要批示。自治区种子管理站按照《内蒙古自治区农牧业厅关于启动农作物种子质量重大事故案件Ⅱ级响应的通知》（内农牧种植发〔2013〕350号）要求，启动种子应急预案，完成“红缨子”高粱绝收事件立案调查后，全天24小时跟踪事态进展，最终协调种子经销商与农民达成了赔偿协议。

2015年自治区种子管理站对23起销售生产假劣种子案件进行查处，行政罚款126万元，没收种子8 000千克。涉及杂交玉米种子生产经营企业10家，种子经营门店13家，有力打击了制售假劣种子的违法行为。

四、更新执法理念、强化服务，探索建立品种权执法新模式

随着企业和育种人法律意识的不断提升和品种权保护工作效果的凸显，自治区申请品种权保护的企业、个人和品种的数量逐年上升。截至2007年年底，全区申请保护品种83个，保留授权品种17个。2007年农业部科教司正式确定内蒙古自治区种子管理站为农业植物品种权执法工作试点单位。2007—2009年，自治区种子管理站紧紧围绕提高执法能力建设这一中心，按照农业部、自治区农牧业厅的要求部署，严格执行实施方案，认真贯彻落实相关措施，将试点工作纳入强化管理，完善法制，规范种子市场秩序的重点环节来抓。通过举办品种权保护法律知识培训班，召开品种权保护研讨会议，开展品种权法律宣传工作，进一步增强育种单位的知识产权保护意识，提高品种管理水平和行政执法队伍的执法能力。同时，依据《中华人民共和国植物新品种保护条例》《中华人民共和国植物新品种保护条例实施细则》以及《农业植物新品种权侵权案件处理规定》等有关法律法规，严厉查处自治区发生的品种侵权案件，维护品种权人的合法权益。通过项目的实施，一是有效提高自治区各级农业行政主管部门对品种权保护工作的认识，增强掌握和运用相关法律法规，切实保护品种权人合法权益的工作能力；二是提高品种权人的法律意识和自我保护意识，主动使用法律武器维护自己合法利益；三是规范了企业行为，增强了遵守品种权保护相关规定的自觉性，净化了种子市场，降低了品种侵权案件的发案率；四是加强与各省之间品种权信息的交流，及时掌握相关情况，增强对品种权保护工作的掌控能力。

第二节　种业法制建设

一、《内蒙古自治区农作物种子条例》修订

2001年12月1日自治区人大颁布实施了《内蒙古自治区农作物种子条例》（以下简称《种子条例》），有力规范了自治区种子管理执法工作，推进了自治区种子产业发展。随着种子产业的纵深发展，种业发展形势也随之发生变化：《中华人民共和国种子法》配套规章相继出台；国务院办公厅下发了《国务院办公厅关于推进种子管理体制改革和加强市场监管的意见》（国办发〔2006〕40号）；2004年7月，《中华人民共和国行政许可法》颁布实施。《种子条例》实施过程中存在的执法责任不明确、市场准入门槛低、未审先推、虚假广告、扰乱种子生产基地秩序等违法行为的罚则不清等问题日益凸显。2007年《种子条例》修订列入自治区人大立法计划，自治区农牧业厅成立了修订起草小组，抽调专

人负责《种子条例》的修订起草工作。在广泛调研、征求各方意见的基础上，对《种子条例》进行了5次较大幅度的修订，于2008年10月报送自治区政府法制办公室审查。各立法部门针对《种子条例》的修订工作，共计对省内2个盟市，省外5个省市进行了实地调研。2009年9月，修订后的《种子条例》经自治区十一届人民代表大会常务委员会第十次会议通过。新《种子条例》基本上按照国办发40号文件的要求“各级种子管理机构要依法履行种子行政许可、行政处罚、行政管理等职责，加强对本行政区域内种子市场和种子质量的监管”，界定了种子管理机构的职能和权责，完善了市场监管处罚机制，促进了行政与司法衔接，为自治区种子管理工作开拓新的局面奠定了基础，初步形成了以《中华人民共和国种子法》为基础、《内蒙古自治区农作物种子条例》为主干、配套规章和规范性文件为补充的自治区种业管理法律体系框架。

二、农牧业综合执法推进

2007年内蒙古自治区人民政府下发了《内蒙古自治区人民政府关于实行农牧业综合行政执法的实施意见》(内政发〔2007〕34号)(附录14)，要求以旗县（市、区）为重点，建立农牧业综合行政执法队伍，大力推进农牧业综合执法。实现农牧业行政处罚职能统一行使、执法人员统一管理、执法力量统一调度、执法经费统一安排、执法文书统一规范。力争通过1年时间，在全区所有旗县（市、区）全面实行农牧业综合行政执法；利用3年时间，在全区逐步推行农牧业综合行政执法。2008年农业部印发了《关于加强种子管理的意见》(农农发〔2009〕8号)，文件要求大力推进县级农业综合执法。各级农业部门要认真贯彻落实农业部《关于全面加强农业执法扎实推进综合执法的意见》(农政发〔2008〕2号)，确保2011年底前全国农业县全部实行综合执法。没有成立综合执法机构的县，要在县级种子管理机构的基础上，成立农业执法大队，实行一套人马，两块牌子，并根据当地农业部门的职责范围确定综合执法机构的职能范围，配备与新定职能范围相适应的专业人员。内蒙古自治区农牧业厅下发了《关于转发农业部全面加强农业执法扎实推进综合执法意见的通知》(内农牧法发〔2009〕11号)(附录15)，强调要认真按照《内蒙古自治区人民政府关于推行农牧业综合行政执法的实施意见》(内政发〔2007〕34号)和《农业部关于全面加强农业执法，扎实推进综合执法的意见》(农政发〔2008〕2号)，大力推进农牧业综合执法。力争到2011年，在全区所有农牧业旗县（市、区）实现综合执法。

三、法律法规宣传培训

强化种子法律法规宣传能够显著提高种子经营企业守法经营意识，种子使用者运用法律武器维护自身合法权益的自觉性，为现代种业发展营造良好的法治环境。2006年以来，全区各级种子管理部门结合“3·15”活动，持续开展农业执法宣传。一方面加强对制种、购种农户的宣传，提高他们的安全意识和法律意识，防止误买侵权套牌及假劣种子。另一方面加强了对农业科技人员、种子管理人员和执法人员的宣传，不断提高工作能力和管理水平。在宣传方式上，搭建多层次宽领域的平台，开展形式多样的科普与法制宣传活动，发挥电视、报刊等媒体宣传作用，增强宣传工作的吸引力和活力，提高宣传工作的质量和效率。全区普遍开展了种子法律法规的宣传活动，累计出动宣传车8 000

图4-2-1　自治区种子管理站工作人员开展法制宣传

多台次、咨询人员9 600余人次，张贴宣传标语、通告4万余份，散发宣传资料40余万份(图4-2-1)。

为培养造就一支政治过硬、业务精湛、清正廉洁的种子管理队伍，进一步规范管理行为，提高行政管理、行政许可、行政处罚的公信力和执行力。2006年以来，自治区种子管理站采取多种途径、方式，加强了对种子管理人员的教育培训，提高业务素质和依法行政能力：2010年3月10日，自治区种子管理站在呼和浩特市举办了“内蒙古自治区2010年种子执法培训班”，就农业行政执法、品种检查、市场监督、质量检验等相关内容，对全区各盟市78名种子执法人员进行了培训。重点宣传讲解了自治区农牧业厅《关于落实2010年种子执法年活动工作方案的通知》精神；2014年7月5日，自治区种子管理站在呼伦贝尔市举办了“种子市场监管暨技术执法培训班”(图4-2-2)，农业部政策法规司、农业部法律中心、全国农技推广中心、农业部种子局市场监管处的专家进行了授课。培训内容包括《中华人民共和国种子法》法律适用问题、行政执法程序及文书制作、农作物种子质量控制和种子执法监管实践中的问题分析。授课采取重点法律法规理论讲解与执法实践问题的分析探讨相结合的形式。全区各盟市、旗县种子管理站执法人员共计115人参加了培训；2015年4月17日，自治区种子管理站在呼和浩特市成功举办了“2015年打击侵权套牌及市场检查执法培训”，全区各盟市种子管理站执法人员共计68人参加了培训。培训内容包括市场检查中文书填写、询问笔录记载等执法工作中的难点和要点，并对往年执法过程中发现的问题进行了针对性讲解。

图4-2-2　自治区种子管理站在呼伦贝尔市举办“种子市场监管暨技术执法培训班”

第五章　新品种引进与科技创新

第一节　新品种与种质资源引进

2006年以来，自治区各级农业部门、科研单位、种子生产经营企业本着品种调新、质量调优、产品调特、效益调高的原则，与区内外、国内外科研育种单位加强了联系合作。根据内蒙古自治区生态条件，引进了大量新品种进行试验，筛选出适应内蒙古自治区不同生态区种植的农作物品种。2006—2015年，内蒙古自治区引进包括春小麦、玉米、水稻、大豆、马铃薯、向日葵、甜菜、高粱、大麦、谷子10类作物的521个新品种。

一、玉米新品种引进

2006—2015年，累计从国内外引进通过自治区审定、认定的329个玉米新品种（表5-1-1），包括先玉335、先玉696、德美亚1号、德美亚2号、登海605、利合16、农华101、先正达408、吉单535、伟科702等推广面积较大的品种。其中，先玉335累计推广面积1 500万亩；京科968（图5-1-1）累计推广面积1 200万亩，成为通辽地区替代郑单958的品种。这些品种的引进为提高自治区粮食产量、增加农民收入、繁荣农村经济做出了重要贡献。

图5-1-1　通辽市玉米品种京科968种植田

表5-1-1　2006—2015年内蒙古自治区引进的通过审（认）定的玉米品种

序号	品种名称	亲本组合	选育单位（个人）	审（认）定编号
1	龙源三号	66111×01-39-131	曹丕元	蒙审玉2007014号
2	先正达408	NP2034×HF903	先正达（中国）投资有限公司隆化分公司	蒙审玉2007020号
3	冀农9号	98-1×210	河北冀农种业有限责任公司	蒙审玉2007026号
4	豫奥6号	豫12×OSL104	北京奥瑞金种业股份有限公司	蒙审玉2008002号
5	登海19	DHC16×DHC6	山东登海种业股份有限公司哈尔滨玉米育种站	蒙审玉2008005号
6	利民33	L201×L269	吉林省松原市利民种业有限责任公司	蒙审玉2008009号
7	宁玉524	宁晨26×宁晨41	南京市春曦种子研究中心	蒙审玉2008010号
8	铁旭1号	TC046×TC096	辽宁铁旭种业科技有限公司	蒙审玉2008017号
9	铁旭1843	TC027×TC054	辽宁铁旭种业科技有限公司	蒙审玉2008018号
10	旭优100	M9874×M0197	辽宁铁旭种业科技有限公司	蒙审玉2008020号
11	康地5031	K10×KD15	新疆康地农业科技发展有限责任公司赤峰分公司	蒙审玉2008025号
12	方玉1号	F411×F438	河北德华种业有限公司	蒙审玉2008026号
13	三北27	W119×K44	三北种业有限公司	蒙审玉2009010号
14	峰玉86	ZD3398×ZH9837	北京德农种业有限公司赤峰分公司	蒙审玉2009015号
15	承单1171	W58×K10	河北省承德市农业科学研究所	蒙审玉2009017号
16	方玉24	F716×F770	河北德华种业有限公司	蒙审玉2009023号
17	方玉36	F501×H09	河北德华种业有限公司	蒙审玉2009024号
18	SN696	FY01×FY201	江苏神农大丰种业科技有限公司	蒙审玉2009025号
19	登海6109	D3031×D3401	山东登海种业股份有限公司开鲁试验站	蒙审玉2009026号
20	富单3号	富尔584×富尔114	黑龙江省齐齐哈尔市富尔农艺有限公司	蒙审玉2009029号
21	金刚98	金育001×金育010	辽宁辽阳金刚种业有限公司	蒙审玉2009032号
22	元华6号	WFC2331×WFC0201	曹丕元　徐英华	蒙审玉2010008号
23	先达407	HF903×NP2031	先正达（中国）投资有限公司隆化分公司	蒙审玉2010017号
24	东单969	D3019×D4019	辽宁东亚种业有限公司	蒙审玉2010022号
25	利福18	L171×多早76	吉林省松原市利民种业有限责任公司	蒙审玉2010028号
26	五谷702	4708×6602	甘肃五谷种业有限公司	蒙审玉2010029号
27	NK733	京X005×京404-2	北京市农林科学院玉米研究中心	蒙审玉2010030号

（续）

序号	品种名称	亲本组合	选育单位（个人）	审（认）定编号
28	京华8号	京X005×京2416	北京市农林科学院玉米研究中心	蒙审玉2010031号
29	宏博18	HX041×Lx9801	武威金西北种业有限公司	蒙审玉2010032号
30	蠡玉37	L5895×L292	石家庄蠡玉科技开发有限公司	蒙审玉2010033号
31	亨达988	56340×56599	吉林省亨达种业有限公司	蒙审玉2010034号
32	富单5	L610×吉853	齐齐哈尔市富尔农艺有限公司	蒙审玉2010035号
33	禾玉108	金自113×JS621	吉林省禾冠种业有限公司	蒙审玉2010036号
34	伟科702	WK858×798-1	郑州市伟科农作物育种技术研究所 河南金苑种业有限公司	蒙审玉2010042号
35	NK718	京464×京2416	北京市农林科学院玉米研究中心 北京农科院种业科技有限公司	蒙审玉2011003号
36	新实69	MU7-1×M9T451	新疆新实良种股份有限公司	蒙审玉2011005号
37	先达201	NP2052×1134	先正达(中国)投资有限公司隆化分公司 三北种业有限公司	蒙审玉2011013号
38	先达301	NP2174×K10	先正达(中国)投资有限公司隆化分公司 三北种业有限公司	蒙审玉2011014号
39	宝丰10号	W5803×G253	通辽市高新农业开发有限公司 北京市中农良种有限责任公司	蒙审玉2011015号
40	兴业99	L005×N006	北票兴业种子有限公司	蒙审玉2011019号
41	承禾8号	H01×H03	承德禾源种业有限公司	蒙审玉2012001号
42	铁旭338	L176×L30-2	辽宁铁旭种业科技有限公司	蒙审玉2012004号
43	铁源24	Q54-2×Q935	开原市宏大农业科技发展有限公司	蒙审玉2012005号
44	锋玉2号	PX03A×PX117A	龙江县丰吉种业有限责任公司 兴安盟绰尔河种业有限责任公司	蒙审玉2012006号
45	德单11号	CA60×CL13	黑龙江德农种业有限公司	蒙审玉2012007号
46	冠丰116	金448×金839	山东冠丰种业科技有限公司	蒙审玉2012009号
47	农华106	8TA60×S121	北京金色农华种业科技有限公司	蒙审玉2012011号
48	如意1号	F804×F805	江苏神农大丰种业科技有限公司	蒙审玉2012013号
49	利民17	W656×E99	松原市利民种业有限责任公司	蒙审玉2012019号
50	利民27	W2885×E99	松原市利民种业有限责任公司	蒙审玉2012020号
51	长丰59	N3583×N9026	吉林省广丰种业有限责任公司	蒙审玉2012021号
52	泓丰656	L3035×PH4CV	北京新实泓丰种业有限公司	蒙审玉2013002号

（续）

序号	品种名称	亲本组合	选育单位（个人）	审（认）定编号
53	三益52	S7562×Y6852	哈尔滨市益农种业有限公司	蒙审玉2013006号
54	利华83	L8865×H3729	哈尔滨市益农种业有限公司	蒙审玉2013008号
55	德单1001	AA23×BB01	北京德农北方育种科技有限公司	蒙审玉2013010号
56	富单11	W252×W455	齐齐哈尔市富尔农艺有限公司	蒙审玉2013011号
57	宁玉218	宁晨72×宁晨197	江苏金华隆种子科技有限公司	蒙审玉2013013号
58	高锐思341	GL7001×HG3	北京高锐思农业技术研究院	蒙审玉2013015号
59	利农368	J03-1856×S05-393	哈尔滨市益农种业有限公司	蒙审玉2013016号
60	宁玉212	宁晨149×宁晨41	江苏金华隆种子科技有限公司	蒙审玉2013017号
61	吉品6号	JP05CC013×T06	吉林省宏泽现代农业有限公司	蒙审玉2013018号
62	富单12	富尔105×富尔1146	齐齐哈尔市富尔农艺有限公司	蒙审玉2013019号
63	文玉3号	C5-1×A26-6	北京佰青源畜牧业科技发展有限公司	蒙审玉(饲)2013001号
64	宁禾0709	PY148×PY268	宁夏农林科学院农作物研究所 宁夏农垦局良种繁育经销中心	蒙审玉(饲)2013002号
65	MC278	京X005×京27	北京市农林科学院玉米研究中心	蒙审玉2014003号
66	翔玉998	Y822×X923-1	吉林省鸿翔农业集团鸿翔种业有限公司	蒙审玉2014004号
67	润玉1号	M1342×KR06-57	黑龙江省科润种业有限公司	蒙审玉2014005号
68	金谷玉1号	（MER001×CUR171）×FO699	北京金色谷雨种业科技有限公司	蒙审玉2014007号
69	奥玉3804	OSL266×丹598	北京奥瑞金种业股份有限公司	蒙审玉2014009号
70	蠡玉106	L5895×L098	石家庄蠡玉科技开发有限公司	蒙审玉2014010号
71	凤育6	H901×M022	公主岭国家农业科技园区高科作物育种研究所	蒙审玉2014011号
72	华农887	B8-2-1×京66	北京华农伟业种子科技有限公司	蒙审玉2014014号
73	先农202	7P1513×昌7-2	北京金色农华种业科技股份有限公司	蒙审玉2014015号
74	德单1029	CA60×CL15	北京德农种业有限公司赤峰分公司	蒙审玉2014017号
75	三北301	H792×W44	三北种业有限公司	蒙审玉2014022号
76	华农292	HN029×HN002	北京华农伟业种子科技有限公司	蒙审玉2014023号
77	鹏诚9号	扎917×6144	扎鲁特旗北优种业科技有限公司	蒙审玉2014024号

（续）

序号	品种名称	亲本组合	选育单位（个人）	审（认）定编号
78	先达203	NP2171 × NP2464	先正达(中国)投资有限公司隆化分公司	蒙审玉2014028号
79	大德216	1024 × H340	北京大德长丰农业生物技术有限公司	蒙审玉2014030号
80	隆平702	A119 × A027	安徽隆平高科种业有限公司	蒙审玉2014032号
81	优旗909	T9293 × T5657	吉林省鸿翔农业集团鸿翔种业有限公司	蒙审玉2014034号
82	五谷310	WG3257 × WG6319	甘肃五谷种业有限公司	蒙审玉2014036号
83	吉单513	吉V203 × 吉V152	吉林吉农高新技术发展股份有限公司 吉林省农业科学院玉米研究所	蒙审玉2014039号
84	中地606	1024 × D117	中地种业（集团）有限公司	蒙审玉2015003号
85	先玉1219	PHEHG × PHF1J	铁岭先锋种子研究有限公司	蒙审玉2015004号
86	鹏诚10号	Nf1644 × E1067	黑龙江鹏程农业发展有限公司	蒙审玉2015005号
87	锋玉4号	锋系12 × 合344	黑龙江龙江县丰吉种业有限责任公司	蒙审玉2015006号
88	MC703	京X005 × 京17	北京顺鑫农科种业科技有限公司 北京市农林科学院玉米研究中心	蒙审玉2015007号
89	隆平703	ME094 × A167	安徽隆平高科种业有限公司	蒙审玉2015008号
90	KD5112	KD9082 × KD9012	新疆康地种业科技股份有限公司	蒙审玉2015015号
91	垦玉50	R008 × H5117	甘肃农垦良种有限责任公司	蒙审玉2015018号
92	法尔利1010	LDR1687.LDR1689 × LAN1517	哈尔滨东北丰种子有限公司 Maisadour Semences S.A.	蒙审玉2015019号
93	豫禾357	Y581 × H321	河南省豫玉种业股份有限公司	蒙审玉2015021号
94	五谷318	WG3253 × WG5603	甘肃五谷种业有限公司	蒙审玉2015025号
95	农华213	NH07M × NH004	北京金色农华种业科技股份有限公司	蒙审玉2015027号
96	五谷568	H9310 × WG603	甘肃五谷种业有限公司	蒙审玉2015029号
97	必祥101	B280 × HN002	北京华农伟业种子科技有限公司	蒙审玉2015031号
98	BM800	BMP88（sp66 x sp22）× bm1002	吉林省保民种业有限公司	蒙审玉2015037号
99	华泰甜216	HT0305 × HT1308	厦门华泰五谷种苗有限公司	蒙审玉2015039号
100	瑞甜	R584A × R00667	先正达种苗（北京）有限公司	蒙审玉2015040号
101	安玉13	420 × 3566	河南省安阳市农业科学研究所	蒙认玉2006001号
102	张玉9号	203 × 267	张家口市玉米研究所有限公司	蒙认玉2006002号

（续）

序号	品种名称	亲本组合	选育单位（个人）	审（认）定编号
103	张玉1355	501×203	张家口市玉米研究所有限公司	蒙认玉2006003号
104	滑986	HF93×HF08	河南滑丰种业有限公司	蒙认玉2006004号
105	元华1号	23111 × K10	曹丕元等	蒙认玉2006005号
106	郝育20	合344×792112	吉林省郝育农业科学院	蒙认玉2006006号
107	郝育21	L09×9818	吉林省郝育农业科学院	蒙认玉2006007号
108	郝育98	4462×HY2	吉林省郝育农业科学院	蒙认玉2006008号
109	洛玉1号	ZK01-1×ZK02-1	洛阳市农科所	蒙认玉2006009号
110	先玉420	PH6AT×PH6WC	铁岭先锋种子研究有限公司	蒙认玉2006010号
111	承单14	c280×1028	承德市农科所	蒙认玉2006011号
112	辽单565	中106×辽3162	辽宁省农业科学院玉米研究所	蒙认玉2006012号
113	中农大221	D16×W221	北京中农大康科技开发有限公司	蒙认玉2006013号
114	长城706	K12×F7584	中种集团承德长城种子有限公司	蒙认玉2006014号
115	32D22	PH09B×PHPMO	铁岭先锋种子研究有限公司	蒙认玉2006015号
116	四单136	C8605×中106	吉林吉农高新技术发展股份有限公司	蒙认玉2006017号
117	永玉2号	永31257×永314-3	河北冀南玉米研究所	蒙认玉2006018号
118	辽单39	辽3180×辽7302	辽宁省农科院	蒙认玉2006019号
119	登海11	DH65232×DH40	山东登海种业股份有限公司	蒙认玉2006020号
120	京921	GL69-5×GL09	北京冠海生物技术开发有限公司	蒙认玉2006021号
121	三北9号	S457×B08	三北种业有限公司	蒙认玉2006022号
122	蠡玉13	5812×H598	石家庄蠡玉科技开发有限公司	蒙认玉2006023号
123	吉单517	吉VO22×吉853	吉林省农科院	蒙认玉2006024号
124	中科2号	CT141×吉853	北京中科华泰科技有限公司	蒙认玉2006025号
125	铁单15	铁9206×铁9010	铁岭市农业科学院	蒙认玉2006026号
126	铁单18	铁C9324×铁9010	铁岭市农业科学院	蒙认玉2006027号
127	军单8号	军8903×吉853	通辽市种子管理站 吉林省亨达种业有限公司	蒙认玉2006028号
128	张玉308	516×502-491	张家口市玉米研究所有限公司	蒙认玉2007001号
129	吉单27	四-287×四-144	吉林吉农高新技术发展股份有限公司	蒙认玉2007002号
130	长城303	Y977×X201	中种集团承德长城种子有限公司	蒙认玉2007003号
131	秀青74-5	Jk88×434	中种集团承德长城种子有限公司	蒙认玉2007004号

（续）

序号	品种名称	亲本组合	选育单位（个人）	审（认）定编号
132	丹玉41	丹T136×丹598	江苏省神农大丰种业科技有限公司	蒙认玉2007005号
133	龙丰2号	大龙241×吉853	长春市大龙种子有限责任公司	蒙认玉2007006号
134	龙丰7号	241×444	长春市大龙种子有限责任公司	蒙认玉2007007号
135	东单5号	7922×LD04	辽宁东亚种业有限公司	蒙认玉2007008号
136	双玉一号	双70×双25	赤峰市丰田科技种业有限公司	蒙认玉2007009号
137	宏育319	ZD706×M8	赤峰市丰田科技种业有限公司	蒙认玉2007010号
138	锐步1号	B19×昌7-2	北京德农种业有限公司通辽分公司	蒙认玉2007011号
139	中农大高油669	C156×N980	国家玉米改良中心	蒙认玉2007012号
140	京单28	郑58×京024	北京市农林科学院玉米研究中心	蒙认玉2007013号
141	嫩单12	NX06×Mo17	双城市双大种业有限责任公司	蒙认玉2007014号
142	辽单30	8112×辽1412	辽宁省农业科学院玉米研究所	蒙认玉2007015号
143	龙辐玉三号	辐2691×辐8008	富尔农艺公司	蒙认玉2007016号
144	蠡玉18号	5864×912	河北金穗种业开发有限公司	蒙认玉2007017号
145	吉单35	A-394×吉853	吉林吉农高新技术发展股份有限公司	蒙认玉2007018号
146	强盛5号	强B×2837	山西强盛种业有限公司	蒙认玉2007020号
147	康地5035	535×536	新疆康地农业科技发展有限责任公司赤峰分公司	蒙认玉2007021号
148	辽单129	辽8160×吉853	新疆康地农业科技发展有限责任公司赤峰分公司	蒙认玉2007022号
149	吉单264	2029×吉853	吉林吉农高新技术发展股份有限公司	蒙认玉2007023号
150	泽玉19	HZ66×HZ12	吉林省宏泽种业有限公司	蒙认玉2007024号
151	泽玉16	LA17×LA10	吉林省宏泽种业有限公司	蒙认玉2007025号
152	泽玉11	H011×吉853	吉林省宏泽种业有限公司	蒙认玉2007026号
153	吉东2号	Mo17×丹598	宁 城县田艺种业有限责任公司	蒙认玉2007027号
154	元华2号	①11×K10	三北种业有限公司	蒙认玉2007028号
155	良星4号	良12×良11	山东良星种业有限公司	蒙认玉2007029号
156	益丰10号	M121×853	吉林省王义种业有限责任公司	蒙认玉2007030号
157	丹玉58号	7884-7Ht×H185	王毅	蒙认玉2007031号

（续）

序号	品种名称	亲本组合	选育单位（个人）	审（认）定编号
158	丰单1号	丰系96-108×丰系96-289	哈尔滨市大田丰源农业科技开发有限公司	蒙认玉2007032号
159	宁单10号	郑22×宁56	内蒙古西蒙种业有限公司	蒙认玉2007033号
160	平安14	PA9227×PA502	吉林省平安农业科学院	蒙认玉2007034号
161	平安54	PA20×PA505	吉林省平安农业科学院	蒙认玉2007035号
162	吉东4号	D06×D34	宁城县田艺种业有限责任公司	蒙认玉2007036号
163	津北288	BX144×BX143	通辽市厚德种业有限责任公司	蒙认玉2007037号
164	铁南1号	7947×NS01	铁岭市铁南种子有限公司 通辽市高新农业开发有限公司	蒙认玉2007038号
165	奥玉3007	OSL038×昌7-2	北京奥瑞金种业股份有限公司	蒙认玉2007039号
166	奥玉20	Z706×齐205	北京奥瑞金种业股份有限公司	蒙认玉2007040号
167	本玉18	本63792×本7017	北京奥瑞金种业股份有限公司	蒙认玉2007041号
168	铁研25	铁0209×铁D9125	赤峰市铁研种业有限公司	蒙认玉2007043号
169	铁研24	铁98033-1×丹340	赤峰市铁研种业有限公司	蒙认玉2007044号
170	铁单21	丹1324×铁D9125	赤峰市铁研种业有限公司	蒙认玉2007045号
171	潞玉13	海9-21×1572	杭锦后旗益农种子有限责任公司	蒙认玉2007046号
172	博玉1号	DH404×DH305	周建海	蒙认玉2007047号
173	宁玉309	宁晨20×宁晨07	南京春曦种子研究中心	蒙认玉2008001号
174	久龙8号	金1066×金119	黑龙江省久龙种业有限公司	蒙认玉2008002号
175	辽单566	辽106×辽3162	辽宁省农业科学院玉米研究所	蒙认玉2008003号
176	吉品7号	Q9563-1×G9716	吉林省宏泽现代农业有限公司	蒙认玉2008004号
177	吉单92	吉A-287×吉1037	吉林吉农高新技术发展股份有限公司	蒙认玉2008005号
178	联创1号	CT06× CT202	北京联创种业有限公司	蒙认玉2008006号
179	联创3号	CT08×CT609	河南省中科华泰玉米研究所	蒙认玉2008007号
180	中科11	CT03×CT201	河南科泰种业有限公司	蒙认玉2008008号
181	益丰29	E003×昌7-2	吉林省王义种业有限责任公司	蒙认玉2008009号
182	益丰39	E005×E004	吉林省王义种业有限责任公司	蒙认玉2008010号
183	浚单26	kx99-25×浚926-8	河南正粮种业有限公司	蒙认玉2008011号
184	中单322	吉1037×中74-106B	吉林省郝育种业有限责任公司	蒙认玉2008012号

（续）

序号	品种名称	亲本组合	选育单位（个人）	审（认）定编号
185	巡天16	X4×X14	宣化巡天种业新技术有限责任公司	蒙认玉2008013号
186	双合1号	D3001×吉853	周立中	蒙认玉2008014号
187	龙单38	龙系95×龙系284	黑龙江垦丰种业有限公司	蒙认玉2008015号
188	晋单52	金304-2×金05-1	山西金鼎生物种业股份有限公司	蒙认玉2008016号
189	利民5号	L201×L218	吉林省松原市利民种业有限责任公司	蒙认玉2008017号
190	利民622	L236×L229	吉林省松原市利民种业有限责任公司	蒙认玉2008018号
191	铁南2号	4758×吉853	铁岭市铁南种子有限公司	蒙认玉2008019号
192	金豫6号	金豫201×金豫01	河南省太行玉米种业有限公司	蒙认玉2008020号
193	嫩单11	NX05×Mo17	黑龙江傲龙农业有限公司	蒙认玉2008021号
194	郑单17	郑30×昌七-2	洛阳市绿野生物工程有限公司	蒙认玉2008022号
195	先玉335	PH6WC×PH4CV	铁岭先锋种子研究有限公司	蒙认玉2008023号
196	吉农大302	km11×km12	吉林农大科茂种业有限责任公司	蒙认玉2008024号
197	德单8号	D657×D658	北京德农种业有限公司赤峰分公司	蒙认玉2008025号
198	中农大2号	M7×D619	北京中农大康科技开发有限公司	蒙认玉2008026号
199	郑单518	选73×昌7－2	中国种子集团公司	蒙认玉2008027号
200	吉东16	四-287×D22	宁城县田艺种业有限责任公司	蒙认玉2008028号
201	吉东28	KX×D22	宁城县田艺种业有限责任公司	蒙认玉2008029号
202	长城淀12	Me12×XH3	北京禾佳源农业科技开发有限公司	蒙认玉2008030号
203	永玉3号	永31257×连1538	赤峰特色作物良种研发中心	蒙认玉2008031号
204	金玉208	514×007	山西省临汾市金玉种业有限公司	蒙认玉2008032号
205	纪元1号	廊系-1×k12-选	河北新纪元种业有限公司	蒙认玉2008033号
206	元华4号	21113×4F1	曹丕元、徐英华	蒙认玉2009001号
207	瑞兴11	Z052×Z043	蛟河市瑞兴种业有限责任公司	蒙认玉2009002号
208	富单1号	A14×自6C	黑龙江省齐齐哈尔市富尔农艺有限公司	蒙认玉2009003号
209	绥玉10号	绥系701×绥系601	黑龙江省农业科学院绥化分院	蒙认玉2009004号
210	铁研120	铁98042×铁0255-1	辽宁省铁岭市农业科学院	蒙认玉2009005号
211	华农118	京垦7×京024	北京华农伟业种子科技有限公司	蒙认玉2009006号

（续）

序号	品种名称	亲本组合	选育单位（个人）	审（认）定编号
212	丰单3号	T9×A22	哈尔滨市大田丰源农业科技开发有限公司	蒙认玉2009007号
213	久龙3号	金2018×金2019	黑龙江省久龙种业有限公司	蒙认玉2009008号
214	久龙5号	金98056×金98082	黑龙江省久龙种业有限公司	蒙认玉2009009号
215	郑单18	郑29×昌7-2	河南省农科院粮食作物研究所	蒙认玉2009010号
216	南北1号	江134×北268	黑龙江省南北农业科技有限公司	蒙认玉2009011号
217	农华98	YF01×YF02	北京金色农华种业科技有限公司	蒙认玉2009012号
218	纪元128	cy-5×87-1	河北新纪元种业有限公司	蒙认玉2009013号
219	绿育4117	H411×L07	公主岭市绿育农业科学研究所	蒙认玉2009014号
220	郝育318	H93×9818	吉林省郝育农业科学院	蒙认玉2009015号
221	郝育18	H81×Mo17	吉林省郝育农业科学院	蒙认玉2009016号
222	吉农大259	JND250×JND009	吉林农大科茂种业有限责任公司	蒙认玉2009017号
223	东单2008	H02-88×H02-87	辽宁东亚种业有限公司	蒙认玉2009018号
224	新引KX3564	KW4M029×KW7M114	KWS种子股份有限公司北京代表处	蒙认玉2009019号
225	新引KXA4574	KW4M029×KW7M129	KWS种子股份有限公司北京代表处	蒙认玉2009020号
226	吉玉301	GS01×吉853	吉林省梨树县农业科技种业有限责任公司	蒙认玉2009021号
227	四育18	L5×YH2	吉林省公主岭市四育种业有限责任公司	蒙认玉2009022号
228	宏育29	W9813×吉853	吉林市宏业种子有限公司	蒙认玉2009023号
229	丰黎99	7908×209	浚县丰黎种业有限公司	蒙认玉2009024号
230	新玉12	XS9601×XS9658	新疆新实良种有限责任公司	蒙认玉2009025号
231	豪单168	F0048×Y0350	重庆弘洲种业有限公司	蒙认玉2009026号
232	乐玉一号	B095×9406A	四川建乐种苗科研开发有限公司	蒙认玉2009027号
233	沈玉21	沈3336×沈3265	沈阳市农业科学院	蒙认玉2009028号
234	源申213	Y243×Y246	肃宁县源申玉米研究中心	蒙认玉2009029号
235	巡天19	T118×X12	宣化巡天种业新技术有限责任公司	蒙认玉2009030号
236	蠡玉35	L5895×912	石家庄蠡玉科技开发有限公司	蒙认玉2009031号
237	长单506	Wm03×春553	长春市农业科学院	蒙认玉2009032号
238	脆王	SUSP9301F01×SUSP9311M02	先正达种苗（北京）有限公司	蒙认玉2010001号

（续）

序号	品种名称	亲本组合	选育单位（个人）	审（认）定编号
239	金豫8号	金豫36×金豫901	河南金豫强盛种业科技有限公司	蒙认玉2010002号
240	中地77号	HF352×HF295	中地种业（集团）有限公司	蒙认玉2010003号
241	登海605	DH351×DH382	山东登海种业股份有限公司	蒙认玉2011001号
242	辽作1号	A80×T121	中地种业（集团）有限公司	蒙认玉2011002号
243	科大16	K12×D26	洛阳市绿野生物工程有限公司	蒙认玉2011003号
244	京科528	90110-2×J2437	北京市农林科学院玉米研究中心	蒙认玉2011004号
245	吉单535	吉V022×吉V016	吉农高新北方农作物优良品种开发中心	蒙认玉2011005号
246	长单228	114×春553	长春市农业科学院	蒙认玉2011006号
247	龙辐玉4号	辐6706×黄流大穗	黑龙江省农科院玉米中心	蒙认玉2011007号
248	豫禾988	581×547	河南省豫玉种业有限公司	蒙认玉2011008号
249	承玉22	承系71×853	承德裕丰种业有限公司	蒙认玉2011009号
250	京单128	京8916×京2472	北京华农伟业种子科技有限公司	蒙认玉2011010号
251	沈87	JH8761×F975-1	沈阳爱禾种业有限公司	蒙认玉2011011号
252	郑单136	郑H03×郑H04	河南农科院种业有限公司	蒙认玉2011012号
253	蠡玉68	ND5×L91158	石家庄蠡玉科技开发有限公司	蒙认玉2011013号
254	久龙13	金9201×金9204	黑龙江省久龙种业有限公司	蒙认玉2011014号
255	绥玉17	绥系607×绥系705	黑龙江省农业科学院绥化分院	蒙认玉2011015号
256	农华101	NH60×S121	北京金色农华种业科技有限公司	蒙认玉2011016号
257	农夫9号	N53×F78	山西绛山种业科技有限公司	蒙认玉2011017号
258	滑玉14	HF72×HFC131	河南锦绣农业科技有限公司	蒙认玉2011018号
259	铁研39	铁TYA002×铁TYB002	铁岭市农业科学院 辽宁铁研种业科技有限公司	蒙认玉2011019号
260	润农88	CR03×D34	重庆润农种业有限公司	蒙认玉2011020号
261	天农九	T106×W08	抚顺天农种业有限公司	蒙认玉2011021号
262	爱农玉2008	爱自706×K12	爱农实业有限公司	蒙认玉2011022号
263	九单48	81162×97108	吉林市农业科学院	蒙认玉2011023号
264	泽玉17	L0745×吉853	沈阳市雷奥玉米研究所	蒙认玉2011024号
265	雷奥150	9714×z3-87	沈阳市雷奥玉米研究所	蒙认玉2011025号
266	先玉696	PH6WC×PHB1M	铁岭先锋种子研究有限公司	蒙认玉2011026号

（续）

序号	品种名称	亲本组合	选育单位（个人）	审（认）定编号
267	吉农大401	KM814×KM179	吉林农大科茂种业有限责任公司	蒙认玉2012001号
268	富单2号	铧182×铧22	齐齐哈尔市富尔农艺有限公司	蒙认玉2012002号
269	承单20	C661×K12	方华	蒙认玉2012003号
270	吉兴218	L77×h90	吉林省兴农种业有限公司	蒙认玉2012004号
271	石玉9号	海55×W3146	石家庄市农业科学研究院	蒙认玉2012005号
272	三北21	S179×B378	三北种业有限公司	蒙认玉2012006号
273	鑫鑫2号	L203×81162	黑龙江省鑫鑫种子有限公司	蒙认玉2012007号
274	方玉46	H05×H06	方华	蒙认玉2012008号
275	省原85	4287×8923	吉林省省原种业有限公司	蒙认玉2012009号
276	齐玉2号	Q32132×Q4808	黑龙江齐山种业有限公司	蒙认玉2012010号
277	吉单519	吉V022×K10	吉农高新技术发展股份有限公司北方农作物优良品种开发中心	蒙认玉2012011号
278	吉单32	四-287×150	吉林省吉农高新技术发展股份有限公司	蒙认玉2012012号
279	德美亚1号	KWS10.KWS73×KWS49	KWS SAAT AG	蒙认玉2012013号
280	德美亚2号	KW5G321×KW1A139	KWS SAAT AG	蒙认玉2012014号
281	元华116	WFC0142×WFC0296	曹丕元、徐英华	蒙认玉2012015号
282	联科96	067×997	北京联科种业有限公司	蒙认玉2012016号
283	摩甜520	M203×P012	摩根甜玉米种子公司	蒙认玉2012018号
284	东农251	合344×东8112	东北农业大学农学院	蒙认玉2012019号
285	浚单29	浚313×浚66	河南省浚县农业科学研究所	蒙认玉2012020号
286	西星黄糯958	HN58-3×HN昌7-2-1	山东登海种业股份有限公司西由种子分公司	蒙认玉2013001号
287	秦龙18	R1152×M276	陕西秦龙绿色种业有限公司	蒙认玉2013002号
288	奥玉3206	OSL072×OSL026	北京奥瑞金种业股份有限公司	蒙认玉2013003号
289	久龙10号	金6006×金8004	黑龙江省久龙种业有限公司	蒙认玉2013004号
290	京单58	CH3×京2416	北京市农林科学院玉米研究中心	蒙认玉2013005号
291	久龙15	金9541×金9542	黑龙江省久龙种业有限公司	蒙认玉2013006号

（续）

序号	品种名称	亲本组合	选育单位（个人）	审（认）定编号
292	吉德359	E291×T23-4	吉林德丰种业有限公司	蒙认玉2013007号
293	宾玉1号	宾自901×宾自908	宾县宾丰玉米育种科研所	蒙认玉2013008号
294	利合16	CKEXI13×LPMD72	山西利马格兰特种谷物研发有限公司	蒙认玉2013009号
295	中单909	郑58×HD568	中国农业科学院作物科学研究所	蒙认玉2013010号
296	桂青贮1号	农大108×CML161	广西壮族自治区玉米研究所	蒙认玉（饲）2013001号
297	先玉698	PH6WC×PH4CN	铁岭先锋种子研究有限公司	蒙认玉2014001号
298	华农138	B105-4-1×京66	北京华农伟业种子科技有限公司 天津科润津丰种业有限责任公司	蒙认玉2014002号
299	伊单54	1009×K10	吉林省稷秾种业有限公司	蒙认玉2014003号
300	凌玉4号	郑58改良系×（昌7-2×5237）	天津市玉米良种场	蒙认玉2014004号
301	晋单73	1131×东16	阳高县晋阳玉米研究所	蒙认玉2014005号
302	KWS2564	KW4M029×KW7M031	KWS SAAT AG	蒙认玉2014006号
303	禾玉33	S804×YD125	吉林省禾冠种业有限公司	蒙认玉2014007号
304	38P05	PH1W2×PHTD5	铁岭先锋种子研究有限公司	蒙认玉2014008号
305	屯玉188	WFC2611×WFC96113	曹冬梅、徐英华、曹丕元	蒙认玉2014009号
306	郝育723	DF1×M54-2	营口市佳昌种子有限公司	蒙认玉2014010号
307	吉单502	吉V022×吉K287	吉林省农业科学院玉米研究所	蒙认玉2014011号
308	米哥	0762SF-S-2×831h-01MCh	先正达种苗（北京）有限公司	蒙认玉2014012号
309	双色先蜜	942Ym-gb-20×T56BBR493	先正达种苗（北京）有限公司	蒙认玉2014013号
310	郑黄糯2号	郑黄糯03×郑黄糯04	河南省农业科学院粮食作物研究所	蒙认玉2014014号
311	东单606	A801×A6159	辽宁东亚种业有限公司	蒙认玉(饲)2014001号
312	曲辰九号	(215-99×M31)×SC122	云南曲辰种业有限公司	蒙认玉(饲)2014002号
313	北青贮1号	BS135×9801	张东彪、郎书文	蒙认玉(饲)2014003号

（续）

序号	品种名称	亲本组合	选育单位（个人）	审（认）定编号
314	双玉青贮5号	S78 × S1859	河北双星种业有限公司	蒙认玉(饲)2014004号
315	奥玉青贮5102	OSL019 × OSL047	北京奥瑞金种业股份有限公司	蒙认玉(饲)2014005号
316	中瑞青贮19	B12 × A4	河北中谷金福农业科技有限公司	蒙认玉(饲)2014006号
317	优迪919	JL712 × JL715	吉林省鸿翔农业集团鸿翔种业有限公司	蒙认玉2015001号
318	铁研58	铁0102 × 铁0322	辽宁铁研种业科技有限公司	蒙认玉2015002号
319	旺禾8号	B5-16 × KA18	北京广源旺禾种业有限公司	蒙认玉2015003号
320	庆单3号	庆系824 × Mo17	武威金苹果有限责任公司	蒙认玉2015004号
321	新玉59	WAC242R × 221	新疆华西种业有限公司	蒙认玉2015005号
322	金庆708	T4423 × L353	吉林省金庆种业有限公司	蒙认玉2015006号
323	松玉410	S43 × Y103	吉林市松花江种业有限责任公司	蒙认玉2015007号
324	禾田1号	B10194 × 合344	黑龙江禾田丰泽兴农科技开发有限公司	蒙认玉2015008号
325	吉单50	A5001 × A5002	吉林省农业科学院玉米研究所	蒙认玉2015009号
326	豫禾863	S025 × C1	河南省豫玉种业股份有限公司	蒙认玉2015010号
327	晋单72	HA5243 × 58	山西省农业科学院玉米研究所	蒙认玉2015011号
328	并单16	206-305 × 太系50	山西省农业科学院作物科学研究所	蒙认玉2015012号
329	大丰30	A311 × PH4CV	山西大丰种业有限公司	蒙认玉2015013号

二、小麦新品种引进

2006—2015年，累计引进并通过自治区审定、认定的小麦品种共计5个（表5-1-2）。育种单位主要是黑龙江省的科研院所。品种适宜推广区域主要为大兴安岭沿麓的小麦种植区。全区引进小麦品种种植面积最大、分布区域最广的是推广时间已达30年的永良4号。自治区年均推广面积50万亩以上的小麦品种依次为永良4号、垦九10号、龙麦30、克旱16、龙麦33（图5-1-2）。上述品种的共同特点是：高产、抗逆性强、适应范围广。对苗期低温、干旱和成熟期间高温、多雨等不良环境有较强的适应能力，同时对土壤和水肥条件要求不严格，在高水肥条件下增产潜力较大，在中水肥条件下，也可稳产高产。

图5-1-2　呼伦贝尔市特泥河农牧场小麦品种龙麦33种植田

表5-1-2　2006—2015年内蒙古自治区引进的通过审（认）定的小麦品种

序号	品种名称	亲本组合	选育单位	审（认）定编号
1	海垦九3号	垦红14×九三96-30173号	海拉尔农垦（集团）农牧业管理部 黑龙江省农垦总局九三科研所	蒙审麦2006001号
2	克春8号	克99F2-33-3/九三94-9178	黑龙江省农业科学院克山分院	蒙审麦2014002号
3	龙麦30	龙90-05098×龙90-06351	黑龙江省农科院育种所小麦室	蒙认麦2006001号
4	龙麦33	龙麦26×九三3u92	黑龙江省农业科学院作物育种研究所	蒙认麦2011001号
5	北麦10号	(九三32664（96）/九三3U117）F1×格来尼	黑龙江省农垦总局九三农业科学研究所	蒙认麦2011002号

三、向日葵新品种引进

内蒙古自治区是全国最大的向日葵生产区，种植面积占全国总种植面积的50%以上。2006年以来，全区向日葵种植面积基本保持在650万亩以上。在全区12个盟市均有种植分布，主要集中在巴彦淖尔市、乌兰察布市、赤峰市、兴安盟。

（一）油用向日葵品种引进

随着油脂加工企业的发展，市场对产量高、含油率高、适应性广、抗逆性强的油用向日葵品种需求不断增长。自治区先后引进了MG2、S67、TO12244等一批在产量、抗病性、含油量等方面表现突出的国外油用向日葵杂交种。2006—2015年累计引进并通过自治区审（认）定的油用向日葵品种27个（表5-1-3），占这一时期油用向日葵审认定总数的56.3%，其中国外引进的品种17个，占总数的35.4%。

表5-1-3　2006—2015年内蒙古自治区引进的通过审（认）定的油用向日葵品种

序号	品种名称	亲本组合	选育单位	审（认）定编号
1	S67	15210×36980	北京德农种业有限公司赤峰分公司	蒙审葵2007005号
2	康地1035	1127A×531R	新疆康地农业科技发展有限责任公司	蒙审葵2007007号
3	N19012	MS190×Poll-12	新疆西域种业股份有限公司	蒙审葵2009013号
4	LD1615	C160×150B	巴彦淖尔市科河种业有限公司	蒙审葵2009014号
5	LD1008	400A×CR18	巴彦淖尔市科河种业有限公司	蒙审葵2009015号
6	S18	14366×34019	北京德农种业有限公司赤峰分公司	蒙审葵2009017号
7	S27	10347×30699	北京德农种业有限公司赤峰分公司	蒙审葵2009018号
8	S11	10351×39067	安地国际种业有限公司	蒙审葵2011001号
9	S97	10343/20340×30719	安地国际种业有限公司	蒙审葵2011002号
10	S26	10351×30727	安地国际种业有限公司	蒙审葵2011003号
11	MG2	JS1003Y×GY1518K	美国DAS公司	蒙审葵2011007号
12	TB-10	A215×474	阿根廷Agriseed S.A.公司	蒙审葵2011006号
13	MAS91A	JS0155Y×GY0178K	法国玛伊萨杜尔公司	蒙审葵2011008号
14	F917	MS901×Poll-0117	黑龙江北方种业有限公司	蒙审葵2012001号
15	先瑞4号	K69A×恢33062	先瑞种子科技（北京）有限公司 巴彦淖尔市科河种业有限公司 酒泉市同庆种业有限责任公司	蒙审葵2012002号
16	F117	FS1011×R-007	哈尔滨市百禾农作物育种研究所	蒙审葵2012003号
17	金谷FFH702	TFC2437×FR810RM1	法国尤里斯公司	蒙审葵2012005号
18	S405	16798×35230	安地国际种业有限公司	蒙审葵2012007号
19	金谷NTO3.0	JS01113Y×GY0258K	美国DAS公司	蒙审葵2012008号
20	先瑞3号	XR0087A×XR0024R	先瑞种子科技（北京）有限公司	蒙审葵2012014号
21	NH2206	7802×6642	Nuseed Americas Inc.	蒙审葵2013021号
22	先瑞6号	K66A×恢3306	先瑞科技（北京）有限公司 巴彦淖尔市科河种业有限公司	蒙审葵2013023号
23	TP261	A1101×R119	北京绿冠草业股份有限公司	蒙审葵2015013号

（续）

序号	品种名称	亲本组合	选育单位	审（认）定编号
24	DY112	6A × 696-1-4-1R	辽宁富友种业有限公司	蒙审葵2015017号
25	TO12244	PM802 × PF701	中种集团承德长城种子有限公司 巴彦淖尔市绿丰种业有限责任公司	蒙认葵2007002号
26	新引KF3099	769A × 562R	北京凯福瑞农业科技发展有限公司	蒙认葵2009003号
27	T562	T-1063A × RT-039	美国胜利种子公司	蒙认葵2009004号

（二）食用向日葵品种引进

2006—2008年，从美国引进了RH3146、SH909等系列品种；2008—2012年，以美国品种LD5009为主导的长粒型杂交种在生产上占据主导地位。但由于该品种高感黄萎病，连年种植加剧了向日葵菌核病、黄萎病的流行。2012年以后种植面积开始下滑；2012—2013年，与LD5009母本相同的X3939、3638C等系列美国品种的种植面积逐年增长。这一时期引进的国内选育的食葵代表品种有：以JK103为代表的吉林省向日葵研究所选育的系列品种；以TY0409、TK919等为代表的北京天葵立德种子科技有限公司选育的系列品种。2006—2015年自治区累计引进并通过自治区审（认）定的食用向日葵品种65个（表5-1-4），占这一时期食用向日葵审认定总数的57.0%，其中国外引进的品种31个，占总数的27.2%。

表5-1-4　2006—2015年内蒙古自治区引进的通过审（认）定的食用向日葵品种

序号	品种名称	亲本组合	选育单位（个人）	审（认）定编号
1	RH3148	A164 × 96R8	美国CHS公司（SPECIALTY COMMODITIES INC.）	蒙审葵2006004号
2	RH3146	A164 × 96R6	美国CHS公司（SPECIALTY COMMODITIES INC.）	蒙审葵2006005号
3	SH909	A04599 × B039	美国斯蓓蒂公司（SPECIALTY COMMODITIES INC.）	蒙审葵2006007号
4	HK306	50301A × 50306R	安徽华夏农业科技有限公司 内蒙古金种子种业科技有限公司	蒙审葵2007001号
5	LD-9091	300A × 2108	巴彦淖尔市科河种业有限公司	蒙审葵2007002号
6	F2008	MX02-8 × FXB-0120	内蒙古富达农业发展有限公司	蒙审葵2007003号
7	LD5009	(F308A × F308B) × 100R	内蒙古乌拉特种业有限责任公司	蒙审葵2008006号
8	DH9528	CN311A × CN115R	中国种子集团公司	蒙审葵2009003号

（续）

序号	品种名称	亲本组合	选育单位（个人）	审（认）定编号
9	KD2511	3×R54	新疆康地农业科技发展有限责任公司	蒙审葵2009004号
10	3638C	360A×338	乌拉特前旗新世种业有限责任公司	蒙审葵2009005号
11	LD1355	2627×1582	巴彦淖尔市科河种业有限公司	蒙审葵2009006号
12	RH318	A231×96R8	内蒙古三瑞种业有限责任公司	蒙审葵2009007号
13	SH312	A230×R26	内蒙古三瑞种业有限责任公司	蒙审葵2009009号
14	X3670	ON1153A×CN5110R	北京金色谷雨种业科技有限公司	蒙审葵2010005号
15	TK919	CMS1096A×54071R	北京天葵立德种子科技有限公司	蒙审葵2010007号
16	TY0409	1086A ×TY0409	北京天葵立德种子科技有限公司	蒙审葵2010008号
17	TKC-2008	525A×256R	北京天葵立德种子科技有限公司	蒙审葵2010009号
18	SC82	10360×65101	安地国际种业有限公司	蒙审葵2011009号
19	LD7009	309A×101R	北京凯福瑞农业科技发展有限公司	蒙审葵2011011号
20	T9938	T18001×B675	美国亚当斯种子公司	蒙审葵2011012号
21	X6538	A18022×B993	美国亚当斯种子公司	蒙审葵2011013号
22	先瑞8号	63A×3018R	先瑞种子科技（北京）有限公司	蒙审葵2011016号
23	先瑞10号	655A×3628R	先瑞种子科技（北京）有限公司	蒙审葵2011017号
24	YS5732	03-17-43A×03-18-8R	山西省农业科学院棉花研究所	蒙审葵2011018号
25	NTC90	JS1105S×GY5118K	美国DAS公司	蒙审葵2011019号
26	NTC99	ON1153A×CN1151R	美国DAS公司	蒙审葵2011020号
27	SH816	A280×R96	GENOSYS，LLC.	蒙审葵2011021号
28	SH815	A16028×B775	美国斯倍蒂公司	蒙审葵2011022号
29	H7101	06-102A×06-10R	山西省农业科学院棉花研究所	蒙审葵2011023号
30	H7108	06-11-21A×06-16-119R	山西省农业科学院棉花研究所	蒙审葵2011024号
31	YS5604	00-2-23A×03-18-5R	山西省农业科学院棉花研究所	蒙审葵2012009号
32	YS809	98-8A×994-75R	山西省农业科学院棉花研究所	蒙审葵2012010号
33	丰葵杂1号	1914A×1931R	哈尔滨丰葵农业科技发展有限公司	蒙审葵2012011号
34	KC911	911A×911R	美国胜利种子公司	蒙审葵2012013号
35	SH363	A312×R510	GENOSYS LLC.	蒙审葵2013001号
36	SH7105	A07238×B258	美国金凯莱公司	蒙审葵2013005号

（续）

序号	品种名称	亲本组合	选育单位（个人）	审（认）定编号
37	新启源5号	A09821×B735	美国金凯莱公司	蒙审葵2013006号
38	A380	J60810A×L9607R	北京金鹏高科农资销售中心	蒙审葵2013009号
39	X3939	N01158A×JS5120R	美国二十一世纪公司	蒙审葵2013010号
40	X5331	JSG6201A×ZH2256R	北京金色谷雨种业科技有限公司	蒙审葵2013011号
41	TP1121	911×R011	Global Seed Company LLC	蒙审葵2013012号
42	T1123	CM632×RHA859	Global Seed Company LLC	蒙审葵2013015号
43	先瑞13	K15A×恢500	先瑞科技（北京）有限公司 巴彦淖尔市科河种业有限公司	蒙审葵2013016号
44	先瑞12	K11A×恢500	先瑞科技（北京）有限公司 巴彦淖尔市科河种业有限公司	蒙审葵2013017号
45	C8328	CN1152R×ON838A	北京金色谷雨种业科技有限公司	蒙审葵2014005号
46	A081	A0113G×R4181	北京金色谷雨种业科技有限公司	蒙审葵2014009号
47	X3907	DF9018B×ZH3357R	美国NUSEED公司	蒙审葵2014013号
48	JK103	08012A×S702R	吉林省向日葵研究所	蒙审葵2014015号
49	西亚602	CXY10×XSK8	昌吉州西亚种子有限责任公司	蒙审葵2015002号
50	M3231	A1007×R104	北京蒙羊科技发展有限公司	蒙审葵2015003号
51	SN106	2002A/B×R2016	北京市神农有限责任公司	蒙审葵2015005号
52	冠葵115	A913×R013	北京绿冠草业股份有限公司	蒙审葵2015007号
53	CN1204C	DNT9968A×M18R	Dow AgroSciences LLC	蒙审葵2015008号
54	GY9191	2122A×851R	美国美佳种子公司	蒙审葵2015012号
55	ZX6688	F6613A×m1855	美国环球种业公司	蒙审葵2015018号
56	765C	605A×100C2	美国胜利种子公司（TBIUMPH SEED CD. INC）	蒙认葵2006001号
57	H1	HS5×KG21	以色列国海泽拉优质种子公司选育（Hazera Genetic Ltd）	蒙认葵2006002号
58	LD2103	CMSHA21×CMS03R	美国滕特瑞种子公司（Monterey）	蒙认葵2006003号
59	新引F9023	LG123A×LGR54	法国利马格兰股份公司	蒙认葵2006004号
60	白葵杂9号	404A×3769R	安徽华夏农业科技有限责任公司 内蒙古太阳花农业科技有限责任公司	蒙认葵2007001号
61	H4	HS7×KG23	以色列国海泽拉优质种子公司	蒙认葵2009001号
62	龙食杂1号	02N97202A×R8830	黑龙江省农科院经作所	蒙认葵2009002号

（续）

序号	品种名称	亲本组合	选育单位（个人）	审（认）定编号
63	甘葵2号	（黑老鸹×856）F7代	甘南县向日葵研究所	蒙认葵2010001号
64	新食葵6号	950C-122×YZO-121	新疆农垦科学院作物所	蒙认葵2014001号
65	LD139	341A×398R	北京凯福瑞农业科技发展有限公司	蒙认葵2015001号

四、大豆新品种引进

2006—2015年累计引进、并通过自治区审（认）定的大豆品种11个（表5-1-5），其中，高蛋白食用品种1个（中黄901），抗胞囊线虫病品种1个（抗线虫7号）。生产上推广面积较大的引进品种有合丰50、黑河38、中黄901等。

表5-1-5　2006—2015年内蒙古自治区引进的通过审（认）定的大豆品种

序号	品种名称	亲本组合	选育单位	审（认）定编号
1	大农1号	"北丰15号"的大田生产群体中发现早熟单株	大兴安岭农场局科研所	蒙审豆2006005号
2	晨环1号	北丰9×黑河18	绥化晨环生物科技有限责任公司	蒙审豆2007002号
3	中黄35	（PI486355×郑8431）×郑6062	中国农业科学院作物科学研究所	蒙审豆2007005号
4	黑农55	89100×黑农36	黑龙江省农业科学院大豆研究所	蒙审豆2007007号
5	黑农59	哈94-318×绥农14	黑龙江省农业科学院大豆研究所	蒙审豆2008002号
6	绥农30	绥00-1052×（哈97-5404×合丰47）	黑龙江省农业科学院绥化分院	蒙审豆2009002号
7	北国919	黑河18×北丰14	五大连池市富民种子有限公司	蒙审豆2012007号
8	顺豆2号	9772-2-1	黑龙江省风调雨顺种业有限公司	蒙审豆2014002号
9	中黄901	建农1号/东农434-1	中国农业科学院作物科学研究所	蒙审豆2015003号
10	黑河38	(黑河9号×黑交85-1033)×(合丰26号×黑交83-889)	呼伦贝尔市农业科学研究所 大兴安岭农场局巴彦农场种子公司	蒙认豆2007001号
11	抗线虫7号	合丰36×抗线虫3号	黑龙江省农科院大庆分院	蒙认豆2011001号

五、马铃薯新品种引进

2006—2015年累计引进并通过自治区审（认）定的马铃薯新品种7个（表5-1-6），其中从荷兰引进的底西芮适应性和抗旱性均较强，适宜鲜食；从美国引进的夏波蒂2015年全区种植面积达到35万亩。该品种成熟后干物质含量达19% ~ 21%，淀粉含量能达到22% ~ 23%，是马铃薯薯条和薯片加工的理想品种。生产中每年种植面积最大的品种是克新1号，约占全区马铃薯总播种面积的65%。2013年以来，该品种种植面积呈下降趋势。生产上推广面积较大的引进品种还有费乌瑞它（图5-1-3）、兴佳2号、康尼贝克、大西洋、冀张薯12等。

图5-1-3　马铃薯品种费乌瑞它原原种繁育温室

表5-1-6　2006—2015年内蒙古自治区引进的通过审（认）定的马铃薯品种

序号	品种名称	亲本组合	选育单位	审（认）定编号
1	底西芮		内蒙古马铃薯脱毒种薯繁育中心 内蒙古正丰马铃薯种业股份有限公司	蒙审薯2009001号
2	中薯18	C91.628 × C93.154	中国农业科学院蔬菜花卉研究所 国际马铃薯中心	蒙审薯2011004号
3	中薯19	92.187 × C93.154	中国农业科学院蔬菜花卉研究所 国际马铃薯中心	蒙审薯2011005号
4	夏波蒂	F58050 × Bake King	内蒙古正丰马铃薯种业股份有限公司	蒙认薯2013001号
5	康尼贝克	B-127 × 96-56	内蒙古农牧业科学院 内蒙古自治区马铃薯繁育中心	蒙审薯2014002号

（续）

序号	品种名称	亲本组合	选育单位	审（认）定编号
6	布尔班克	引自美国	内蒙古凌志马铃薯科技股份有限公司	蒙审薯2015001号
7	希森5号	FL-02/E003-3	乐陵希森马铃薯产业集团有限公司 国家马铃薯工程技术研究中心	蒙审薯2015002号

六、高粱新品种引进

2006—2015年累计引进并通过自治区审（认）定的高粱新品种14个（表5-1-7）。其中，从吉林省农业科学院作物研究所引进5个，占引进总数的35.7%；从山西省农业科学院高粱研究所引进3个，占引进总数21.4%。其中高粱品种吉杂130是食用与酿造兼用品种，吉杂210在全区也有较大的推广面积。

表5-1-7　2006—2015年内蒙古自治区引进的通过审（认）定的高粱品种

序号	品种名称	亲本组合	选育单位	审（认）定编号
1	苏宁5号	ZJ878A ×ZJ1352	江苏神农大丰种业科技有限公司	蒙审粱2011005号
2	吉杂127	吉2055A×吉R117	吉林省农业科学院作物研究所	蒙审粱2011006号
3	吉杂130	吉2055A×0-30	吉林省农业科学院作物研究所	蒙审粱2011007号
4	吉杂210	2055A×吉南133	吉林省农业科学院作物研究所	蒙审粱2011008号
5	龙杂11	403A×哈恢576	黑龙江省农业科学院作物育种研究所	蒙审粱2011010号
6	瑞杂8号	吉2055A×瑞R6	公主岭国家农业科技园区瑞丰大豆高粱玉米研究所	蒙审粱2012003号
7	吉杂121	314A×吉R105	吉林省农科院作物育种研究所	蒙审粱2012008号
8	龙609	380A×哈恢560	黑龙江省农业科学院作物育种所	蒙审粱2012010号
9	吉品106	吉2055A×10533	吉林省宏泽现代农业有限公司	蒙审粱2012011号
10	晋杂102	A2SX28×SXR-30	山西省农业科学院高粱研究所	蒙审粱2013002号
11	齐杂722	77A×6881	齐齐哈尔市嘉丰农业科技有限公司	蒙审粱2015004号
12	吉杂140	吉1230A×吉R8068	吉林省农业科学院作物资源研究所	蒙审粱2015005号
13	晋杂101	A2SX44A×363C/2691	山西省农业科学院高粱研究所	蒙认粱2009001号
14	晋杂22	SX44A×SXR-30	山西省农业科学院高粱研究所	蒙认粱2013001号

七、谷子新品种引进

2011年，张杂谷5号、张杂谷3号（图5-1-4）通过认定（表5-1-8），开始在呼和浩特、乌兰察布市、赤峰市等谷子种植地区推广。据赤峰地区引入的张杂谷系列品种试验，一般单产在500千克/亩以上，比其他推广的品种增产10%左右，能够显著提高亩产，增加农民种植收益。

图5-1-4　赤峰市谷子品种张杂谷3号展示田

表5-1-8　2006—2015年内蒙古自治区引进的通过认定的谷子品种

序号	品种名称	亲本组合	选育单位	认定编号
1	张杂谷3号	A2×148-5	河北省张家口坝下农科所 中国农业科学院品种资源研究院	蒙认谷2011004号
2	张杂谷5号	A2×改良晋谷21	张家口市农业科学院	蒙认谷2011005号

八、甜菜新品种引进

2006—2015年累计引进、并通过自治区审（认）定的甜菜新品种35个（表5-1-9），33个均为国外进口品种。其中，从德国KWS种子股份有限公司引进8个，占引进总数的24.2%；先正达种子公司引进6个，占总数的18.2 %，荷兰安地公司引进8个，占总数的24.2%，德国斯特儒博有限公司引进6个，占总数的18.2%。在生产上大面积推广的品种有KWS9147、KWS7156、HIO474、HIO479、BETA064、MA097等。2011年以来，自治区生产上应用的甜菜种子95%以上为进口品种。

表5-1-9　2006—2015年内蒙古自治区引进的通过审（认）定的甜菜品种

序号	品种名称	亲本组合	选育单位	审（认）定编号
1	H5304	两个Sesvanderhave单芽二倍体群体×一个Sesvanderhave二倍体多芽种群体	荷兰安地公司（ADVANTA）	蒙审甜2006004号
2	ADV0420	两个Sesvanderhave多芽二倍体群体×一个Sesvanderhave二倍体多芽种群体	荷兰安地公司（ADVANTA）	蒙审甜2006005号
3	KWS3418	KWS MS 9763×KWS PS 7863	德国KWS种子股份有限公司北京代表处	蒙审甜2007002号
4	KWS4121	KWS MS 95041×KWS PS 36504	德国KWS种子股份有限公司北京代表处	蒙审甜2007003号
5	BETA580	BTSM85787×BTSP35278	中国种子集团公司	蒙审甜2008003号
6	KWS5436	KWSM9881×KWSP3578	德国KWS公司北京代表处	蒙审甜2008004号
7	KW5145	KWSMS0067×KWSP7203	德国KWS种子股份有限公司（北京代表处）	蒙审甜2009001号
8	SD21816	SD815MS×SD4004P	德国斯特儒博有限公司	蒙审甜2010001号
9	HI0474	MS-06201×POLL-40200	先正达（中国）投资有限公司隆化分公司	蒙审甜2010003号
10	H7IM15	Vanderhave雄不育二倍体单芽种×Vanderhave二倍体单芽种	荷兰安地公司	蒙审甜2010004号
11	ST14991	(D29×RH4)×(V28×6.8)	德国斯特儒博有限公司	蒙审甜2011001号
12	HI0479	MS-304×POLL-0179	先正达种子公司	蒙审甜2011003号
13	IM802	SVDHMS8835× SVDHPOL4736	荷兰安地国际有限公司	蒙审甜2011004号
14	BETA866	BTSMS94234× BTSP90148	美国BETA公司	蒙审甜2011005号
15	SD13806	LM31*Eo1× DN201	德国斯特儒博有限公司	蒙审甜2012003号
16	KWS9442	KWSMS9326× KWSP8840	德国KWS种子股份有限公司	蒙审甜2012005号
17	KWS6167	KWSMS6524× KWSP7845	德国KWS种子股份有限公司	蒙审甜2012006号
18	MA097	M-020×P2-33	丹麦麦瑞博种业公司	蒙审甜2012007号
19	SD13829	MN31XEo1×DM175	德国斯特儒博有限公司	蒙审甜2014002号
20	ST13092	BC27*E12.1×D103*N8.2	德国斯特儒博有限公司	蒙审甜2014003号
21	SR-411	SVDH MS 2537×SVDHPOL 4771	荷兰安地国际有限公司	蒙审甜2014004号

（续）

序号	品种名称	亲本组合	选育单位	审（认）定编号
22	MA10-4	M-020 × P2-69	丹麦麦瑞博国际种业有限公司	蒙审甜2014005号
23	HI1003	MS-310 × POLL-0103	先正达(中国)投资有限公司隆化分公司	蒙审甜2014006号
24	LS1210	1FC607 × RM9920	英国莱恩公司	蒙审甜2015001号
25	KWS7156	KWSMS9364 × KWSP8856	德国KWS种子股份有限公司	蒙审甜2015002号
26	MA3005	M-027 × P2-36	丹麦麦瑞博国际种业有限公司	蒙审甜2015003号
27	BETA064	BTSMS94237 × BTSP90127	北京金色谷雨种业科技有限公司	蒙审甜2015004号
28	SR496	SVDHMS2542 × SVDHPOL4773	荷兰安地国际有限公司	蒙审甜2015005号
29	IM1162	SVDHMS2551 × SVDHPOL4830	荷兰安地国际有限公司	蒙审甜2015006号
30	HI0936	MS-0311 × POLL-0106	先正达中国投资有限公司隆化分公司	蒙审甜2015007号
31	ST21115	14.3.7MM × V22.07	德国斯特儒博有限公司	蒙审甜2015008号
32	HI1059	MS-057 × POLL-0402	先正达中国投资有限公司隆化分公司	蒙审甜2015009号
33	KWS9147	KWSMS9351 × KWSP8907	德国KWS种子股份有限公司	蒙审甜2015010号
34	HI0466	MS-304 × POLL-0166	先正达种子公司	蒙认甜2011001号
35	巴士森	MS bastion × PT bastion	荷兰安地国际有限公司	蒙认甜2011002号

第二节　新品种选育

一、玉米新品种选育

内蒙古自治区是开展杂交玉米育种工作较早、成绩较突出的省份之一。新中国成立以来，自治区杂交玉米育种工作经历了农家品种、品种间杂交种、双交种、单交种4个阶段，20世纪80年代杂交玉米育种工作一度居全国领先水平。其中，通辽农牧业科学院（原哲里木盟农业科学研究所）在钟崇昭、熊铁生等老一辈育种家的带领下，先后选育出黄莫417、内单4号（哲单7）等十几个在生产上广泛应用的品种和哲黄5等优良自交系，为自治区粮食增产、农民增收做出了突出贡献。扎鲁特旗良种场、内蒙古自治区农牧科学院、赤峰市农牧业科学院、巴彦淖尔市农牧科学院、呼伦贝尔市农业科学研究所、兴安盟农科所等科研院所也结合当地遗传资源、生态特点，选育出了满足当地生产需要的新品种。玉米种业市场化发展以来，种子企业作为品种选育的新生力量，创新主体地位不断提升、逐步主导了玉米品种科技创新。

1.农家品种时期（1947—1957年）。内蒙古自治区成立初期，玉米种植面积相对较小，生产上应用的都是农家种品种。主要有黄马牙、白马牙、黄顶子、金顶子、白玉米、黄八趟、英粒子、小白直棒子等。种植区域集中在自治区东部的通辽市、赤峰市和兴安盟。3盟市的种植面积占全区玉米总播面积的99%。政府指导下的群众选种是这一时期品种选育的主要方式。耕作栽培管理粗放，种植密度在2 000株/亩左右，土壤培肥主要靠施用农家肥，缺乏病虫草害防治措施，品种的产量水平较低，玉米单产在100千克/亩以下。

2.品种间杂交种时期（1958—1962年）。自治区中西部地区开始推广、种植玉米。玉米种植面积有了大幅度增长，20世纪60年代初达到700多万亩。赤峰、通辽等地的良种场开始利用农家品种间或农家品种与外引品种间配制杂交种。主要推广的组合有长八趟×雁农2号，白马牙×黄马牙，金顶子×黄马牙等。品种间杂交种比农家品种增产幅度能达到15%以上。到1962年全区实现推广普及。这一时期围绕改良土壤、培肥地力、改善农田水利条件等方面的基本农田建设全面展开，玉米单产达到125千克/亩。

3.双交种时期（1963—1969年）。20世纪60年代初，自治区农业厅先后从罗马尼亚、新疆维吾尔自治区、黑龙江省、吉林省、中国农业科学院、中国农业大学引进了11份双交种、27份亲本材料。以此为基础，开始在通辽、赤峰、呼和浩特等地区推广选育双交种。赤峰驼店良种场选育的喀双234，通辽农科院选育的哲双2号、哲双6号等成为当地的主栽品种。维尔156、吉双4号、农大4号、吉双83等外引品种也在生产上广泛应用。化肥开始应用于生产当中。玉米种植密度提高到2 500株/亩左右。1966年首次开展了玉米种子海南繁育工作。

4.单交种时期（1970年至今）。20世纪70年代，自治区科研单位开始应用自交系选育单交种。杂交种组配模式最初集中在外引系之间或外引系与农家品种之间。当时应用的自交系有英64、铁84、大黄46、维尔系列、门14、330等。通辽农牧科学院以农家品种黄马牙为基础材料选育的优良自交系哲黄5也开始在育种当中应用。选育推广的杂交种主要有蒙单2号（内蒙古农牧科学院）、内单1号（鄂尔多斯市农科所）、内单3号（赤峰良种场）、哲单3号（通辽农牧科学院）、宁单4号（赤峰宁城良种场）、宁单9号（赤峰宁城良种场）、赤单66（赤峰农牧科学院）等。引进的品种推广面积最大的是吉单101。精细化栽培技术开始应用于生产，小麦、玉米复播在自治区中西部广泛推广。1973年玉米单产首次突破145千克/亩。种植面积在20世纪70年代末突破了1 000万亩。

20世纪80年代，随着Lan.群的Mo17，塘四平头群的黄早四等优良自交系的引入，自治区玉米品种选育工作进入了大繁荣、大发展的黄金10年。一批优良自交系相继选育成功：通辽扎鲁特旗原种场选育了扎461、扎143、扎917、扎903；通辽农牧科学院选育了3081、4767、773-1、750，7152；赤峰农牧科学院选育了82黄6、85黄3。塘四平头群或地方种群与Mo17亚群间配制组合是这一时期育种的主要杂交模式。自治区选育的表现突出的品种有：通辽农科院选育的黄莫417（截至2002年，该品种在自治区累计推广面积达到3 600多万亩）、哲单7号（至今在自治区中西部地区仍有种植）。

20世纪90年代，随着掖107、478、U8112等一批优良骨干Reid系，旅大红骨群的丹

340及其衍生系的相继引入，Reid×唐四平头，Reid×Lancaster，旅大红骨×Lancaster等杂交模式开始在育种当中应用。兴垦3号、哲单37、赤单202，巴单3号、哲单39，金山2号等一批优良品种相继选育成功。生产上主要应用的品种有黄莫417、哲单7号、海玉5号、冀承单3号、龙单13、丹玉13、四单19等。生产上农用物质投入量加大，优良种子、化肥、农药、农膜、农机具等投入量增加。玉米单产在1993年突破400千克/亩，自治区玉米种植面积逐年增加，在1995年达到1 500万亩。

21世纪初，含有热带和亚热带遗传种质78599系列自交系开始应用在育种当中。2002年以后，随着郑单958（图5-2-1）在自治区的大面积推广，塘四平头×Reid群杂优模式得到广泛应用。一大批紧凑型、半紧凑型玉米单交种相继选育成功。K10、K12、合344等自交系成为这一时期育种的骨干材料。丰田6号、郑单958、浚单20、兴垦3、海玉6、海玉4、农大108，哲单39、四单19、哲单7号等品种都有较大的种植面积。

图5-2-1　通辽市玉米品种郑单958种植田

在栽培管理方面，种植密度不断增加，郑单958等耐密型品种种植密度到了5 500株/亩，单产有了大幅度增加。内蒙古农业大学农学院高聚林教授承担的自治区重大科技项目“玉米超高产栽培技术集成推广”，先后选用了内蒙古自治区农牧科学院选育的玉米新品种内单314和通辽金山种业选育的金山2号。2007年，赤峰市松山区8亩内单314超高产示范田，经农业部玉米专家指导组成员和内蒙古自治区有关专家组成的测产验收小组测产，产量为1 172.1千克/亩，创东北-内蒙古春玉米区历史高产纪录；2008年，赤峰市喀喇沁旗5亩金山2号玉米超高产示范田，实测产量达1 142.95千克/亩。

2006—2015年是内蒙古自治区玉米育种快速发展的10年，随着美国先锋公司的先玉335、先玉696等系列品种的引进和大面积推广，自治区玉米育种单位的育种理念，育种方向都发生了变化。开始大量使用外引自交系和外引杂交种作为育种材料。杂优利用模式也发生了变化，由以前的Reid群、Lancaster群×塘四平头群或旅大红骨群向Reid群×Lancaster群，国外杂交种选系×旅大红骨或塘四平头群转变。欧系×美系、欧系×国内、美系×国内是这一时期育种的主要杂交模式。姚金元、陈春梅对2006—2015年内蒙古自治区品种审定委员会审定的玉米品种进行了遗传组成及杂优模式分析：在322个审定品种中，塘四平头群×Reid群模式的为86个，占总数的28.4 %；塘四平头群×Lancaster群为65个，占总数的21.5%；Reid群×Lancaster群为49个，占总数的16.2 %；国外杂交种选系×旅大红骨或塘四平头为19个，占总数的6.3 %；Reid群×旅大红骨+塘四平头为9个，占总数的3.0 %；Lancaster群×其他群为

5个，占总数的1.6%；Reid群×其他群为16个，占总数的5.3%；其他类为52个，占总数的17.2%。

这一时期主要应用的育种方法有：一是利用二环系直接选育新的自交系，具有选育时间短，稳定快的特点，应用最为普遍。二是通过循环选择不断提高种质资源的群体水平，即对已选育出的自交系一方面巩固原有优良性状，同时进行优良等位基因的不断积累。例如应用K161导入外引系扎917，经过多年选择，选育出既抗叶斑病又具有抗丝黑穗的极早熟自交系K454，该自交系既有黄改系抗叶斑病的优点，又具有Lancaster群抗丝黑穗病的特点，一般配合力和特殊配合力都比较高。三是用多个优良自交系组成综合系选育新的自交系。例如将国内表现优良的多个自交系掖478、掖502、矮金525、掖106、掖52106等分别组配后再组配，最后选育出K167-1，系谱及方法为掖478×掖502→C90-2、矮金525×掖106→掖5210，再用C90-2×掖5210→K167-1。K167-1是早熟Reid群改良系种质资源，除具有Reid群高配合力优点以外，还含有br-2矮秆基因。四是将玉米热带种质抗叶斑病、根系发达、茎秆坚韧、品质好的优良基因导入到温带种质，选育新型种质资源。五是对欧系材料的直接改良利用。欧洲玉米种植时间长，种质资源丰富，具备很多中国种质和美系种质所不具备的优点，如丰产性好、早熟、茎秆坚韧、抗倒耐密、根系早期侧根发达，导入或改良后会增加中国种质和美系种质优良基因。六是改良的不完全双列测交法，即用一父多母的方法对姊妹系进行测交，选择优良组合。这种方法简便易操作，只要去杂去雄一次就可以获得较多的杂交种用于测试用种。七是早熟品种的“两极育种法”，即将熟期长、丰产性好、抗性好的晚熟种质做父本，生育期短、产量低、相对抗性差早熟种质做母本。晚熟、早熟品种组配易出现优点互补，强优势机率增加。但存在晚、早组配制种难度大，花期调整困难多。八是玉米单倍体育种应用。

2006—2015年内蒙古自治区自育通过审（认）定的玉米品种共计228个（表5-2-1）。其中，企业选育171个，占总数的75%；科研院所选育39个，占总数的17.1%；其他育种单位和个人选育的18个，占总数的7.9%。赤峰市丰田科技种业有限公司选育的丰田系列品种，通辽金山种业科技有限责任公司选育的金山系列品种，内蒙古种星种业有限公司选育的种星系列品种，翁牛特旗玉龙种子有限公司选育的玉龙系列品种，内蒙古大民种业有限公司选育的大民系列品种，内蒙古丰垦种业有限责任公司选育的丰垦系列品种，内蒙古西蒙种业有限公司选育的西蒙系列品种在生产中均有较大的推广面积。种星618、丰田6号（图5-2-2）、丰垦008、西蒙6（图5-2-3）、利禾1、内单314、科河8、大民3307等一批具有自主知识产权和代表性的突出品种累计推广面积均超过100万亩。

图5-2-2　玉米品种丰田6号果穗

图 5-2-3 玉米品种西蒙6号与育成人杨荐均

表5-2-1 2006-2015年内蒙古自治区自育的通过审（认）定的玉米品种

序号	品种名称	亲本组合	选育单位（个人）	审（认）定编号
1	丰田10号	F823 × T006	赤峰市丰田科技种业有限公司	蒙审玉2006001号
2	大民338	KD004 × A116	内蒙古大民种业有限公司	蒙审玉2006002号
3	包玉2号	杂95-3 × 扎143	包头市农业科学研究所	蒙审玉2006003号
4	高新3号	9046 × G051	通辽市高新农业开发有限公司	蒙审玉2006004号
5	和玉4号	F9835 × 承409-7	内蒙古和林格尔县 亢玺	蒙审玉2006005号
6	金山10号	金自1013 × 新444	通辽金山种业科技有限责任公司	蒙审玉2006006号
7	金山11	金自110 × 昌7-2	通辽金山种业科技有限责任公司	蒙审玉2006007号
8	真金306	81162 × dz375	内蒙古鄂尔多斯达拉特旗种子公司	蒙审玉2006008号
9	金山9号	金自113 × 丹340	通辽金山种业科技有限责任公司	蒙审玉2006009号
10	农丰1号	W、W01 × W、W02	扎兰屯市农丰科技研究所	蒙审玉2006010号
11	田艺9号	T181 × E17	宁城田艺种业有限责任公司	蒙审玉2006011号
12	北优2	B1781 × B028	高希芳、张群、胡海芸	蒙审玉2006012号
13	内油4	M71503 × GY246	内蒙古农科院玉米研究中心	蒙审玉2006013号
14	通科8号	7922 × 通0118	通辽市农科院	蒙审玉2006014号

（续）

序号	品种名称	亲本组合	选育单位（个人）	审（认）定编号
15	蒙糯二号	8142×8243	内蒙古蒙科农玉米研究所	蒙审玉2006015号
16	科河10号	444×巴816	巴彦淖尔市科河种业有限责任公司	蒙审玉2006016号
17	高赖145	转GL95×1102	兴安盟农研所	蒙审玉2006017号
18	良玉58	L9271×K12	呼和浩特市良玉种子科技有限责任公司	蒙审玉2007001号
19	内单305	MZY×MZ4	内蒙古农科院玉米研究中心	蒙审玉2007002号
20	九园一号	K12×Y68	包头九原区种子有限责任公司	蒙审玉2007003号
21	云天1号	B1782× B024	高希芳、胡海芸	蒙审玉2007004号
22	赤糯一号	B131×N215	内蒙古赤峰市丰田科技种业有限公司	蒙审玉2007005号
23	丰田1号	MU7-1×承18	内蒙古赤峰市丰田科技种业有限公司	蒙审玉2007006号
24	丰田5号	扎461×T2118	内蒙古赤峰市丰田科技种业有限公司	蒙审玉2007007号
25	丰田11	F81×T117	内蒙古赤峰市丰田科技种业有限公司	蒙审玉2007008号
26	丰田12	F1216×T2116	内蒙古赤峰市丰田科技种业有限公司	蒙审玉2007009号
27	大地1号	D34×D4	赤峰大地种业有限责任公司	蒙审玉2007010号
28	大地5号	D93×D60	赤峰大地种业有限责任公司	蒙审玉2007011号
29	大地6号	D133×D107	赤峰大地种业有限责任公司	蒙审玉2007012号
30	宏博218	HX1089×HX2205	通辽市宏博种业科技有限责任公司	蒙审玉2007013号
31	满世通507	YN4×283	鄂尔多斯市满世通科技种业有限公司	蒙审玉2007015号
32	伊单314	Mo17×G297	鄂尔多斯市农业科学研究所	蒙审玉2007016号
33	蒙东18	金自115×丹340	通辽蒙东种业有限公司	蒙审玉2007017号
34	金山20	754×G4	通辽金山种业科技有限责任公司	蒙审玉2007018号
35	金山21	179×85黄3	通辽金山种业科技有限责任公司	蒙审玉2007019号
36	巴单25	K12×综3	巴彦淖尔市农业科学院	蒙审玉2007021号
37	蒙农2103	6292×7133	内蒙古蒙科农玉米研究所	蒙审玉2007022号
38	蒙农2133	4313×5466	内蒙古蒙科农玉米研究所	蒙审玉2007023号
39	蒙甜10号	8801×8851	内蒙古蒙科农玉米研究所	蒙审玉2007024号
40	九玉四号	AS29×AS21	内蒙古九丰种业有限公司	蒙审玉2007025号

（续）

序号	品种名称	亲本组合	选育单位（个人）	审（认）定编号
41	科河13	K12×KH9	巴彦淖尔市科河种业有限公司	蒙审玉2007027号
42	大玉M737	231×7923	内蒙古大民种业有限公司	蒙审玉2007028号
43	华玉201	SG479×K10	内蒙古大民种业有限公司	蒙审玉2007029号
44	沁单 3号	沁504 ×沁221	喀喇沁旗种子公司	蒙审玉2007030号
45	大地2号	D4×D109	赤峰大地种业有限责任公司	蒙审玉2008001号
46	包甜3号	T2×1802	包头市农业科学研究所	蒙审玉2008003号
47	花甜糯1号	CD75-4×黄38-2	赤峰赤研种业有限公司	蒙审玉2008004号
48	金山22	扎917×M2	通辽金山种业科技有限责任公司	蒙审玉2008006号
49	金山26	金自113×吉853	通辽金山种业科技有限责任公司	蒙审玉2008007号
50	金山27	L610×昌7-2	通辽金山种业科技有限责任公司	蒙审玉2008008号
51	辽河518	L3110×L3163	通辽市开鲁县辽河农业科学研究所	蒙审玉2008011号
52	满世通526	G426×Mo17	鄂尔多斯市农业科学研究所 鄂尔多斯市满世通科技种业有限责任公司	蒙审玉2008012号
53	宏博1088	K自46×K自B4	通辽市宏博种业科技有限公司	蒙审玉2008013号
54	农丰2号	W.W03×W.W04	扎兰屯市农丰科技研究所	蒙审玉2008014号
55	科河88	K12×KH199	巴彦淖尔市科河种业有限公司	蒙审玉2008015号
56	科河409	K12×KH340-1	巴彦淖尔市科河种业有限公司	蒙审玉2008016号
57	良玉21	N11SM×K10	呼和浩特市良玉种子科技有限责任公司	蒙审玉2008019号
58	丰田13	F1389×昌7-2	赤峰市丰田科技种业有限公司	蒙审玉2008021号
59	丰田14	F755×T212	赤峰市丰田科技种业有限公司	蒙审玉2008022号
60	丰田16	T212×Mo17	赤峰市丰田科技种业有限公司	蒙审玉2008023号
61	大民3307	合344×MX98-4	内蒙古大民种业有限公司	蒙审玉2008024号
62	鑫达5号	海268×XM5074	赤峰市巴林左旗鑫达种业有限公司	蒙审玉2008027号
63	玉龙2号	W18×W73	翁牛特旗玉龙种子有限公司	蒙审玉2008028号
64	玉龙3号	W25×T1	翁牛特旗玉龙种子有限公司	蒙审玉2008029号
65	厚德198	H9037×H7214	通辽市厚德种业有限责任公司	蒙审玉2008030号
66	景糯318	糯02×景白浚34	内蒙古大民种业有限公司	蒙审玉2009001号

（续）

序号	品种名称	亲本组合	选育单位（个人）	审（认）定编号
67	大民白糯18	糯01×景选120	内蒙古大民种业有限公司	蒙审玉2009002号
68	金创1号	1021×5547	内蒙古蒙科农玉米研究所	蒙审玉2009003号
69	种星618	F2911×M168	内蒙古种星种业有限公司	蒙审玉2009004号
70	内早101	M0105×承18	内蒙古农牧业科学院玉米研究中心	蒙审玉2009005号
71	种星619	0305×M58	内蒙古种星种业有限公司	蒙审玉2009006号
72	种星七号	M52×M55	内蒙古种星种业有限公司	蒙审玉2009007号
73	大民3309	06-2701×06-36	内蒙古大民种业有限公司	蒙审玉2009008号
74	大民705	D47×X27144	内蒙古大民种业有限公司	蒙审玉2009009号
75	良早201	M4029×KL4	呼和浩特市良玉种子科技有限责任公司	蒙审玉2009011号
76	罕玉1号	H35×K10	乌兰浩特市秋实种业有限责任公司	蒙审玉2009012号
77	良早66	M0038×M1705	呼和浩特市良玉种子科技有限责任公司	蒙审玉2009013号
78	良丰25	K10×M1342	呼和浩特市良玉种子科技有限责任公司	蒙审玉2009014号
79	金山28	金自113×金自839	通辽金山种业科技有限责任公司	蒙审玉2009016号
80	玉龙6号	W8375×W724	翁牛特旗玉龙种子有限公司	蒙审玉2009018号
81	沁单712	沁601×沁602	喀喇沁旗三泰种业有限公司	蒙审玉2009019号
82	沁单683	沁503×沁502	喀喇沁旗三泰种业有限公司	蒙审玉2009020号
83	扎玉1号	扎82-2×扎24	扎鲁特旗原种繁殖场	蒙审玉2009021号
84	云天2号	H4581×合344	胡海芸、高希芳	蒙审玉2009022号
85	丰田15	F1103×T2103	赤峰市丰田科技种业有限公司	蒙审玉2009027号
86	大地11	D84×D4-3	赤峰大地种业有限责任公司	蒙审玉2009028号
87	真金202	真247×真324	内蒙古真金种业科技有限公司	蒙审玉2009030号
88	兴垦6号	K167-1-2×K917	内蒙古丰垦种业有限责任公司	蒙审玉2009031号
89	巴单28	B2011×K12	巴彦淖尔市农牧业科学研究院	蒙审玉2009033号
90	赤糯二号	WN96×WN1043	赤峰市丰田科技种业有限公司	蒙审玉2010001号
91	九丰早熟一号	3209×AS23	内蒙古九丰种业有限责任公司	蒙审玉2010002号
92	丰早303	合344×W618	内蒙古丰垦种业有限责任公司	蒙审玉2010003号
93	金韵1号	N38×41216	内蒙古大地金韵种业有限责任公司	蒙审玉2010004号

（续）

序号	品种名称	亲本组合	选育单位（个人）	审（认）定编号
94	厚德501	H123 × 合344	通辽市厚德种业有限责任公司	蒙审玉2010005号
95	卓玉八号	L1672 × 613	刘文卓	蒙审玉2010006号
96	丰垦008	K454 × 扎461	内蒙古丰垦种业有限责任公司	蒙审玉2010007号
97	丰泽一	829 × 927	林西县丰泽种业有限责任公司	蒙审玉2010009号
98	厚德405	H874 × H514	通辽市厚德种业有限责任公司	蒙审玉2010010号
99	金创3号	7727 × 8555	内蒙古蒙科农玉米研究所	蒙审玉2010011号
100	金田11	7212 × 8727	内蒙古金田正茂农业发展有限公司	蒙审玉2010012号
101	罕玉3号	H35 × H530	乌兰浩特市秋实种业有限责任公司	蒙审玉2010013号
102	罕玉5号	H530 × 合344	乌兰浩特市秋实种业有限责任公司	蒙审玉2010014号
103	大民707	06-2705 × 1027P	内蒙古大民种业有限公司	蒙审玉2010015号
104	沁单九	z501 × y97	张玉胜	蒙审玉2010016号
105	大民706	06-2701 × 4417	内蒙古大民种业有限公司	蒙审玉2010018号
106	大民803	S499 × X3P	内蒙古大民种业有限公司	蒙审玉2010019号
107	金艾977	JY1385 × JY4853	杜兰珍	蒙审玉2010020号
108	玉龙8号	L197 × F130	翁牛特旗玉龙种子有限公司	蒙审玉2010021号
109	金山30	金自115 × 武314-4	通辽金山种业科技有限责任公司	蒙审玉2010023号
110	金山33	7857 × 新444	通辽金山种业科技有限责任公司	蒙审玉2010024号
111	蒙龙3	K10 × BB120	赤峰农业科学研究所种子公司	蒙审玉2010025号
112	丰田833	F1101 × T2101	赤峰市丰田科技种业有限公司 内蒙古农业大学	蒙审玉2010026号
113	赤单208	C199 × F017	赤峰市农牧科学研究院	蒙审玉2010027号
114	丰田837	F744 × T270	赤峰市丰田科技种业有限公司	蒙审玉2010037号
115	厚德203	182 × 3-2	通辽市厚德种业有限责任公司	蒙审玉2010038号
116	利丰85	H0661 × N0991	孟凡庆	蒙审玉2010039号
117	金穗16	S0511 × S0962	赤峰金穗种子科技有限公司	蒙审玉2010040号
118	金穗99	S0668 × S0998	赤峰金穗种子科技有限公司	蒙审玉2010041号
119	金创8号	7413 × 8547	内蒙古蒙科农玉米研究所	蒙审玉2010043号
120	伊单52	L825 × 昌7-2	鄂尔多斯市农科所	蒙审玉2010044号

（续）

序号	品种名称	亲本组合	选育单位（个人）	审（认）定编号
121	中单308	L88×W7206	于香云、吴宇锦、吴景锋、董福增、赵洪建	蒙审玉2011001号
122	九玉五	AS014×AS078	内蒙古九丰种业有限责任公司	蒙审玉2011002号
123	巴单29	巴系0431×巴引03-11	巴彦淖尔市农牧业科学研究院	蒙审玉2011004号
124	种星58	M155×F1851	内蒙古种星种业有限公司	蒙审玉2011006号
125	种星白糯1号	T1×T2	内蒙古种星种业有限公司	蒙审玉2011007号
126	金田8号	8296×7427	内蒙古金田正茂农业发展有限公司	蒙审玉2011008号
127	金田9号	7458×8517	内蒙古金田正茂农业发展有限公司	蒙审玉2011009号
128	九莲灯1号	LA6×LB2	李烁阳	蒙审玉2011010号
129	宏博778	B1708×H1864	内蒙古宏博种业科技有限公司	蒙审玉2011011号
130	人禾698	R006×昌7-2	内蒙古宏博种业科技有限公司 通辽市人禾种业有限公司	蒙审玉2011012号
131	三泰九	f808×y97	喀喇沁旗三泰种业有限公司	蒙审玉2011016号
132	玉龙一号	Y44×L135	翁牛特旗玉龙种子有限公司	蒙审玉2011017号
133	金冲1号	98-1×多早76	包头市金土地种业有限责任公司	蒙审玉2011018号
134	科河16	KH39×KH84	巴彦淖尔市科河种业有限公司	蒙审玉2011020号
135	欣晟18	JH6×Q20	赤峰瑞禾晟种业有限公司	蒙审玉2011021号
136	丰垦009	H143×K917	内蒙古丰垦种业有限责任公司	蒙审玉2011022号
137	丰垦白糯	FN-M×FN-F	内蒙古丰垦种业有限责任公司	蒙审玉2011023号
138	卓玉819	302×621	刘文卓、项志红	蒙审玉2012002号
139	金沃1号	佳78×佳1911	张俊军	蒙审玉2012003号
140	金山126	金568×JS621	通辽金山种业科技有限责任公司 吉林省宝丰种业有限公司	蒙审玉2012008号
141	九园58	J3336A×J92192	包头市三主粮种业有限公司	蒙审玉2012010号
142	通平1	通自097×通引04	通辽市农业科学研究院	蒙审玉2012012号
143	伊单81	L825×LK12	鄂尔多斯市农业科学研究所	蒙审玉2012014号
144	内早209	MU7-1×M8349	内蒙古农牧业科学院玉米研究中心	蒙审玉2012015号
145	种星56	M81×Z05	内蒙古种星种业有限公司	蒙审玉2012016号

（续）

序号	品种名称	亲本组合	选育单位（个人）	审（认）定编号
146	大民8860	06-1911×SZ58	内蒙古大民种业有限公司	蒙审玉2012017号
147	西蒙6号	J203×817-2	内蒙古西蒙种业有限公司	蒙审玉2012018号
148	巴单998	B0458×05-443	巴彦淖尔市农牧业科学研究院	蒙审玉2012022号
149	内单408	MZJ×MZ4	内蒙古农牧业科学院玉米研究中心	蒙审玉2012023号
150	M8	FM06-17×FM06-35	杭锦后旗科普农作物新品种开发研究所	蒙审玉2012024号
151	包玉9号	7250-14-1×昌7-2	包头市农业科学研究所 包头市丰和种业有限责任公司	蒙审玉2012025号
152	九玉1034	AS128×AS146	内蒙古九丰种业有限责任公司	蒙审玉2012026号
153	金创998	9137×80288	内蒙古蒙科农玉米研究所	蒙审玉2012027号
154	彩糯168	wb14×wb18	内蒙古真金种业科技有限公司	蒙审玉2012028号
155	真金糯100	wb12×wb16	内蒙古真金种业科技有限公司	蒙审玉2012029号
156	燕禾金2000	N897×N1196	王惠星	蒙审玉2012030号
157	燕禾金 紫黑糯	紫糯Z-2-6×黑糯H-3-5	王惠星	蒙审玉2012031号
158	金创18	8802×8687	内蒙古蒙科农玉米研究所	蒙审玉2012032号
159	玉龙9号	W9901×H1007	翁牛特旗玉龙种子有限公司	蒙审玉2012033号
160	三丰165	Z05-1723×H03-986	周会文、宫玉琴、米延南、孟祥帅	蒙审玉2012034号
161	鑫达135	M1342×XD02014	巴林左旗鑫达种业有限公司	蒙审玉2012035号
162	M001	S1001×J02	苏军	蒙审玉2012036号
163	CF22	F1599×T844	赤峰市丰田科技种业有限责任公司	蒙审玉2012037号
164	CF88	F502×T009	赤峰市丰田科技种业有限责任公司	蒙审玉2012038号
165	众德331	y6144×9172-0	扎鲁特旗众德种业有限责任公司	蒙审玉2012039号
166	合饲1号	L21×丹598	内蒙古农业大学农学院	蒙审玉(饲)2012001号
167	雷润303	M102×R330	乌兰浩特市雷润农业科学研究所	蒙审玉2013001号
168	禾玉158	B0128×B0049	开鲁县辽河种业有限责任公司	蒙审玉2013003号
169	丰田840	F1501×T009	赤峰市丰田科技种业有限公司	蒙审玉2013004号
170	西蒙988	M711-30×M-31	内蒙古西蒙种业有限公司	蒙审玉2013005号

（续）

序号	品种名称	亲本组合	选育单位（个人）	审（认）定编号
171	通平118	通引6WC×通自051	通辽市农业科学研究院	蒙审玉2013007号
172	赤单218	C8-021×K22	赤峰市农牧科学研究院玉米研究所	蒙审玉2013009号
173	丰田843	F706×T041	赤峰市丰田科技种业有限公司	蒙审玉2013012号
174	云天3号	0765×96-1	胡海芸、高希芳	蒙审玉2013014号
175	兴丰5号	兴563-1×兴07-6	内蒙古兴丰种业有限公司	蒙审玉2013020号
176	玉龙11	Y5384×L44	翁牛特旗玉龙种子有限公司	蒙审玉2013021号
177	兴玉1号	07母×四早系-24-1	兴安盟农业科学研究所	蒙审玉2013022号
178	宇鑫6号	GX108×GX13	赤峰宇丰科技种业有限公司	蒙审玉2013023号
179	九园36	F3308A×H08806	包头市三主粮种业有限公司	蒙审玉2013024号
180	玉龙10号	Y5953×L9788	翁牛特旗玉龙种子有限公司	蒙审玉2013025号
181	沁单十一	st406×p351	喀喇沁旗三泰种业有限公司	蒙审玉2013026号
182	西蒙青贮707	XM41×XM86	内蒙古西蒙种业有限公司	蒙审玉(饲)2013003号
183	鑫达8号	K10×U6	巴林左旗鑫达种业有限公司	蒙审玉2014001号
184	利禾1	M1001×F2001	内蒙古利禾农业科技发展有限公司	蒙审玉2014002号
185	九玉7号	52129×AS3098	内蒙古九丰种业有限责任公司	蒙审玉2014006号
186	利禾2	M1002×昌7-2	内蒙古利禾农业科技发展有限公司	蒙审玉2014008号
187	NK3800	V1019×V4207	开鲁县辽河种业有限责任公司	蒙审玉2014012号
188	中农资204	NT217×昌7-2	内蒙古中农种子科技有限公司	蒙审玉2014013号
189	布鲁克990	K19×K37	内蒙古宏博种业科技有限公司 内蒙古民族大学	蒙审玉2014016号
190	中科606	T25-3×B5-1	北京市中农良种有限责任公司	蒙审玉2014018号
191	兴农7	M8310×T231	兴安盟兴农种业有限责任公司	蒙审玉2014019号
192	玉龙157	Y1346×L1313	翁牛特旗玉龙种子有限公司	蒙审玉2014020号
193	丰垦10号	K454×改法F2	内蒙古丰垦种业有限责任公司	蒙审玉2014021号
194	丰垦117	K580×K454	内蒙古丰垦种业有限责任公司	蒙审玉2014025号
195	金创13	2911×8727	内蒙古蒙新农种业有限责任公司	蒙审玉2014026号
196	金艾130	A626×N215	内蒙古金葵艾利特种业有限公司	蒙审玉2014027号

（续）

序号	品种名称	亲本组合	选育单位（个人）	审（认）定编号
197	九园33	H6014×05-16-7	包头市三主粮种业有限公司	蒙审玉2014029号
198	玉龙904	Y112×L5384	翁牛特旗玉龙种子有限公司 黑龙江省鹏程农业发展有限公司	蒙审玉2014031号
199	登科269	dk566×16431	莫旗登科种业有限责任公司	蒙审玉2014033号
200	金创6号	80302×80223	内蒙古蒙新农种业有限责任公司	蒙审玉2014035号
201	大民3301	L273×自K10	大民种业股份有限公司	蒙审玉2014037号
202	欧美亚1号	10-1×33	内蒙古兴丰种业有限公司	蒙审玉2014038号
203	XD108	XD456×F017	巴林左旗鑫达种业有限公司	蒙审玉2015001号
204	鑫达188	HYZ07×HYZ08	巴林左旗鑫达种业有限公司	蒙审玉2015002号
205	卓玉816	ZY221×扎917	刘文卓	蒙审玉2015009号
206	峰单189	M1003×F321	内蒙古利禾农业科技发展有限公司 赤峰市农业科学研究所种子公司	蒙审玉2015010号
207	登海NK58	V4012×V3035	内蒙古登海辽河种业有限公司	蒙审玉2015011号
208	博品1号	K26×K46	内蒙古宏博种业科技有限公司 黑龙江省大鹏农业有限公司	蒙审玉2015012号
209	兴丰68	WY227×WC008	内蒙古兴丰种业有限公司	蒙审玉2015013号
210	欧美亚2号	WY016×WC007	内蒙古兴丰种业有限公司	蒙审玉2015014号
211	丰垦139	K334×K454	内蒙古丰垦种业有限责任公司	蒙审玉2015016号
212	金垦10	K454×K101	内蒙古丰垦种业有限责任公司	蒙审玉2015017号
213	利禾8	M5414×F730	内蒙古利禾农业科技发展有限公司	蒙审玉2015020号
214	九玉6号	52129×AS027	内蒙古九丰种业有限公司	蒙审玉2015022号
215	兴农5号	改良系NS×0556	扎兰屯市春秋种子商店 兴安盟兴农种业有限责任公司	蒙审玉2015023号
216	稼农3168	D29×D51	赤峰德丰种业有限责任公司	蒙审玉2015024号
217	厚德186	HA324×HB324	通辽市厚德种业有限责任公司	蒙审玉2015026号
218	金创703	80765×80832	内蒙古蒙新农种业有限责任公司	蒙审玉2015028号
219	丰田101	F1417×T904	赤峰市丰田科技种业有限责任公司	蒙审玉2015030号
220	真金308	H351×Z16	内蒙古真金种业科技有限公司	蒙审玉2015032号

（续）

序号	品种名称	亲本组合	选育单位（个人）	审（认）定编号
221	九园38	H9203A×HO8816	包头市三主粮种业有限公司 内蒙古真金种业科技有限公司	蒙审玉2015033号
222	通平198	通引0632223×通自06051	通辽市农业科学研究院	蒙审玉2015034号
223	沁单969	st1022×w705	喀喇沁旗三泰种业有限公司	蒙审玉2015035号
224	内甜1号	沈甜H154×沈甜1281	沈阳农业大学特种玉米研究所 内蒙古民族大学	蒙审玉2015036号
225	真金甜366	T18×T16-3	内蒙古真金种业科技有限公司	蒙审玉2015038号
226	金艾581	W1722×J02	内蒙古金葵艾利特种业有限公司	蒙审玉（饲）2015001号
227	大民420	4112×851	内蒙古大民种业有限公司	蒙认玉2007042号
228	科河28	KH12×KH598	巴彦淖尔市科河种业有限公司	蒙认玉2012017号

二、向日葵新品种选育

（一）油用向日葵品种选育

自治区油用向日葵杂交种的选育可分为三个阶段：第一阶段（1974—1980年）为向日葵杂种优势研究起步阶段。通过资源交换，内蒙古农业科学院利用核质互作型雄性不育系“74102-4A”、同型保持系“74102-4B”及恢复系“矮113”，选育出新的雄性不育系，实现了向日葵“三系”配套成功。第二阶段（1981—1988年）为油用向日葵杂交种推广应用阶段。生产上油用向日葵品种完全实现了杂交化，其中以内葵杂1号面积最大。第三阶段（1989年至今）为多学科相结合，主攻抗病育种兼顾提高品质及产量的新阶段。得益于资源的引进和与国际向日葵研究先进国家的技术交流。自治区油用向日葵育种水平有了显著提高。经过各育种单位攻关研究，相继育成了一批优质、高产、抗病的向日葵新品种，杂交种的产量和籽实含油率的水平接近了国际水平。2006—2015年，自治区自育油葵品种共21个（表5-2-2），其中以内蒙古自治区农牧科学院为代表的科研院所选育的品种10个，以内蒙古天葵种子科技有限公司和北京德农种业有限公司赤峰分公司为代表的企业选育品种10个。同期引进国外油用向日葵品种17个，区外引进10个，其他单位(个人)引进和选育的品种1个，这一时期审（认）定油用向日葵总数48个，分别占总数的21%、21%、35%、21%、2%（图5-2-4）。

表5-2-2 2006—2015年内蒙古自治区自育的通过审定的油用向日葵品种

序号	品种名称	亲本组合	选育单位（个人）	审定编号
1	S510	13630×STR253	北京德农种业有限公司赤峰分公司	蒙审葵2006001号
2	S49	IS16020×IS32000	北京德农种业有限公司赤峰分公司	蒙审葵2007004号
3	巴葵128		巴彦淖尔市农业科学院	蒙审葵2007006号
4	TK601	28013A×RT-55	内蒙古天葵种子科技有限公司	蒙审葵2007009号
5	TK505	TK2105A×TK1152R	内蒙古天葵种子科技有限公司	蒙审葵2008007号
6	S39	14366×34349	北京德农种业有限公司赤峰分公司	蒙审葵2008008号
7	S65	14271×IS32450	北京德农种业有限公司赤峰分公司	蒙审葵2008009号
8	赤葵杂三号	99101-122A×211-21121R	北京德农种业有限公司赤峰分公司	蒙审葵2009016号
9	澳新3号	KH0012A×KH04021R	巴彦淖尔市科河种业有限公司	蒙审葵2010011号
10	先瑞2号	SROS202A×SROS110R	巴彦淖尔市科河种业有限公司	蒙审葵2010012号
11	赤CY101	116A×6032R	赤峰市农牧科学研究院	蒙审葵2011004号
12	内葵杂4号	2062-4A×EX920864-1R	内蒙古自治区农牧业科学院	蒙审葵2011005号
13	巴葵29	Y05-1A×Y05-1C	巴彦淖尔市农牧业科学研究院	蒙审葵2012004号
14	GE817	N2007A×N7010R	赤峰金葵艾利特作物科学研究所	蒙审葵2012006号
15	GE813	N2002A×N7013R	赤峰金葵艾利特作物科学研究所	蒙审葵2013022号
16	赤CY102	261271A×T10R	赤峰市农牧科学研究院	蒙审葵2014008号
17	GE835	N2005A×N7011R	内蒙古金葵艾利特种业有限公司	蒙审葵2014012号
18	富油1号	YA-04A/B×R17	付秉良	蒙审葵2014014号
19	赤CY1003	361152A×110R	赤峰市农牧科学研究院	蒙审葵2015014号
20	GF01	CMS118027×R104052	内蒙古高丰玉米研究中心	蒙审葵2015015号
21	JS833	N2002A×N39003R	赤峰金葵艾利特作物科学研究所	蒙审葵2015016号

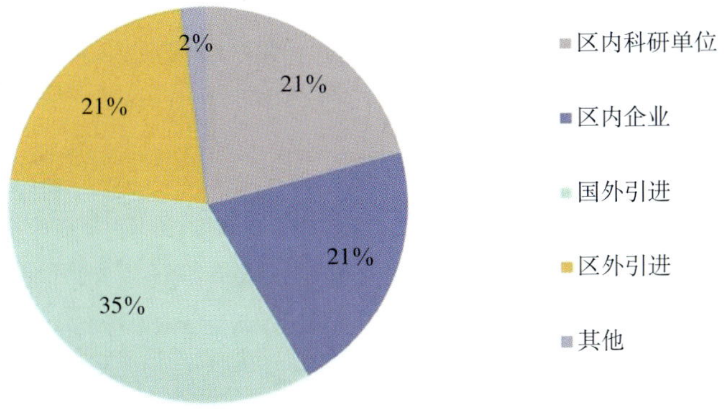

图5-2-4 审（认）定油用向日葵品种来源分析图

（二）食用向日葵品种选育

自治区食用向日葵杂交育种起步较晚。20世纪90年代以前，生产上以地方农家品种为主，如赤峰黑白边、杭后黑大片、星火系列等。具有皮壳薄、口感好的优点，但存在株高过高、抗病性差、花期长、整齐度不一致、产量低的问题。国外杂交种具有产量高、整齐一致、抗病抗逆性强等优势。从1999年开始，国外品种陆续通过审（认）定进入自治区市场。随着国外品种的大量引进，自治区食用向日葵育种的种质资源得到丰富，各育种单位通过对国外引进资源的筛选、鉴定、加代提纯，结合对本地农家品种的收集整理与变异挖掘，通过自交、测交、回交等育种手段，创新出高质量的配套杂交三系材料，育种水平不断提升，育种进程不断加快。2006—2015年，自治区育种单位共育成食用向日葵品种49个（表5-2-3）。其中，科研院所选育的品种18个，企业选育的品种26个，同期引进国外食用向日葵品种34个，其他单位(个人)引进和选育的品种36个，这一时期审(认）定食用向日葵总数114个，分别占总数的16%，23%，30%，31%（图5-2-5）。

表5-2-3　2006-2015年内蒙古自治区自育的通过审定的食用向日葵品种

序号	品种名称	亲本组合	选育单位（个人）	审定编号
1	SC89	AC855A/25028×65101	北京德农种业有限公司赤峰分公司	蒙审葵2006002号
2	硕葵三	“大马牙”原群体代号（P3群体）	北京德农种业有限公司赤峰分公司	蒙审葵2006003号
3	TK901	1066A×1070R	内蒙古天葵种子科技有限公司	蒙审葵2006006号
4	TK909	SMA410A×STA78R	内蒙古天葵种子科技有限公司	蒙审葵2007008号
5	TK929	1066A×CR21	内蒙古天葵种子科技有限公司	蒙审葵2008001号
6	巴葵118	S05-3A×S05-24	巴彦淖尔市农业科学研究院	蒙审葵2008002号
7	科阳5号	T03-37A/B×R1017	内蒙古农牧业科学院作物所	蒙审葵2008003号
8	SC009	02N96219A×R8830	北京德农种业有限公司赤峰分公司	蒙审葵2008004号
9	硕葵二	89-1-3m×星火葵花	北京德农种业有限公司赤峰分公司	蒙审葵2008005号
10	科阳3号	T03-37A/B ×R1012	内蒙古农牧业科学院作物所	蒙审葵2009001号
11	科阳1号	T03-231A/B×R03-907	内蒙古农牧业科学院作物所	蒙审葵2009002号
12	CH609	CH0105A/B×R0166	五原富田种业	蒙审葵2009008号
13	JK518	30510A×08R	呼和浩特市金色世纪种业有限公司	蒙审葵2009010号
14	享禾大白边	奈曼大磕	奈曼旗享禾种业有限责任公司	蒙审葵2009011号
15	大通农葵1号	黑白边	扎鲁特旗大通种业有限公司	蒙审葵2009012号
16	T33	T03-367A/B×R718	内蒙古农牧业科学院	蒙审葵2010001号
17	科阳7号	T03-41A/B×R1012	内蒙古农牧业科学院	蒙审葵2010002号
18	SH6009	A099×60R9	内蒙古三瑞种业有限责任公司	蒙审葵2010003号

（续）

序号	品种名称	亲本组合	选育单位（个人）	审定编号
19	先瑞9号	65A × 3018R	巴彦淖尔市科河种业有限公司	蒙审葵2010004号
20	巴葵138	S05-2A × S05-25	巴彦淖尔市农牧业科学研究院	蒙审葵2010006号
21	赤葵219	来源于黑大嗑	赤峰市农牧科学研究院	蒙审葵2010010号
22	AD6199	105A × 447R	杨荐钧	蒙审葵2011010号
23	SD997	AB1507 × 163-3	五原县世达会社	蒙审葵2011014号
24	SD998	AB1513 × 183-8	五原县世达会社	蒙审葵2011015号
25	赤葵301	来源于元宝磕	赤峰市农牧科学研究院	蒙审葵2012012号
26	C8368	052A × 089R	赤峰市农牧科学研究院	蒙审葵2013002号
27	赤葵2008	072A × 082R	赤峰市农牧科学研究院	蒙审葵2013003号
28	DS1069	0917A × 06R	康杰	蒙审葵2013004号
29	J7028	0415A × H-0416R	杜兰珍	蒙审葵2013007号
30	FN6898	210A × 304F	内蒙古丰农种业有限公司	蒙审葵2013008号
31	C3167	G3100A × E0067R	张国翠	蒙审葵2013013号
32	GE9316	N3106A × N9032R	赤峰金葵艾利特作物科学研究所	蒙审葵2013014号
33	SD999	AB1514 × 1839-6	五原县世达会社	蒙审葵2013018号
34	SR9009		内蒙古大地金韵种业有限责任公司	蒙审葵2013019号
35	赤葵502		赤峰市农牧科学研究院	蒙审葵2013020号
36	科河三号	K1 × 09	巴彦淖尔市科河种业有限公司	蒙审葵2014001号
37	A061	A0061G × R113	五原县四季新农贸科技有限责任公司	蒙审葵2014002号
38	先瑞14	K9A × 恢119	巴彦淖尔市科河种业有限公司	蒙审葵2014003号
39	DS606	HA99-221 × HR01-888	康杰	蒙审葵2014004号
40	T338	901A × 082R	赤峰市农牧科学研究院	蒙审葵2014006号
41	T339	4014A × 086R	赤峰市农牧科学研究院	蒙审葵2014007号
42	SH338	A03-6 × 06R-2	内蒙古三瑞农业科技有限公司	蒙审葵2014010号
43	SD918	SDS04413 × SDD59	五原县世达会社	蒙审葵2014011号
44	SH361	A436 × R06-1264-1	内蒙古三瑞农业科技有限公司	蒙审葵2015001号
45	SD915	SDS04414 × SDD586	五原县世达向日葵种业有限责任公司	蒙审葵2015004号
46	TR309	3142A × 092R	赤峰市农牧科学研究院	蒙审葵2015006号
47	KH912	K11 × 755	巴彦淖尔市科河种业有限公司	蒙审葵2015009号
48	GE9157	SM1004A × ZF4023R	赤峰金葵艾利特作物科学研究所	蒙审葵2015010号
49	JS939	SM1004A × ZF4022R	赤峰金葵艾利特作物科学研究所	蒙审葵2015011号

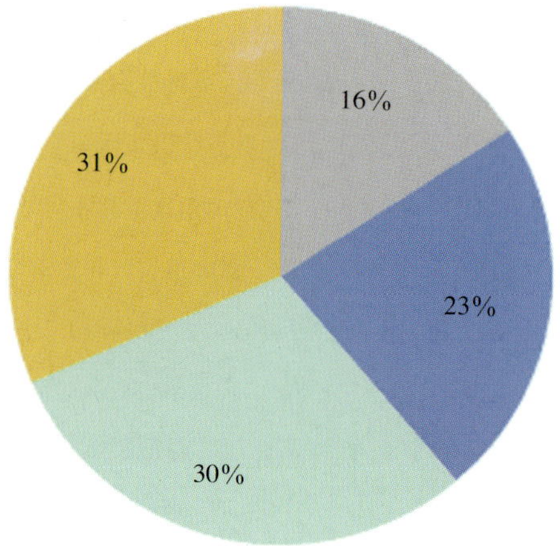

图5-2-5　审（认）定食用向日葵品种来源分析图

三、小麦新品种选育

自治区推广的小麦都是常规品种，与玉米、向日葵、高粱等杂交作物相比育种投入回报率低，因而企业品种创新动力不足，育种投入相对少。2006—2015年，全区自育并通过审定的小麦品种共计10个，育种单位80%集中在内蒙古农牧业科学院、巴彦淖尔市农牧业科学院、拉布大林农场等为代表的科研单位和国有农场，企业选育只占20%（表5-2-4）。在育成的10个品种中，中高产水地品种6个，旱地品种4个。有些品种在自治区东西部水旱地均可种植，如农麦5号。从产量结构模式来看，以中穗型和多穗型品种为主，蛋白质含量在11.0%～17.5%，湿面筋含量在25.3%～38.9%，沉降值在27.0～65.8毫升，稳定时间1.3～20.0分钟。其中拉07-0145为强筋小麦品种，稳定时间达到20分钟，其他属于优质中筋品种。从抗性鉴定结果看，巴麦11对叶锈病表现免疫，农麦3号对条锈病高抗，农麦3号、农麦4号对秆锈病表现免疫。对于黄矮病、根腐病、赤霉病、白粉病等未有高抗品种，大部分表现为感病，只有2个品种表现为中抗。

常规育种是内蒙古自治区小麦品种选育应用最为普遍、成熟和有成效的方法。2000年以来，各小麦育种单位以常规杂交育种为基础，结合花药培养、太谷核不育及矮败轮回群体选择、分子标记、航天育种和辐射诱变等技术，形成了常规育种与现代技术相结合的育种技术体系，提高了育种效率和水平。如海拉尔农牧场管理局拉不大林农牧场从2003年开始进行航天育种，通过航天搭载，一些材料发生了遗传基因突变，千粒重、粒色、株高、株型、抗逆性、生育期等农艺性状变化明显，抗逆性、产量比原来有所增加。格来尼选育出了长芒、优质品系，拉2577（白皮）选育出了优质、红皮、比拉2577增产显著的一大批材料（图5-2-6）。内蒙古自治区农牧业科学院通过花药培养，选育出优质、高产材料蒙花1号等。此外，内蒙古农牧业科学院和巴彦淖尔市农牧科学院开展的太谷核不育、矮败不育研究取得了较大进展，建立了轮回选择群体，出现了一批有前景的优良后备品系。

表5-2-4　2006—2015年内蒙古自治区通过审定的自育小麦品种

序号	品种名称	亲本组合	选育单位	审定编号
1	丰实麦3号	六倍小黑麦×克90-514	牙克石丰实种业有限责任公司	蒙审麦2008001 号
2	巴丰6号	(拉繁8/高优503)×新春6号	巴彦淖尔市农科院	蒙审麦2008002号
3	拉2577	2916变异株	拉布大林农牧场	蒙审麦2010001号
4	拉1553-3	9874×9857	拉布大林农牧场	蒙审麦2011001号
5	巴麦11	巴97-8360×1608、96-4870、91L鉴37	巴彦淖尔市农牧业科学研究院	蒙审麦2011002号
6	农麦3号	永920×蒙花1号	内蒙古农牧业科学院	蒙审麦2011003号
7	农麦4号	蒙花1号×农麦201	内蒙古自治区农牧业科学院作物所	蒙审麦2012001号
8	拉07-0145	来源于格来尼诱变种	拉布大林农牧场	蒙审麦2014001号
9	农麦5号	巴97-8812/SD3620	内蒙古农牧业科学院作物所	蒙审麦2015001号
10	巴麦12	冀麦31/永良4号	巴彦淖尔市农牧业科学研究院 巴彦淖尔兆丰种业粮食有限公司	蒙审麦2015002号

图5-2-6　拉布大林农场小麦品种拉07-0145（太空格来尼）种植田

四、大豆新品种选育

2006—2015年自治区自育并通过审定的大豆品种共36个（表5-2-5）。其中，呼伦贝尔市农业科学研究所选育（含合作）的蒙豆、登科系列品种达到17个，占总数的42.7%，品种研发能力非常突出。在36个选育品种中，高油品种共计6个（登科1、登科3、登科7、蒙豆18、蒙豆26、蒙豆28）、高蛋白品种共计2个（蒙豆36、蒙豆38），超早熟品种蒙豆31号、登科2号生育期仅为80天，生产所需积温只有1 750℃，将我国大豆生产向北推移了一个纬度（达到北纬50°），为国内首创。在生产上应用面积较大的自育品种有登科1、登科3、登科7、蒙豆9号、蒙豆12、蒙豆14、蒙豆16、蒙豆30（图5-2-7）、疆莫豆1号、天源二号等。

图5-2-7　莫力达瓦自治旗宝山镇大豆品种蒙豆30种植田

表5-2-5　2006—2015年内蒙古自治区通过审（认）定的自育大豆品种

序号	品种名称	亲本组合	选育单位	审（认）定编号
1	蒙豆19	蒙豆9号×蒙豆7号	呼伦贝尔市农业科学研究所	蒙审豆2006001号
2	蒙豆20	北丰9号×嫩良4号	呼伦贝尔市农业科学研究所	蒙审豆2006002号
3	蒙豆21	绥农10号×蒙豆9号	呼伦贝尔市农业科学研究所	蒙审豆2006003号
4	丰豆2	安7163×东农47	内蒙古兴安盟农研所	蒙审豆2006004号
5	蒙豆24	从94-96的9株变异株中选出的1个株系	内蒙古自治区农业技术推广站	蒙审豆2006006号
6	兴豆5号	抗线2号×黑88-3329	内蒙古兴安盟农研所	蒙审豆2007001号

（续）

序号	品种名称	亲本组合	选育单位	审（认）定编号
7	蒙豆26	绥农10号×蒙豆9号	呼伦贝尔市农业科学研究所	蒙审豆2007003号
8	蒙豆18	绥农11×北丰14	呼伦贝尔市农业科学研究所	蒙审豆2007004号
9	蒙豆25	蒙豆24变异株	内蒙古农业技术推广站	蒙审豆2007006号
10	天源一号	北疆94-384X×北丰13	大杨树天源种业科技发展有限责任公司	蒙审豆2007008号
11	天源二号	垦鉴豆27×垦鉴豆1号	大杨树天源种业科技发展有限责任公司	蒙审豆2007009号
12	蒙豆28	绥农11×北丰14	呼伦贝尔市农业科学研究所	蒙审豆2008001号
13	蒙豆30	蒙豆16×89-9	呼伦贝尔市农业科学研究所	蒙审豆2009001号
14	登科3号	丰豆2号×呼交03-286	莫力达瓦达斡尔族自治旗登科种业有限责任公司、呼伦贝尔市农业科学研究所、赤峰市农牧科学院、鄂伦春旗大杨树天源种业科技发展有限责任公司	蒙审豆2010001号
15	蒙豆32	内豆4号×呼交03-932	呼伦贝尔市农业科学研究所 内蒙古农牧业科学院	蒙审豆2010002号
16	蒙豆33	蒙豆16×Dekabig	呼伦贝尔市农业科学研究所 呼伦贝尔市种子管理站	蒙审豆2010003号
17	登科2号	内豆4号×呼交04-3	内蒙古大民种业有限公司	蒙审豆2011001号
18	蒙豆31	内豆4号×蒙豆19	呼伦贝尔市农业科学研究所 内蒙古农牧业科学院 赤峰市农牧科学院 兴安盟农业科学研究所	蒙审豆2011002号
19	赤豆三号	公交9210-11×赤豆一号	赤峰市农牧科学研究院	蒙审豆2011003号
20	登科4号	蒙豆14×黑河18	莫旗登科种业有限责任公司	蒙审豆2012001号
21	登科5号	02-146×黑河38	莫旗登科种业有限责任公司	蒙审豆2012002号
22	登科6号	绥农10号×呼交03-286	莫旗登科种业有限责任公司 内蒙古农牧业科学院	蒙审豆2012003号
23	蒙豆34	中作992×蒙豆17	呼伦贝尔市农业科学研究所	蒙审豆2012004号
24	蒙豆35	蒙豆21×中作991	呼伦贝尔市农业科学研究所	蒙审豆2012005号
25	蒙豆36	蒙豆13×黑农37	呼伦贝尔市农业科学研究所	蒙审豆2012006号
26	登科7	蒙豆13×绥农6号	莫旗登科种业有限责任公司	蒙审豆2013001号
27	登科8号	绥农10号×疆莫豆1号	莫旗登科种业有限责任公司 五大连池市富民种子有限责	蒙审豆2013002号

（续）

序号	品种名称	亲本组合	选育单位	审（认）定编号
28	蒙豆37	内豆4号×蒙豆19	呼伦贝尔市农业科学研究所	蒙审豆2013003号
29	蒙豆38	蒙豆21×黑河38	呼伦贝尔农业科学研究所 中国农业科学院作物科学研究所	蒙审豆2013004号
30	蒙科豆1号	蒙农471×东农47	内蒙古农牧业科学院	蒙审豆2013005号
31	蒙科豆2号	宝丰7号×东农42	内蒙古农牧业科学院	蒙审豆2013006号
32	赤豆4号	东农42/赤豆一号	赤峰市农牧科学研究院	蒙审豆2014001号
33	登科9号	蒙豆14/黑河18	莫旗登科种业有限责任公司	蒙审豆2015001号
34	登科10号	蒙豆18/中作992	莫旗登科种业有限责任公司	蒙审豆2015002号
35	厚豆1号	来源于吉林35变异株	通辽市厚德种业有限责任公司	蒙审豆2015004号
36	登科1号	蒙豆13×垦鉴豆27	呼伦贝尔市农业科学研究所	蒙认豆2010001号

五、马铃薯新品种选育

2006—2015年自治区自育、通过审定的品种共计8个（表5-2-6），类型涉及鲜食、薯片和薯条加工、淀粉加工及彩色专用薯等。育种方法以传统杂交和品种自然变异筛选为主。在我国马铃薯资源不够丰富、遗传背景较为狭窄的情况下，自治区这一阶段育成的马铃薯品种的遗传背景有所拓宽，含有不同血缘的种质资源广泛应用于品种选育中：有以引入并在生产上广泛应用的品种Favorita、Atlantic、Shepody为亲本育成早熟、薯片薯条加工的品种；有通过国际合作交流从国际马铃薯中心及俄罗斯等机构和国家引入的资源材料应用于品种选育，育成高淀粉马铃薯品种和彩色马铃薯品种。育种单位集中在呼伦贝尔市农研所和内蒙古农牧业科学院。其中，呼伦贝尔市农研所开展马铃薯育种已经40多年，拥有丰富的育种资源，先后育成内薯、呼薯、蒙薯等系列的众多优良品种。

表5-2-6　2006—2015年内蒙古自治区通过审定的自育马铃薯品种

序号	品种名称	亲本组合	选育单位	审定编号
1	兴薯一号	中薯3号变异株	兴安盟农业科学研究所	蒙审薯2009002号
2	蒙薯16	卫道克×内薯7号	呼伦贝尔市农业科学研究所	蒙审薯2010001号
3	蒙薯18	Favorita×3-4-4	内蒙古马铃薯脱毒种薯繁育中心 内蒙古正丰马铃薯种业股份有限公司	蒙审薯2010002号
4	LT1533	F1533筛选而成	内蒙古农牧业科学院 内蒙古铃田生物技术有限公司	蒙审薯2011001号

（续）

序号	品种名称	亲本组合	选育单位	审定编号
5	蒙薯19	呼单82-246 × 内薯7号	呼伦贝尔市农业科学研究所	蒙审薯2011002号
6	蒙薯20	呼薯8号 × 呼8206	呼伦贝尔市农业科学研究所	蒙审薯2011003号
7	红美	Ns-3 × LT301	内蒙古农牧业科学院 内蒙古铃田生物技术有限公司	蒙审薯2014001号
8	民丰红	底西芮/AH7	内蒙古民丰薯业有限公司	蒙审薯2015003号

六、高粱新品种选育

内蒙古自治区高粱育种研究进程与全国同步，先后经历了地方品种整理阶段（包括品种系统选育）、杂种优势利用阶段、专用品种选育阶段三个阶段。

地方品种整理阶段。20世纪50年代初开始对高粱地方品种进行搜集、整理，选择满足生产需求的优良农家品种，如通辽地区的转窝白、米高粱、喜鹊白、大青粮、矬子钻、紧码黄、小青米、小白粮、平身白、马尾巴、黑老大、二蛇眼、大青米、大红粱；赤峰地区的黄罗散、大黄窝、白高粱、黄壳大白顶、白壳高粱、大蛇眼、红壳高粱、黄壳高粱、大青米、关东青、朝阳白；巴彦淖尔地区的黄壳白；乌兰察布地区的二牛心高粱；鄂尔多斯地区的短三尺等品种。此阶段高粱都为高秆品种，单产较低，全区各地都有种植，籽粒以食用为主。在农家品种整理、评选的基础上，从20世纪60年代开始利用混合集团法、系统选育法开展地方品种的系选工作，推广范围较大的系选品种有赤峰地区的昭农129、昭农219、昭农300等系列品种，通辽地区的大白壳等，呼和浩特地区的永84、791、络马、苏马克等品种。

杂种优势利用阶段。20世纪60年代中后期，自治区各地陆续开展了高粱“三系”的选育研究。20世纪70年代初期，高粱“三系”育种方法被广泛应用。各地育种材料种类多样，具有地域、亲缘差异的优势，区域之间材料交流频繁。通过国外引进优良不育系3197AB与早熟类型材料杂交与回交转育，先后选育出了哲1A、哲3A、哲13A、哲15A、哲17A、哲18A、314A、繁6A、繁7A、繁8A、赤12A、赤A6、赤A7、赤10A等不育系，以及5933、7788、7654、7663、5-514、7657、哲恢50、哲恢40、哲恢58等恢复系。逐步形成了通辽地区的哲不育系统和赤峰地区赤不育系统。同时，从吉林、辽宁、黑龙江等地引进黑龙1、黑龙3、黑龙30A、红棒子A、护2A（1964年育成）、矬1A（1964年育成）、黑龙11A（采取杂交选育法育成）等雄性不育系，吉恢7384（采取杂交选育法育成，含亨加利亲缘）、忻粱52、护22、忻粱8号、哈恢1号、吉恢13等恢复系，极大地丰富了高粱育种资源。这一阶段育成的代表性品种有哲杂2号、哲杂4号、哲杂12以及赤杂6号、赤杂716等。20世纪70年代后期高粱种植面积逐步压缩，并逐步向优势区域集中，开始向东部地区的干旱、半干旱山沙两区的边际地区移动，但单产持续提升。高粱品种向中矮秆发展，株高一般在2米左右。1976年农业部主持召开高粱品质育种攻关协作会后，自治区各科研单位积极开展品质育种工作，如通辽农科院选育的内杂5、哲杂15，赤峰农科院选育的赤杂731、赤杂783，赤峰县东沙荒良种场选育的赤育7、赤育8、赤育9等优良品种，这批杂交种的产量与蛋白质含量有较大的提高，单宁含量明显降低。20世纪80年代中早熟品种“敖杂1号”和中熟品种“内杂5号”的成功选育，标志着自治区高粱育种达到全国领先水平。1985年后自治区开始了矮秆优良亲本的选育和引进，这一时期利用的高粱雄性不育系基本全部是非洲高粱Tx3197A衍生系，不育系的细胞质都是迈罗细胞质（A_1细胞质）。细胞核的来源主要有东北早熟矮高粱，国外的卡佛尔、迈罗、库班红及其杂交后代，含有Tx3197B的中外杂交类型。杂种优势利用模式基本为中国高粱×中国高粱或倾中国高粱。偏非洲亲缘类型的早熟不育系314A的育成拓展了自治区高粱杂优利用模式：由原来中国高粱×中国高粱改变为倾南非高粱×中国高粱或倾中国高粱。中熟、中晚熟品种杂优模式多为中国高粱×中国高粱或倾中国高粱，中外混血高粱×中国高粱或倾中国高粱等类型。

专用品种选育阶段。从20世纪90年代后期开始，酿造专用高粱成为生产中的主体，食用高粱、帚用高粱、饲草高粱、能源甜高粱新品种也随着市场的需求变大而逐步受到重视。高粱育种目标逐步向酿造、饲用、能源等专用方向调整。新品种选育呈现几大特点：一是品种株高显著降低，逐步向机械化专用品种过渡；二是杂优利用模式类型进一步拓宽。随着含有国外血缘的新育种基础材料的不断育成和引进，特别是印度A_2细胞质不育系TAM428A、A_2V4A、和吉352的引进与创新利用，细胞质应用类型逐渐由单一A_1细胞质转变为A_1、A_2两类细胞质的应用。2008年以来从吉林、黑龙江以及辽宁引进的材料进一步充实了自治区的育种材料体系，如从吉林农科院引进的吉2055A。

图5-2-8　高粱品种赤杂109全株

2006—2015年，自治区自育高粱品种共计37个（表5-2-7），其中，按应用类型划分有能源甜高粱及饲（草）用高粱新品种通甜1、中能1号；食用高粱赤杂101、稼德5号；食用酿造兼用型高粱通杂120；帚用高粱赤笤2号、赤笤4号；极早熟、早熟矮秆机械化类型品种通早2号、赤杂109（图5-2-8）、鑫杂1号等，标志着自治区高粱育种从单一酿造用品种，逐步向酿造、饲用、食用以及帚用等多元化专用化品种方向发展。

表5-2-7　2006—2015年内蒙古自治区通过审（认）定的自育高粱品种

序号	品种名称	亲本组合	选育单位（个人）	审（认）定编号
1	赤杂28	赤A7×7654	赤峰市农牧科学研究院	蒙审粱2010001号
2	峰杂2	繁8A-2×7658	赤峰农业科学研究所种子公司	蒙审粱2010002号
3	通杂108	哲18A×哲恢58	通辽市农业科学研究院	蒙审粱2010003号

（续）

序号	品种名称	亲本组合	选育单位（个人）	审（认）定编号
4	金杂59	88A×6612	董力华	蒙审粱2011001号
5	金杂6号	66A×5512	赤峰金穗种子科技有限公司	蒙审粱2011002号
6	通杂120	哲20A×哲恢55	通辽市农业科学研究院	蒙审粱2011003号
7	丰杂118	D98A×5-27	赤峰和谐科技种业有限公司	蒙审粱2011004号
8	赤杂29	赤A6×7654	赤峰市农牧科学研究院	蒙审粱2011009号
9	红粱18	L071A×L15R	开鲁县辽河种业有限责任公司	蒙审粱2012001号
10	红粱25	L023A×L052R	开鲁县辽河种业有限责任公司	蒙审粱2012002号
11	内杂129	677A×5216	张桂珍、赵艳华、宋胜利	蒙审粱2012004号
12	赤粱2号	C5A ×H74	赤峰赤粱种业科技有限责任公司	蒙审粱2012005号
13	赤杂101	赤A5×0322	赤峰市农牧科学研究院	蒙审粱2012006号
14	通杂130	哲18A×哲恢56	通辽市农业科学研究院	蒙审粱2012007号
15	通甜 1	哲甜112A×哲恢145	通辽市农业科学研究院	蒙审粱2012009号
16	厚杂9	H25A×HA1	通辽市厚德种业有限责任公司 吉林市宝丰种业有限公司	蒙审粱2013001号
17	赤粱4号	314A×R185	赤峰赤粱种业科技有限责任公司	蒙审粱2013003号
18	鑫杂1号	314A×鑫133	巴林左旗鑫达种业有限公司	蒙审粱2013004号
19	鑫杂2号	428A×鑫133	巴林左旗鑫达种业有限公司	蒙审粱2014001号
20	赤粱6号	C2A×R16	赤峰赤粱种业科技有限责任公司	蒙审粱2014002号
21	高杂4	FM1A×FF1R	范永涛	蒙审粱2014003号
22	蒙杂25	M1A×F100R	通辽市少数民族农牧业技术开发中心	蒙审粱2014004号
23	丰杂11	008A×411	赤峰大地种业有限责任公司	蒙审粱2014005号
24	富杂12	2055A×5372	刘丽华	蒙审粱2014006号
25	敖杂13	TA428×L206	赤峰亚东种业有限责任公司	蒙审粱2014007号
26	中能1号	3433A×ZN20101R	中兴能源（内蒙古）有限公司	蒙审粱（饲）2014001号
27	鑫杂4	314A×鑫456	巴林左旗鑫达种业有限公司	蒙审粱2015001号
28	通早2号	哲44A×哲恢61	通辽市农业科学研究院 内蒙古民族大学	蒙审粱2015002号
29	赤杂109	075A×8291	赤峰市农牧科学研究院	蒙审粱2015003号
30	新杂2号	3144A×1101	敖汉鹏程农业科技发展有限公司	蒙审粱2015006号
31	赤杂110	55A×083	赤峰市农牧科学研究院	蒙审粱2015007号
32	稼德8号	D613A×D39	赤峰德丰种业有限公司	蒙审粱2015008号

（续）

序号	品种名称	亲本组合	选育单位（个人）	审（认）定编号
33	瑞杂7号	GM502 × GF6	赤峰瑞禾晟种业有限公司	蒙审粱2015009号
34	稼德5号	D351A × 7501-3	赤峰德丰种业有限公司	蒙审粱2015010号
35	蒙杂12	D84-10A × H29	赤峰大地种业有限责任公司	蒙审粱2015011号
36	赤笤2号	源于粘高粱变异株	赤峰市农牧科学研究院	蒙认粱2011001号
37	赤笤4号	源于敖包黄苗变异株	赤峰市农牧科学研究院	蒙认粱2011002号

七、谷子新品种选育

内蒙古自治区是全国谷子四大生产基地之一，特别是赤峰谷子因其具备米质优良，口感绵软，回味流香等品质享誉全国。根据从内蒙古赤峰市敖汉旗古代遗址出土的黍和粟碳化颗粒标本研究证明，敖汉地区是世界四大粮食作物中黍和粟的发源地，也是我国古代旱作农业起源地，谷子的种植历史可追溯到8 000年前。经长期自然和人工的选择及驯化栽培，形成了谷子丰富的遗传变异和优异种质。内蒙古各育种单位应用常规育种方法，在广泛搜集优良种质资源的基础上，以品种间人工有性杂交的方法为主来创造变异，把亲本间的有利基因组合在一起，在杂种后代的变异株中采用系谱法及派生系谱法进行定向选择，逐步稳定成新品种，取得了丰硕的成果。李书田对2006—2015年自治区认定的常规谷子品种（表5-2-8）的遗传组成模式进行了分析：在20个品种中的亲本中，朱砂谷占25.0%、赤谷4占20.0%、黄金苗占20.0%、赤谷8占15.0%、承谷8占15.0%、红谷占10.0%。优质、抗病、耐旱、耐瘠、适应性好的品种是这一时期育种的骨干材料。优质成为突出的育种目标，认定的常规品种中有4个品种在全国优质食用粟评选中获得优质米称号。2006年以来，自治区谷子种植面积增长迅速，2014年达到450万亩，谷子收购价格一度突破10元/千克，均达到历史高点。其中，赤峰市种植面积占全区总种植面积的70%以上。生产上优良种子、化肥、农药、农膜、农机具等投入量有所增加。除草剂开始在生产中应用，简化栽培和机械化作业开始在生产中广泛推广。在灌溉条件下，谷子产量超过500千克/亩。种植效益的提升与生产的发展带动了谷子新品种选育工作。一批高产、优质、抗倒、适合机械化收获的谷子品种相继选育成功。这一时期，内蒙古农牧科学研究院选育了蒙丰谷7号、蒙黑谷8号、蒙早谷9号、蒙丰谷11，国审高蛋白低脂肪谷子品种蒙健谷10号作为粮饲兼用谷子新品种，获得国家一级优质米证书2项，国家二级优质米证书3项；赤峰市农牧科学研究院选育的赤谷8号、赤谷9号、赤谷10号（图5-2-9）在这一时期得到大面积推广，2009—2014年，赤谷系列品种全区累计种植面积达到800万亩以上。蒙金谷一号、蒙早谷9号、峰谷11、峰谷12、沁谷一号、鑫谷5号、金谷11等品种也都有较大种植面积。

杂交谷子选育在一时期也有了重大突破：1978年赤峰市胡洪凯等人首次发现了谷子显性核不育基因，之后又进行遗传机理及三系配套研究。赤峰的姚占廷等人又发现了谷子矮秆基因，为谷子的杂优育种打开了方便之门。2011年随着全国谷子杂种优势利用的开展，自治区谷子杂种优势利用方面也取得了成绩，赤杂谷1号、赤杂谷5号、峰杂1号3个杂交谷子品种相继选育成功。

图5-2-9　赤峰市谷子品种赤谷10号种植田

表5-2-8　2006—2015年内蒙古自治区自育的通过认定的谷子品种

序号	品种名称	亲本组合	选育单位（个人）	认定编号
1	丰田501		赤峰市丰田科技种业有限公司	蒙认谷2006001号
2	绿野谷	青谷子变异株	张海儒、张殿云、娄士林	蒙认谷2007001号
3	峰谷11	承谷8号×赤谷4号	赤峰市农业科学研究所	蒙认谷2007002号
4	蒙丰谷7号	朱砂谷×83旱574	内蒙古农牧业科学研究院	蒙认谷2007003号
5	蒙黑谷8号	朱砂谷×83旱574	内蒙古农牧业科学研究院	蒙认谷2007004号
6	蒙早谷9号	朱砂谷×83旱574	内蒙古农牧业科学院	蒙认谷2008001号
7	蒙丰谷11	朱砂谷×83旱574	内蒙古农牧业科学院	蒙认谷2008002号
8	沁谷一号	赤谷五变异株	喀喇沁旗三泰种业有限公司	蒙认谷2008003号
9	峰谷12	承谷8号×赤谷4号	赤峰市农业科学研究所	蒙认谷2009001号
10	敖谷1号	黄金谷变异株	赤峰市敖汉旗广辉种业销售部	蒙认谷2010001号
11	宇谷1号	朝阳齐头白变异株	赤峰宇丰科技种业有限公司	蒙认谷2010002号
12	赤杂谷1号	科A1×R65-2	赤峰科凯杂交谷子科技开发实验站	蒙认谷2011001号
13	赤杂谷5号	科A3×R65-2	赤峰科凯杂交谷子科技开发实验站	蒙认谷2011002号
14	峰谷13	赤谷10号×承谷8号	赤峰市农牧科学研究院	蒙认谷2011003号
15	金谷11	小黄米×黄八叉	赤峰金穗种子科技有限公司	蒙认谷2011006号
16	峰红谷	赤谷8号×红谷	赤峰市农牧科学研究院	蒙认谷2012001号

（续）

序号	品种名称	亲本组合	选育单位（个人）	认定编号
17	鑫谷10	赤谷4×河北小香米	巴林左旗鑫达种业有限公司	蒙认谷2012002号
18	金丰谷	大金苗的变异株	巴林左旗鑫达种业有限公司	蒙认谷2012003号
19	鑫谷5号	赤谷4号变异株	巴林左旗鑫达种业有限公司	蒙认谷2013001号
20	大地金谷1号	来源于山西农家谷的变异株	赤峰大地种业有限责任公司	蒙认谷2014001号
21	峰杂1号	12A×9365	赤峰市农牧科学研究院	蒙认谷2014002号
22	金谷23	承谷10号/黄八叉	赤峰金穗种子科技有限公司	蒙认谷2015001号
23	峰谷15	赤谷8号/K122	赤峰市农牧科学研究院	蒙认谷2015002号

八、甜菜新品种选育

自治区甜菜新品种选育集中在内蒙古农牧业科学研究院、内蒙古农业大学、包头华资实业股份有限公司3家单位。2006—2015年，共选育出甜菜品种13个（表5-2-9）。其中，内蒙古农牧业科学研究院选育的内甜单1、内甜抗202、内甜抗203等系列品种对丛根病具有较好的抗性。内蒙古农业大学选育的农大甜研6号是通过秋水仙素诱变结合生理选择培育父、母本，进行杂交而成的普通多倍体，抗褐斑病、根腐病。

表5-2-9　2006—2015年内蒙古自治区自育的通过审定的甜菜品种

序号	品种名称	亲本组合	选育请单位	审定编号
1	内甜单1	N9849×N98122	内蒙古农牧业科学院甜菜研究所	蒙审甜2006001号
2	内甜抗202	HBB-1×AB8301	内蒙古农牧业科学院甜菜研究所	蒙审甜2006002号
3	内甜抗203	HBB-3×AB19/120-19E	内蒙古农业科学院甜菜研究所	蒙审甜2006003号
4	内甜204	HBB-1×N98122-1	内蒙古农业科学院甜菜研究所	蒙审甜2007001号
5	农大甜研5号	334-77 Co40-3-x×T-4812-3-x	内蒙古农业大学甜菜生理研究所	蒙审甜2007004号
6	BHK1号	KWS26194×BS95462	包头华资实业股份有限公司甜菜研究所	蒙审甜2008001号
7	BHK2号	KWS26597×BR219C	包头华资实业股份有限公司甜菜研究所	蒙审甜2008002号
8	内2499	N9849×RZ1	内蒙古自治区农业科学院甜菜研究所	蒙审甜2010002号
9	内28102	N9865×RZ1	内蒙古自治区农业科学院甜菜研究所	蒙审甜2011002号

（续）

序号	品种名称	亲本组合	选育请单位	审定编号
10	农大甜研6号	NDWF-1208×NDWZ-4602	内蒙古农业大学	蒙审甜2012001号
11	农大甜研7号	ND101MS × T219-3	内蒙古农业大学	蒙审甜2012002号
12	内28128	N9849×HBB-1-C281	内蒙古自治区农业科学研究院甜菜研究所	蒙审甜2012004号
13	内2963	N9849×（N98196×HBX-5）	内蒙古自治区农牧业科学研究院特色作物研究所	蒙审甜2014001号

第三节　育种专家与科研成果

一、徐万陶

（一）简历

男，1941年12月出生，汉族，中共党员。1967年9月毕业于内蒙古农牧学院；1969—1980年先后在海拉尔农牧场管理局牙克石农场，免渡河农场、局农垦大学任技术员、站长、副场长、校长；1982—2001年，任内蒙古兴安盟农牧场管理局副局长、总农艺师；1999年至今，任内蒙古丰垦种业有限责任公司董事长、总经理（图5-3-1）。

图5-3-1　玉米育种家徐万陶

（二）科研成果

培育各类自交系6 000余份。截至2015年，育成的“兴垦”牌玉米品种已通过审定的16个，其中有2个通过国审。先后荣获农业部丰收计划一等奖1项（第4人），农业部丰收计划二等奖、三等奖，内蒙古农业厅丰收计划奖，农业部农业技术推广先进工作者（1999年），兴安盟科技突出贡献奖（2011年）。

二、郭志明

（一）简历

男，1960年9月出生，汉族，农业技术推广研究员。1982年吉林农业大学农学系毕业。1982年9月至2001年7月在通辽市农业科学研究院工作。2001年8月至2012年8月，在通辽市金山种子科技有限公司工作。现任内蒙古中农种子科技有限公司副总经理（图 5-3-2）。

图5-3-2　玉米育种家郭志明

（二）科研成果

1982年9月至2001年7月在通辽市农科院从事玉

米新品种选育、研发推广工作，参与选育并推广了黄莫417、哲单7、哲单35、哲单36、哲单37、哲单38、哲单39、哲单14、哲单20等玉米新品种；2001年8月至2012年7月，在通辽金山种业科技有限责任公司研发和推广了金山1、金山2、金山12、金山27（2011年国审）、金山28、金山33、金山126等金山系列玉米新品种27个。先后在省级刊物上发表了《玉米胚胎杂种优势利用的实践意义》《保障玉米群体均衡发育，充分发挥良种增产潜力》，在国家级刊物上发表了《玉米杂交种哲单7选育研究报告》《高产耐密型新杂交种金山27号选育与应用》等论文十余篇。先后获得内蒙古自治区科技进步二等奖1项、三等奖1项，通辽市科技进步一等奖3项、二等奖1项。

三、姚金元

（一）简历

男，1966年1月出生，内蒙古利禾农业科技发展有限公司总经理。1991年毕业于沈阳农业大学农学专业，大学本科，高级农艺师。毕业后先后在赤峰市松山区良种场任技术员，松山区种子公司任副总经理。2001年任赤峰市丰田科技种业有限责任公司副总经理兼产品研发中心所长，负责公司的科研工作。现任内蒙古利禾农业科技发展有限公司总经理（图5-3-3）。

图5-3-3　玉米育种家姚金元

（二）科研成果

先后培育出了丰田1号、丰田5号、丰田6号、丰田9号、丰田10号、丰田11、丰田12、丰田13等12个玉米杂交新品种，赤糯1号、赤糯2号2个特用玉米新品种。2008—2014年，先后获赤峰市科学技术进步奖二等奖，内蒙古自治区农牧业“丰收奖”一等奖，赤峰市科学技术进步奖三等奖。2012年6月任内蒙古利禾农业科技发展有限公司总经理，主持选育的利禾1、利禾2、利禾3、利禾6、利禾8、峰单189系列品种通过了内蒙古自治区品种审定委员会的审定，其中，利禾1通过了山西省审定。目前利禾系列品种推广面积已经超过500万亩。

四、董福贵

（一）简历

男，1954年10月出生，汉族，中共党员。1982年内蒙古农牧学院农学系毕业，学士学位，高级农艺师。现任内蒙古种星种业有限公司董事长，内蒙古种子协会常务理事，内蒙古自治区农牧民科技服务协会副会长，中国县镇经济交流协会理事。1978年9月至1982年7月年就读于内蒙古农牧学院农学系；1982年9月至1990年12月在内蒙古农业厅农业技术推广站工作；1991年1月至1994年12月在北京军区生产部企业局从事技术及管理工作；1995年1月至今任内蒙古种星种业有限公司董事长（图5-3-4）。

图5-3-4　玉米育种家董福贵

（二）科研成果

在国内农业重点刊物发表论文5篇，起草编写了《内蒙古自治区主栽作物栽培模式图谱》一书；主持选育并通过自治区审定的玉米品种有种星7、种星618、种星619、种星58、种星56、种星白糯1号、种星青饲1号、种星青贮798、种星青贮7号等系列品种。

五、冯国良

（一）简历

男，1938年12月出生，汉族，高级农艺师。1957年毕业于扎兰屯农牧学校。1963年至1966年在沈阳农业大学继续学习。1957—1985年先后任内蒙古哲里木盟金宝屯原种场场长、哲里木盟后旗农业局局长。1985年3月至1993年3月，在内蒙古多种经营站担任科长。1993年3月至2000年3月，在内蒙古农牧渔业技术开发公司任总农艺师。1996年创建了内蒙古蒙新农种业有限责任公司、蒙科农玉米研究所，任内蒙古蒙新农种业有限责任公司董事长、内蒙古蒙科农玉米研究所所长（图5-3-5）。

图5-3-5　玉米育种家冯国良（左一）

（二）科研成果

1957—1960年在金宝屯原种场进行水稻良种选育及栽培技术试验研究，开展灌溉、密植、种植方法和高产试验。1961—1972年在金宝屯原种场进行玉米、高粱杂交种的新组合选育及繁育技术研究。主持玉米隔离距离测定、花粉花丝活力测定、自交系提纯复壮技术的试验研究。1981年主持选育的高粱新品种哲杂2号，在哲盟大面积推广，经济效果显著，荣获自治区科学技术进步奖二等奖。主持哲盟后旗玉米、蓖麻、水稻大面积高产攻关工作，获得农牧业厅三等奖。选育并研发推广了蒙甜1号、蒙甜3号、蒙甜5号、蒙糯2号、蒙甜10号等鲜食玉米系列品种以及蒙农2103、蒙农2133、金田8号、金田9号、金田11号、金创1号、金创3号、金创6号、金创8号、金创13、金创18、金创998等玉米新品种。先后获得内蒙古自治区科技进步二等奖1项、三等奖1项，通辽市科技进步一等奖1项、二等奖1项。

六、冯勇

（一）简历

男，1962年12月出生，汉族。1984年毕业于内蒙古农业大学农学专业，同期在通辽市农业科学研究院从事玉米育种、栽培研究工作。1997年调入内蒙古自治区农牧业科学研究院，现任玉米研究所副所长，研究员，享受国务院特贴。第三、第四届国家农作物品种审定玉米专业委员会委员，自治区第四届品种审定委员会委员，第五、第六届品种审定委员会常委、委员（图5-3-6）。

图5-3-6　玉米育种家冯勇

（二）科研成果

主要从事玉米育种、栽培及计算机农业应用研究工作，参加自治区“八五”玉米科技攻关项目2项，是“哲单”系列玉米杂交种选育、栽培技术研究和“春玉米高产优化栽培管理决策支持系统”的主要完成者，获自治区科技进步二等奖和地区科技进步奖一等奖、二等奖各1项。主持、承担并完成国家、自治区科技攻关、重大科技、重大自然基金、成果转化、科技跨越、农综开发等项目20余项，获自治区科技进步奖一等奖、三等奖各1项，农牧业丰收一等奖2项、二等奖1项，全国农业技术推广标兵。主持选育并审定不同熟期玉米新品种13个：极早熟品种内早16（高蛋白）、内早101、早熟品种内早6、内早209、中早熟品种内早9、中熟品种内单205、中晚熟品种内单305、晚熟品种内单314、内单302、内单402、内单408（高淀粉）、高油、高蛋白、高赖氨酸品种内油1、高油、高蛋白品种内油4。

七、安玉麟

（一）简历

男，汉族，1954年12月出生，中共党员。1982年从内蒙古农业大学毕业，在内蒙古农业科学研究院工作。1992年11月至1993年12月作为访问学者在加拿大农业部植物研究中心进修作物育种与栽培专业。现为内蒙古农牧业科学研究院二级研究员（图5-3-7）。

图5-3-7　向日葵育种家安玉麟

（二）科研成果

共主持国家级重大科研项目8项，自治区重大科研项目3项。2008年被农业部聘为国家向日葵产业技术体系首席科学家，是内蒙古作物育种和栽培专业的学科带头人。先后选育了“内葵杂三号”“科阳一号”等7个向日葵新品种，通过对新品种及其配套技术的示范推广，取得了巨大的经济效益。1999年“抗病高产高油向日葵杂交种推广”获全国农牧渔业丰收奖二等奖；2002年“油用向日葵新品种选育及推广应用”获农业厅科技承包奖特等奖；2008年“高产优质多抗向日葵新品种内葵杂三号和赤葵二号选育与配套技术”获内蒙古科技进步奖一等奖；“优质油葵增产增效技术与产业化”获全国农牧渔业丰收奖二等奖；2011年“向日葵螟综合防治技术研究与应用推广”获自治区农牧业丰收奖一等奖。

八、张万海

（一）简历

男，1954年7月出生，汉族，研究员。1982年大学毕业后在呼伦贝尔市农业科学研究所大豆室从事大豆种子资源、高产栽培、新品种选育和推广工作。1990—1993年在日本近畿大学和神户商科大学进修学习。曾任国家大豆改良中心呼伦贝尔分中心主任，呼伦贝尔市农业科学技术研究所副所长、总农艺师、大豆研究室主任，国家大豆专业委员会理事，国家高油高产大豆振兴计划专家顾问组顾问，内蒙古农作物品种审定委员会委员，国家农作物大豆品种审定委员会委员，国家大豆产业体系岗位专家（图5-3-8）。

（二）科研成果

累计育成蒙豆、登科系列大豆品种44个，玉米品种1个。其中，蒙豆9号和蒙豆12被确定为国家高油大豆主栽品种。蒙豆9号于2003年4月获得国家科技部等5部委颁发的国家重点新产品证书。蒙豆19是国内最早熟的高油大豆品种。

图5-3-8 大豆育种家张万海

九、马尚耀

（一）简历

男，汉族，1953年出生，辽宁北票人，中共党员，三级研究员。1973年参加工作以来，一直从事生产一线科研工作。曾担任国家现代农业产业技术体系赤峰综合试验站站长、高粱产业体系执行专家组专家（图5-3-9）。

（二）科研成果

以主要完成人育成高粱新品种13个（赤杂7号、赤杂851、赤杂16、赤24、赤杂28、赤杂29、赤杂101、赤杂107、赤杂109、赤杂110、赤杂113、赤杂114、赤杂115），其中国审品种5个，内蒙古自治区审定品种8个。先后主持了国家自然科学基金资助项目、国家“七五”科技攻关项目、国家科技部农业科技成果转化资金项目、国家863子课题项目、农业部保种项目、“十一五”国家科技支撑项目、国家高粱产业技术体系赤峰综合试验站建设项目、内蒙古科技厅科技攻关项目、赤峰市科技局科技攻关项目。获奖成果11项，其中获国家科技进步奖一等奖1项、内蒙古自治区人民政府科学技术进步奖一等奖2项、内蒙古自治区人民政府科学技术进步奖三等奖1项、内蒙古自治区农牧业丰收奖一等奖2项、内蒙古自治区农业厅科学技术进步奖二等奖1项、内蒙古自治区农业厅科学技术进步奖三等奖1项、赤峰市人民政府科学技术进步奖一等奖2项、赤峰市人民政府科学技术进步奖三等奖1项。2009年被授予赤峰市“劳动模范”称号。

图5-3-9 高粱育种家马尚耀

十、王振国

（一）简历

男，1977年5月出生，中共党员，副研究员。2003年7月毕业于内蒙古民族大学农学院草学专业，2013年获农学硕士学位。现任通辽市农科院高粱研究所所长。国家高粱产业技术体系通辽综合试验站站长（图5-3-10）。

（二）科研成果

图5-3-10 高粱育种家王振国

参加工作以来一直从事高粱及杂粮育种与栽培技术研究和推广工作。主持内蒙古高粱品种试验；承担国家高粱品种试验，承担国家、内蒙古小麦品种试验；承担国家大麦/青稞产业技术体系协作试验。主持育成高粱、甜高粱、荞麦、谷子等杂粮新品种10多个。其中适宜机械化作业的品种“通杂108”“通杂126”通过国家鉴定；“通杂120”“通杂130”“通杂136”以及极早熟矮秆高粱“通早2号”通过内蒙古鉴定；育成内蒙古首个能源甜高粱品种“通甜1号”；育成甜荞和苦荞品种“通荞1号”“通荞2号”“通苦荞1号”3个。参与编写专业论著4部，撰写学术论文20余篇。所带领的科研团队被内蒙古自治区组织部评为第五届“草原英才”产业创新人才团队。个人获得省级科技进步奖一等奖1项、二等奖1项，获得自治区农牧业丰收计划二等奖1项，获市级实用技术推广应用奖1项。

十一、朱国立

（一）简历

图5-3-11 蓖麻育种家朱国立

男，1960年8月出生，1984年毕业于哲里木畜牧学院。内蒙古民族大学生命科学学院特聘教授，硕士研究生导师，研究员。现任通辽市农科院副院长、内蒙古蓖麻产业技术创新战略联盟副理事长、中国农业工程学会蓖麻经济技术分会副理事长、中国农业技术推广协会蓖麻工作委员会第一届理事会常务理事、国家公益性行业（农业）科研专项《蓖麻产业技术研究与试验示范》项目首席专家（图5-3-11）。

（二）科研成果

参加工作以来，一直从事蓖麻遗传育种、生理栽培技术的研究工作，先后主持参加的国家、自治区、通辽市科技攻关项目30项，获国家科技进步奖1项，自治区科技进步奖3项、丰收计划奖2项、科技承包奖2项，通辽市科技进步奖4项，国家发明专利1项，发表论文60余篇，主编或参与编著专著4部。参与育成了审定蓖麻新品种哲蓖1号、哲蓖2号、哲蓖3号、哲蓖4号，主持育成了蓖麻新品种通蓖5号、高秆蓖麻杂交种通蓖6号、通蓖7号、通蓖8号、通蓖9号、通蓖10号、矮秆蓖麻杂交种通蓖11、通蓖13。先后获通辽市科教兴市特别奖，被评为通辽市、自治区劳动模范，2008年被评为内蒙古有突出贡献中青年专家，2011年获“科尔沁英才”称号，2015年获自治区“草原英才”称号。

十二、赵国强

（一）简历

男，蒙古族，1963年出生，中共党员，研究员。1984年7月毕业于哲里木畜牧学院农学专业，同年分配到赤峰市农业科学研究所工作至今。现任赤峰市农牧科学研究院副院长、内蒙古蒙龙种业科技有限公司董事长（图5-3-12）。

图5-3-12　高粱育种家赵国强

（二）科研成果

先后选育出优良农作物新品种15个，其中主持选育高粱品种4个，玉米品种1个；先后主持、参加国家、自治区及地区级科研课题18项；获得自治区、市级以上科技奖励14项；编写出版学术专著2部；发表学术论文11篇。2000年12月，作为主持人完成的“玉米、小麦、谷子、高粱四大作物新品种繁育及高产示范开发”研究，获内蒙古人民政府科技进步二等奖；2008年10月，作为主要完成人参加的“食用向日葵新品种赤葵2号试验示范”，获内蒙古自治区农牧业丰收一等奖；2011年10月，作为主持人完成的“玉米系列新杂交种选育与综合产业化开发”，获内蒙古自治区农牧业丰收二等奖；2015年10月，作为主持人完成的“高粱新杂交种峰杂2的选育及高产栽培技术集成推广”研究，获内蒙古农牧业丰收二等奖。2004年被赤峰市人民政府评为“有突出贡献的中青年专家”；2008年被内蒙古自治区总工会授予“全区五一劳动奖章”；2013年“赵国强劳模创新工作室”，被内蒙古自治区总工会命名为“内蒙古职工创新工作室”；2014年10月，被赤峰市委组织部和人才工作小组授予“玉龙人才”称号。

十三、李书田

（一）简历

男，1960年8月出生，汉族，研究员。1984年毕业于哲里木畜牧学院，农学专业，同年9月分配到赤峰市农牧科学研究院从事一线科研工作至今。现任赤峰市农牧科学研究院副院长、国家谷子高粱产业技术体系岗位科学家、国家农学会会员、国家粟类专业委员会委员。曾主持国家谷子科技部重大推广项目、国家谷子星火项目、国家科技支撑计划项目等（图5-3-13）。

图5-3-13　谷子育种家李书田

（二）科研成果

参与主持了自治区“八·五”“九·五”“十·五”“十一·五”等重点攻关课题。育成并认（鉴）定了赤谷8号、赤谷9号、赤谷10号、峰谷11、赤谷16、赤谷17、赤谷20、赤糜1号、赤黍1号等20余个高产、优质的谷子、糜子新品种。获得显著经济效益的科研成果17项，其中国家级科技进步奖2项，省部级科技进步奖6项，自治区丰收奖3项，市科技进步奖6项。以主编、副主编、编委、执笔人、合著完成出版著作6部。在《华北农学报》《粟类作物》《作物杂志》等学术刊物上发表论文40余篇。2003年被赤峰市人事局，赤峰市农牧业局评为优秀科技人员；2005年、2008年被赤峰市人事局、赤峰市农业局评为优秀专业技术人员；2005年被评为赤峰市十百千学术带头人；2006年被评为赤峰市有突出贡献中青年专家；2009年受到赤峰市人事局嘉奖；2010年获赤峰市有突出贡献科技创新奖。

十四、尚春明

（一）简历

男，总工程师、研究员。1983年毕业于内蒙古农业大学，现在包头市农业科学研究所从事蔬菜育种、栽培研究工作（图5-3-14）。

（二）科研成果

先后获得全国先进科技工作者、国务院特殊津贴、自治区深入生产一线做出突出贡献的科技人员、自治区有突出贡献中青年专家、“草原英才”、自治区“杰出人才”“自治区优秀科技工作者”包头市首批优秀专家、包头市科技创新突出贡献先进个人、包头市知识型标兵、和包头市“新世纪人才工程”优秀专家，包头市劳动模范。研发育成了蔬菜新品种21个，包括7个番茄新品种，5个青椒新品种，5个茄子新品种，2个大白菜新品种，1个豆类品种，1个芹菜品种。其中4个番茄品种获国家审定，番茄系列新品种已达到了国际同类研究的先进水平，在国内处于领先地位。番茄品种TF195耐贮运、宜加工，果面光滑，着色均匀，可溶性固形物含量4.5%以上，不易产生畸形果和裂果，产量比当地同类型主栽品种增产10%以上，品质优于当地主栽同类型品种，抗或耐TMV、CMV、枯萎病、黄萎病、叶霉病、根腐病和根结线虫病害；“星宇201”“星宇202”和“星宇203”系列番茄新品种优良性状，果实个大，丰产，复合抗病性强，目前该番茄系列品种在内蒙古、北京、上海、天津、山东、山西、陕西、宁夏、河北、辽宁、江苏、广西、广东13个省区得到大面积种植。主持的15项科研项目，全部通过省、市级鉴定，10项获国家、农业部、自治区和市级科技进步奖，其中自治区科技进步一等奖、二等奖各1项、国家农牧渔业丰收二等奖、自治区丰收奖二等奖、三等奖各1项，包头市科技进步奖一、二、三等奖多项、发表学术论文10余篇，编写《中国现代蔬菜病虫原色图鉴》9本。

图5-3-14　蔬菜育种家尚春明

十五、王秀芝

（一）简历

女，中共党员，研究员，1964年12月出生，1987年7月毕业于内蒙古农牧学院蔬菜专业，同年8月分配到赤峰市农业科学研究所工作（现赤峰市农牧科学研究院前身），现任赤峰市农牧科学研究院蔬菜研究所所长（图5-3-15）。

图5-3-15　蔬菜育种家王秀芝

（二）科研成果

2001—2014年，以第一选育人选育了15个辣椒新品种，其中选育适合赤峰设施栽培的新品种4个，成果居国内领先水平。选育的品种在内蒙古、海南、广东、广西、云南、山西等14省46个地区推广应用，累计推广应用412万亩，纯增经济效益26亿元以上。在省级以上学术刊物上累计发表论文30余篇。2007年“优质高产青椒新杂交种选育及区域产业化综合配套技术开发”获内蒙古自治区人民政府科技进步一等奖（主持人），2009年“赤峰市丘陵区蔬菜生产设施与无公害蔬菜标准化生产技术集成与推广”获赤峰市人民政府科技进步奖一等奖（主要参加人），2014年“设施蔬菜新品种新技术新材料示范与推广”获内蒙古自治区丰收计划奖一等奖（主要参加人），2015年“赤研系列设施辣椒新品种选育及示范应用”获赤峰市科技进步奖一等奖（主持人）。先后被评为全国优秀共产党员、全国先进工作者，2008年当选第十一届全国人大代表，2009年获内蒙古自治区中青年科技创新奖，2010年获内蒙古自治区劳动模范称号，2011年获全国“五一”劳动奖章、2011年获全国“五一”巾帼奖章，2011年获全国“五一”巾帼标兵称号。

附 录

附录1 内蒙古自治区农作物种子条例

（2001年8月1日内蒙古自治区第九届人民代表大会常务委员会第二十四次会议通过 2009年9月24日内蒙古自治区第十一届人民代表大会常务委员会第十次会议修订）

第一章 总 则

第一条 为了加强农作物种子管理，维护品种选育者和种子生产者、经营者、使用者的合法权益，推动种子产业化，促进农业可持续发展，根据《中华人民共和国种子法》和国家有关法律、法规，结合自治区实际，制定本条例。

第二条 在自治区行政区域内从事农作物品种选育、引进和种子生产、经营、使用、监督管理等活动的单位和个人，应当遵守本条例。

第三条 旗县级以上人民政府农牧业行政主管部门主管本行政区域内的农作物种子工作，其所属种子管理机构依法负责农作物种子管理、服务与监督的具体工作。

国有农牧场的种子管理工作由所在地盟行政公署、设区的市人民政府农牧业行政主管部门负责。

第四条 工商、质量技术监督、公安等部门按照各自职责做好种子管理的相关工作。

第五条 旗县级以上人民政府应当设立专项资金，用于农作物种质资源保护、品种选育、引进、改良、试验、检验、推广等工作。

第六条 旗县级以上人民政府应当建立种子贮备制度，种子贮备经费列入同级财政预算。

自治区人民政府农牧业行政主管部门应当根据安全应急需要和自然灾害预测情况，制定自治区种子贮备方案，报自治区人民政府批准后实施。

第二章 品种审定

第七条 主要农作物新品种的选育实行审定制度。自治区人民政府农牧业行政主管部门设立农作物品种审定委员会，负责主要农作物品种审定工作。审定委员会由教学、科研、生产、推广、管理等方面的专业人员组成。

第八条 国家规定的主要农作物品种可以申请自治区级审定或者国家级审定。自治区规定的主要农作物品种由自治区审定。

第九条　自治区审定通过的新品种，由自治区农作物品种审定委员会发给品种审定合格证书，并由自治区人民政府农牧业行政主管部门予以公告。

第十条　主要农作物新品种的引进、非主要农作物新品种的选育和引进根据需要进行认定。需要认定的非主要农作物品种目录由自治区人民政府农牧业行政主管部门公布。

第十一条　经营、推广通过审定或者认定的农作物品种，应当使用审定或者认定公告确定的品种名称。

第十二条　应当审定、认定的农作物品种未通过审定、认定，不得经营、推广或者以试验、示范等方式变相经营、推广。

第十三条　通过审定或者认定的农作物品种，在生产使用过程中发现有不可克服的缺陷或者种性严重退化，在生产上失去应用价值的，应当由自治区农作物品种审定委员会提出停止推广意见，报自治区人民政府农牧业行政主管部门审核确认后发布公告，停止经营、推广。

第三章　种子生产

第十四条　主要农作物商品种子生产实行许可制度。

申请从事主要农作物商品种子生产的单位和个人，应当符合《中华人民共和国种子法》第二十一条的规定，并达到下列要求：

(一)生产常规种子(含原种)和杂交亲本种子的注册资本100万元以上，生产杂交种子的注册资本500万元以上；

(二)有种子晒场500平方米以上或者有种子烘干设备；

(三)有必要的种子检验和仓储设施；

(四)经自治区人民政府农牧业行政主管部门考核合格的种子检验人员2名以上、专业生产技术人员3名以上。

第十五条　申请种子生产许可证应当提交下列材料：

(一)主要农作物种子生产许可证申请表；

(二)注册资本证明；

(三)品种审定、认定证书复印件；申请授权或者转让品种的，还应当提供品种权人授权的书面证明或者转让合同；生产转基因种子的，还应当提供国务院农业行政主管部门出具的转基因产品商业化生产许可的批准文件；

(四)种子检验、加工、仓储人员资格证书复印件；

(五)种子晒场、烘干设备及检验、仓储设施清单、照片、产权证明复印件；

(六)检疫证明以及种子生产地点情况介绍。

第十六条　申请种子生产许可证应当在种子播种前一个月办理。

种子生产许可证由旗县级种子管理机构按照管理权限审查后，报有审批权的农牧业行政主管部门核发。

第十七条　种子生产许可证实行一品一证制度。许可生产范围限定在旗县级以下行政区域内。种子生产许可证有效期为三年。在种子生产许可证有效期内，许可证注明事项需要变更的，应当按照原审批程序办理变更手续。种子生产许可证期满后需申领新证的，种子生产者应当在期满前三个月，持原证重新申请。重新申请的程序和原申请的程序相同。

第十八条 种子生产者委托农民或者嘎查村集体经济组织生产种子的，应当签订种子生产合同，种子生产者应当将种子生产合同报种子生产地旗县级以上种子管理机构备案。其他单位和个人不得到委托、预约生产基地抢购、套购种子。

第十九条 非主要农作物商品种子生产实行备案登记制度。非主要农作物商品种子生产者应当将生产的种子品种、地点、面积、技术力量等资料报所在地旗县级以上种子管理机构备案。

第二十条 种子生产应当建立规范的田间生产档案，每一批次的种子生产档案保存期限不得少于三年。生产档案文本样式由自治区种子管理机构制定。

第四章 种子经营

第二十一条 种子经营实行许可制度。

申请主要农作物杂交种子经营许可证的单位和个人，应当符合《中华人民共和国种子法》第二十九条的规定，并达到下列要求：

(一)注册资本500万元以上；

(二)办公、经营、检验室面积不得小于300平方米，库房面积不得小于500平方米，晒场面积不得小于700平方米；

(三)经自治区人民政府农牧业行政主管部门考核合格的种子检验人员2名以上，加工、仓储人员各1名以上。

第二十二条 申请本条例第二十一条规定以外的其他农作物种子经营许可证的单位和个人，应当符合《中华人民共和国种子法》第二十九条的规定，并达到下列要求：

(一)注册资本100万元以上；

(二)经自治区人民政府农牧业行政主管部门考核合格的种子检验、加工、仓储人员各1名以上。

第二十三条 申请种子经营许可证应当提交下列材料：

(一)农作物种子经营许可证申请表；

(二)注册资本证明；

(三)种子检验、加工、仓储人员资格证书复印件；

(四)种子经营场所、库房、晒场等清单、照片和产权证明复印件；

(五)种子加工设备和仓储设施清单、照片和产权证明复印件。

第二十四条 种子经营许可证由旗县级以上种子管理机构按照管理权限审查后，报有审批权的农牧业行政主管部门核发。

第二十五条 种子经营许可证有效期为三年。在种子经营许可证有效期内，许可证注明事项需要变更的，应当按照原审批程序办理变更手续。种子经营许可证期满后需申领新证的，种子经营者应当在期满前三个月，持原证重新申请。重新申请的程序和原申请的程序相同。种子经营许可证有效区域由审批机关根据申请者的产品信誉、质量、规模、服务等确定。

第二十六条　种子经营者按照经营许可证规定的有效区域设立分支机构的，应当提交种子经营许可证、营业执照复印件，向原发证机关和所在地农牧业行政主管部门备案。

第二十七条　经营不再分装的包装种子或者受具有种子经营许可证的种子经营者书面委托代销种子的，应当具备下列条件，并到所在地农牧业行政主管部门备案：

（一）有固定的营业场所；

（二）有必要的种子保管和仓储条件。

第二十八条　销售的种子应当加工、分级、包装。有性繁殖作物的籽粒、果实，包括颖果、荚果、蒴果、核果等，以及马铃薯种薯的加工、分级包装应当符合国家标准、行业标准或者地方标准。

第二十九条　销售的种子应当附有标签。标签内容的制作和使用应当符合国家《农作物种子标签通则》的规定。

第三十条　除因教学、科研需要外，禁止向无种子生产许可证或者种子经营许可证的单位和个人销售主要农作物亲本种子和常规种原种种子等繁殖材料。

第三十一条　发布种子广告应当通过广告发布地旗县级以上人民政府农牧业行政主管部门审查。种子广告发布包括电视、广播、报刊广告以及现场会、品种发布会等形式。

第五章　种子使用

第三十二条　任何单位和个人不得非法干预种子生产者、经营者、使用者的自主权。

第三十三条　种子使用者因种子质量问题遭受损失的，出售种子的经营者应当予以赔偿，赔偿额包括购种价款、可得利益损失和有关费用；种子经营者赔偿后，属于 种子生产者或者其他经营者责任的，种子经营者有权向生产者或者其他经营者追偿。 种子使用者在种子交易市场或者种子交易会购买种子，因种子质量问题遭受损失的，可以要求种子经营者赔偿；种子交易市场柜台租赁期满或者种子交易会结束的，可以向种子交易市场、种子交易会的举办者要求赔偿；种子交易市场、种子交易会的举办者赔偿后，有权向种子经营者追偿。

第三十四条　种子使用者在种植前认为种子质量有问题的，可以向当地旗县级以上种子管理机构投诉，种子管理机构应当在七个工作日内组织种子质量检验机构进行质量鉴定。经鉴定不合格的，不得作为种子使用。种子使用者在种植后发现种子质量有问题的，可以及时向种植地旗县级以上种子管理机构投诉，并保持种植农作物的田间自然状态。种子管理机构应当按照国家有关规定组织田间现场鉴定。鉴定结果为不合格的，种子使用者有权按照本条例第三十三条的规定主张权利。种子生产者、经营者、使用者对鉴定结果有异议的，可以在收到鉴定书之日起十五日内，向上一级种子管理机构申请重新鉴定。

第三十五条　种子质量检验机构在承担委托鉴定时，鉴定费用由双方约定或者按照国家有关规定向委托人收取。

第三十六条　因农作物品种选育和种子生产、经营、使用而产生民事纠纷，当事人可以通过协商或者调解解决。协商、调解不成，可以根据当事人之间的协议向仲裁机构申请仲裁，也可以直接向人民法院提起诉讼。

第六章　服务与监督

第三十七条　旗县级以上人民政府农牧业行政主管部门及其所属种子管理机构应当建立健全监督制度，加强对种子生产、经营活动监督检查，监督检查情况和处理结果予以记录，公众有权查阅。

第三十八条　旗县级以上人民政府农牧业行政主管部门应当制定农作物良种推广计划，定期公布适宜当地推广种植的品种目录。列入推广种植品种目录的种子，应当经旗县级以上种子管理机构组织先进性、适用性、安全性试验。

第三十九条　旗县级以上种子管理机构应当积极开展农作物新品种试验、示范、推广工作，引导生产、经营和使用优质、高产、抗病、抗逆性强的农作物新品种。

第四十条　种子管理机构应当为种子生产者、经营者、使用者提供信息、咨询、技术等服务，加强种子知识的宣传、普及工作。

第四十一条　旗县级以上种子管理机构在履行监督职责时，可以采取下列措施：

（一）对农作物种子市场进行监督检查；

（二）查阅、复印、摘录合同、票据、账簿、出入库凭证、货运单、检疫和检验报告、标签以及其他有关资料；

（三）在市场上或者企业成品库的待销种子中，按照种子质量检验规程抽取样品；

（四）法律、法规规定的其他措施。

第四十二条　种子执法人员进行执法时，应当遵守法定程序，向当事人出示行政执法证件。种子生产者和经营者不得拒绝、阻碍种子执法人员依法进行监督检查。

第七章　法律责任

第四十三条　违反本条例规定的行为，《中华人民共和国种子法》已经设定具体处罚的，从其规定。

按照《中华人民共和国种子法》规定吊销种子生产、经营许可证的，三年内不得重新办理种子生产、经营许可证。

第四十四条　违反本条例规定有下列行为之一的，由旗县级以上人民政府农牧业行政主管部门责令改正，没收种子和违法所得，并处以违法所得二倍的罚款；没有违法所得的，处以1 000元以上1万元以下罚款：

（一）生产非主要农作物商品种子未备案的；

（二）种子经营者经营不再分装的包装种子以及受有种子经营许可证的种子经营者书面委托代销其种子未备案的；

（三）向无种子生产许可证或者种子经营许可证的单位和个人销售主要农作物亲本种子和常规种原种种子等繁殖材料的。

第四十五条　旗县级以上人民政府农牧业行政主管部门、种子管理机构及其工作人员有下列行为之一的，由上级机关或者所在单位对直接负责的主管人员和其他直接责任人员，依法给予行政处分；构成犯罪的，依法追究刑事责任：

(一)未按照规定核发种子生产许可证、经营许可证的;
(二)未按照规定办理备案登记的;
(三)参与或者从事种子生产、经营活动的;
(四)擅自公开或者泄露被检查者商业秘密的;
(五)非法干预种子生产者、经营者、使用者自主权的;
(六)发现违法行为不予查处的;
(七)其他徇私舞弊、滥用职权、玩忽职守的行为。

第八章　附　　则

第四十六条　本条例所称主要农作物是指《中华人民共和国种子法》和国务院农业行政主管部门确定的稻、小麦、玉米、棉花、大豆、油菜、马铃薯和自治区人民政府农牧业行政主管部门确定的向日葵、高粱、甜菜等。

本条例第三十三条所称可得利益损失，按照该农作物使用者所在苏木乡镇前三年的平均产量减去实际产量，并比照相同品种当年产地收购价计算；无法确定前三年平均产量的，可以按照该农作物使用者所在苏木乡镇当年单位面积的平均产量减去实际产量，并比照相同品种当年产地收购价计算。所称有关费用包括购买和使用种子过程中实际支出的交通费、食宿费、误工费、保管费、鉴定费、种植费等费用。

第四十七条　本条例自2009年12月1日起施行。

附录2　内蒙古自治区禾谷类农作物品种审定标准

1. 范围

本标准规定了内蒙古玉米、小麦、水稻、高粱等禾谷类品种审定、认定时应具备的产量、品质和抗逆性等指标。本标准适用于内蒙古自治区农作物品种审定委员会（以下简称品种审定委员会）玉米、小麦、水稻、高粱等禾谷类作物品种审定、认定，品种试验主管部门向品种审定委员会推荐品种。

2. 规范性引用文件

下列文件中的条款通过本标准的引用而成为本标准的条款。凡是注日期的引用文件，其随后所有的修改单（不包括勘误的内容）或修订版均不适用于本标准，然而，鼓励根据本标准达成协议的各方研究是否可使用这些文件的最新版本。凡是不注日期的引用文件，其最新版本适用于本标准。

GB1353 玉米

GB/T 3543.1-3543.7 农作物种子检验规程

GB 4404.1 粮食作物种子禾谷类

GB/T 5497 粮食、油料检验水分测定法

GB/T 5498 粮食、油料检验容重测定法

GB 6194 水果、蔬菜可溶性糖测定法

GB/T 6432 饲料中粗蛋白测定方法

GB/T 8613 淀粉发酵工业用玉米

GB/T 17890 饲料用玉米

NY/T 3 谷类、豆类作物种子粗蛋白测定法（半微量凯氏法）NY/T

NY/T 4 谷类、豆类作物种子粗脂肪测定法

NY/T 11 谷物籽粒粗淀粉测定法

NY/T 55 水稻、玉米、谷子籽粒直链淀粉测定法

NY/T 56 谷物籽粒氨基酸测定的前处理方法NY/T519食用玉米

NY/T 520 优质蛋白玉米

NY/T 521 高油玉米

NY/T 522 爆裂玉米

NY/T 523 甜玉米

NY/T 524 糯玉米

NY/T 597 高淀粉玉米

GB 10361 谷物降落值测定法

GB/T 14608 小麦粉湿面筋测定法

GB/T 14614 小麦粉吸水量和面团揉和性能测定法粉质仪法

GB/T 14615 面团拉伸性能测定法拉伸仪法
AACC 26-20 实验制粉-布勒氏法
BG/T 17891-1999 优质稻谷
中华人民共和国农业部2001年第44号令主要农作物品种审定办法

3. 术语和定义

下列术语和定义适用于本标准。

3.1 品种（variety）经过人工选育具备特异性、一致性、稳定性，具有适当的名称。

3.2 品种试验（variety test）自治区农作物品种试验主管部门组织的区域试验、生产试验以及抗病鉴定、品质检测等。

3.3 丰产性（yield ability）品种的产量表现，用品种在试验中比对照品种增产的百分率表示。

3.4 稳产性（yield stability）品种产量的变化程度，用品种在试验中比对照品种增产点次的百分率表示。

3.5 抗病（虫）性（disease and pest resistance）品种克服或减轻病原物（害虫）侵染、发育、生长和为害的能力。

3.6 特征特性（character）品种的形态特征和生物学特性，分基本特征特性、生育期、主要农艺和经济性状等。

3.7 抗逆性（stress tolerance）品种对生物和非生物逆境的抵御能力。

3.8 品质（quality）品种具有的内在品质，包括营养品质、加工品质、外观品质、蒸煮品质、食味品质等。

4. 品种评价

完成试验程序的品种，品种遗传性状稳定、形态特征一致，与对照品种比较具有明显差异，具有独特性或新颖性。依据品种的特征、丰产性、稳产性、品质、抗病（虫）性等指标体系进行综合评价。

4.1 玉米

4.1.1 普通玉米

4.1.1.1 丰产性：每年区域试验产量平均比对照增产≥5%，生产试验平均比对照增产≥5%。

4.1.1.2 稳产性：每年区域试验和生产试验增产点数≥70%。

4.1.1.3 品质：粒用型品种籽粒容重≥685克/升、籽粒粗蛋白含量（干基）≥8.0%、粗脂肪含量（干基）≥3.0%、淀粉（干基）含量≥69%。

4.1.1.4 抗病性：

4.1.1.4.1 田间病害调查：丝黑穗病田间自然发病株率≤3%，瘤黑粉≤5%、茎腐病≤10%，上述病害田间自然发病株率在5%～10%以上的试点<2，大、小斑病达到中抗以上。

4.1.1.4.2 丝黑穗病田间人工接种发病株率≤25%；茎腐病、大斑病和弯孢菌叶斑病等主要叶斑病为非高感类型。

4.1.1.5 熟期：每年区域试验平均比对照晚熟≤3天。

4.1.1.6 倒伏与倒折率之和每年平均≤10%。

4.1.2 优质玉米

4.1.2.1 丰产性：区域试验和生产试验产量均比同类对照产量≥5%、比普通对照品种≥3%。

4.1.2.2 稳产性：每年区域试验和生产试验增产点数≥50%。

4.1.2.3 每年平均倒伏和倒折率之和≤10%。

4.1.2.4 籽粒容重≥685克/升。

4.1.2.5 同时符合下列条件之一者

4.1.2.5.1 高油玉米粗脂肪（干基）含量≥7.5%；

4.1.2.5.2 高蛋白玉米籽粒粗蛋白含量≥12%；

4.1.2.5.3 高赖氨酸玉米赖氨酸（干基）含量≥0.4%；

4.1.2.5.4 高淀粉品种粗淀粉（干基）含量≥75%。

4.1.3 鲜食甜玉米

分为普通甜玉米、超甜玉米、加强甜玉米品种类型。

①普通甜玉米品种适宜采收期籽粒含糖量≥10%；

②超甜玉米品种适宜采收期籽粒含糖量≥15%；

③加强甜玉米品种适宜采收期籽粒含糖量≥25%。

4.1.3.1 丰产性：外观品质和蒸煮品质评分之和在85～90分的，每年区域试验鲜穗产量平均比同类对照增产≥5%；比普通甜玉米对照增产≥3%；外观品质和蒸煮品质评分之和优于对照，每年区域试验平均比对照≤3%；外观品质和蒸煮品质评分之和≥90分，每年区域试验平均比对照减产≤20%；比对照早熟≥5天，每年区域试验平均比对照减产≤10%。

4.1.3.2 稳产性：品质与对照相当，每年区域试验增产点比率＞50%。外观品质和蒸煮品质评分之和优于对照，每年区域试验增产点比率≥50%。

4.1.3.3 品质：外观品质和蒸煮品质评分之和≥85分。

4.1.3.4 抗病性：丝黑穗病田间自然发病株率≤3%，田间自然发病株率在5%～10%的试点＜2，丝黑穗病田间人工接种发病株率≤25%。

4.1.3.5 倒伏与倒折率之和每年平均≤10%。

4.1.4 糯玉米

4.1.4.1 丰产性：每年区域试验（同类产品）产量平均比对照增产≥5%。

4.1.4.2 稳产性：每年区域试验增产点比率≥50%。

4.1.4.3 品质：鲜食糯玉米直链淀粉（干基）占粗淀粉总量比率≤3%，外观品质和蒸煮品质评分之和≥85分。

加工直链淀粉（干基）占粗淀粉总量比率≤5%。

4.1.4.4 抗病性：丝黑穗病田间自然发病株率≤3%，田间自然发病株率在10%以上的试点<2，丝黑穗病田间人工接种发病株率≤25%。

4.1.4.5 倒伏与倒折率之和每年平均≤10%。

4.1.5 青贮玉米

4.1.5.1 丰产性：每年区域试验同类产品的产量平均比对照增产≥5%。

4.1.5.2 稳产性：每年区域试验增产点比率≥70%。

4.1.5.3 品质：

4.1.5.3.1 青贮专用整株粗蛋白含量≥7.0%,中性洗涤纤维含量≤50%,酸性洗涤纤维含量≤30%。

4.1.5.3.2 粮饲兼用活干成熟，成熟时叶片保绿能力强，籽粒蛋白含量≥9%，中性纤维≤55%、酸性纤维≤30%。

4.1.5.4 抗病性：每个试点丝黑穗病田间自然发病株率≤8%，平均田间自然发病株率≤3%；丝黑穗病田间人工接种发病株率≤20%；主要叶斑病为非高感类型。

4.1.5.5 熟期：粮饲兼用品种每年区域试验平均比对照晚熟≤3天。

4.1.5.6 倒伏与倒折率之和每年平均≤10%。

4.1.6 爆裂玉米

4.1.6.1 丰产性：每年区域试验产量平均比对照增产≥3%。

4.1.6.2 稳产性：每年区域试验增产点比率≥60%，平均倒伏和倒折率之和≤10%。

4.1.6.3 品质：膨化倍数≥25、爆花率≥95%。

4.1.6.4 抗病性：丝黑穗病田间自然发病株率≤3%，田间自然发病株率在5%～10%之间的试点＜2，丝黑穗病田间人工接种发病株率≤25%，遗传裂粒率＜2。

4.1.6.5 熟期：每年区域试验平均比对照晚熟≤3天。

4.1.6.6 倒伏与倒折率之和每年平均≤10%。

4.2 水稻

达到GB/T 17891—1999《优质稻谷》所涉品种品质指标3级（含）以上（糯稻优质）的水稻品种为优质类型。非优质类型品种不予以审定。

4.2.1 丰产性：国标2级及其以下等级的品种每年区域试验产量平均比对照增产≥5%，生产试验平均比对照增产≥5%。国标1级品种每年区域试验产量平均比对照增产≥3%，生产试验平均比对照增产≥3%。

4.2.2 稳产性:每年区域试验和生产试验增产点数≥70%。

4.2.3 品质

国标一级：整精米率≥66.0%、垩白粒率≤10%、垩白度≤1.0%、直链淀粉(干基)含量15.0%～18.0%；

国标二级：整精米率≥64.0%、垩白粒率≤20%、垩白度≤3.0%、直链淀粉（干基）含量15.0%～19.0%；

国标三级：整精米率≥62.0%、垩白粒率≤30%、垩白度≤5.0%、直链淀粉（干基）含量15.0%～20.0%。

4.2.4 抗病性：田间病害调查：稻瘟病（包括苗瘟、叶瘟、穗瘟）田间自然发病株率≤5%。稻瘟病田间人工接种发病株率≤25%或达到中抗水平。

4.2.5 熟期：每年区域试验平均比对照晚熟≤3天。

4.2.6 倒伏：每年平均倒伏≤10%。

4.3 小麦

根据小麦加工品质和用途分为三类：强筋品种、中筋品种、弱筋品种。

4.3.1 丰产性：每年区域试验产量平均比同类对照增产≥5%，与中筋对照品种增产≥3%；生产试验平均比同类对照增产≥5%，与中筋对照品种增产≥3%。

4.3.2 稳产性：每年区域试验和生产试验增产点数≥70%。

4.3.3 品质

强筋品种：籽粒容重≥770克/升、籽粒蛋白质含量（干基）≥15.0%、面粉湿面筋含量（14.0%湿基）≥35.0%、沉降值≥45毫升、面团稳定时间≥10.0分。

中筋品种：籽粒容重＞750克/升、籽粒蛋白质含量（干基）＞12.5%、面粉湿面筋含量（14.0%湿基）＞24.0%、沉降值＞30毫升、面团稳定时间＞2.5分。

弱筋品种：籽粒容重≥750克/升、籽粒蛋白质含量（干基）≤12.5%、面粉湿面筋含量（14.0%湿基）≤24.0%、沉降值≤30毫升、面团稳定时间≤2.5分。

4.3.4 抗病性

4.3.4.1 田间自然发病率分为高抗、中抗、抗、感、中感5级。西部区达到中抗条锈、感叶锈、抗白粉病水平。东部区达到抗赤霉病、丛矮病水平。

4.3.4.2 田间成株期人工接种鉴定划分为免疫、高抗、中抗、中感和高感5级。

西部区达到高抗条锈、中抗叶锈、高抗白粉病水平；东部区达到中感秆锈病，中抗抗赤霉病和丛矮病水平。

4.3.5 熟期：每年区域试验平均比对照晚熟≤3天。

4.3.6 倒伏：每年平均倒伏≤5%。

4.4 高粱

4.4.1 丰产性：每年区域试验产量平均比同类对照增产≥5%；生产试验平均比同类对照增产≥5%。

4.4.2 稳产性：每年区域试验和生产试验增产点数≥70%。

4.4.3 品质

4.4.3.1 粒用（包括食用、饲用）高粱品种：籽粒蛋白质含量≥10%，赖氨酸含量≥0.25%；单宁含量≤0.2%;

食用品种蒸煮米饭适口性好,有饭香味；

4.4.3.2 酿酒高粱品种：籽粒淀粉含量≥70%，单宁含量≤1%；

4.4.3.3 制糖用（兼能源用）高粱品种：茎秆榨汁率≥60%，茎秆含糖量（BX锤度）≥15%；

4.4.3.4 饲用高粱品种：全株蛋白质含量≥7%；无氮浸出物≥30%，茎叶氰氢酸含量≤500毫克/千克。

4.4.4 抗病性

4.4.4.1 田间自然发病率分为高抗、中抗、抗、感、中感5级；粒用、酿造用和制糖用品种达到抗高粱丝黑穗病水平；饲用品种达到中抗高粱丝黑穗病水平。

4.4.4.2 田间成株期人工接种鉴定：用0.6%菌土接种，发病株率在≤10%。

4.4.5 熟期：每年区域试验平均比对照晚熟≤3天。

4.4.6 倒伏：倒伏和倒折合计每年平均≤10%。

附录A（规范性附录）相关要求

A.1 病（虫）害鉴定评价种类

A.1.1 普通玉米、高油玉米、高淀粉玉米、高赖氨酸玉米、高蛋白玉米：丝黑穗病、大斑病、小斑病、弯孢菌叶斑病、茎腐病、灰斑病；玉米螟。

A.1.2 鲜食甜、糯玉米：丝黑穗病、瘤黑粉病、穗腐病、大斑病、纹枯病；玉米螟。

A.1.3 青贮玉米：丝黑穗病、瘤黑粉病、茎腐病、大斑病、小斑病、弯孢菌叶斑病、灰斑病；玉米螟。

A.1.4 爆裂玉米：丝黑穗病、大斑病、小斑病。

A.2 品质检测项目

A.2.1 普通玉米、高油玉米、高淀粉玉米、高赖氨酸玉米、高蛋白玉米、容重、粗淀粉（干基）、粗脂肪（干基）、粗蛋白质（干基）、赖氨酸（干基）。

A.2.2 鲜食甜、糯玉米。

A.2.2.1 甜玉米可溶性总糖、外观品质、蒸煮品质。

A.2.2.2 糯玉米直链淀粉、外观品质、蒸煮品质。

A.2.3 青贮玉米：粗蛋白质、中性洗涤纤维、酸性洗涤纤维。

A.2.4 爆裂玉米：膨化倍数、爆花率。

A.3 DNA指纹鉴定

真实性、一致性。

附录B（资料性附录）

表B.1　主要类型玉米品质检测项目及指标

类型	引用标准	引用标准编号	主要品质指标	1等级	2等级	3等级
普通玉米	玉米	GB 1353—1999	容重，克/升	≥710	≥685	≥660
	淀粉发酵工业用玉米	GB/T 8613—1999	粗淀粉（干基），%	≥75	≥72	≥69
	饲料用玉米	GB/T 17890—1999	容重，克/升	≥710	≥685	≥660
			粗蛋白（干基），%	≥10.0	≥9.0	≥8.0
	食用玉米	NY/T 519—2002	粗蛋白（干基），%	≥11.0	≥10.0	≥9.0
			粗脂肪（干基），%	≥5.0	≥4.0	≥3.0
			赖氨酸（干基），%	≥0.35	≥0.30	≥0.25
高赖氨酸玉米	优质蛋白玉米	NY/Y 520—2002	粗蛋白（干基），%	≥11.0	≥10.0	≥9.0
			赖氨酸（干基），%	≥0.50	≥0.45	≥0.40
			容重，克/升		≥685	
高油玉米	高油玉米	NY/T 521—2002	粗脂肪（干基），%	≥8.5	≥7.5	≥6.0
高淀粉玉米	高淀粉玉米	NY/T 597—2002	粗淀粉（干基），%	≥76	≥74	≥72
糯玉米	糯玉米（干籽粒）	NY/T 524—2002	直链淀粉/粗淀粉，%	0	≤3.0	≤5.0
爆裂玉米	爆裂玉米	NY/T 522—2002	膨化倍数	≥30	≥25	≥20
			爆花率，%	≥98	≥95	≥92

表B.2　鲜食甜、糯玉米穗感官等级指标

外　观	评分
具本品种应有特性，穗型粒形一致，籽粒饱满、排列整齐紧密，具有乳熟时应有的色泽，苞叶包被完整，新鲜嫩绿，籽粒柔嫩、皮薄。基本无秃尖，无虫害，无霉变，无损伤	27～30
具本品种应有特性，穗型粒形基本一致，个别籽粒不饱满，籽粒排列整齐，色泽稍差，苞叶包被较完整，新鲜嫩绿，籽粒柔嫩性稍差，皮较薄。秃尖≤1厘米，无虫害，无霉变，损伤粒少于5粒	22～26
具本品种应有特性，穗型粒形稍有差异，饱满度稍差，籽粒排列基本整齐，有少量籽粒色泽与所测品种不同，苞叶基本完整，籽粒柔嫩性稍差，皮较厚。秃尖≤2厘米，无虫害，无霉变，损伤粒少于10粒	18～21

表B.3 鲜食甜、糯玉米蒸煮品质评分

项目	评分
气味	4～7
色泽	4～7
糯性（甜度）	10～18
风味	7～10
柔嫩性	7～10
皮的薄厚	10～18
蒸煮品质总分	42～70

表B.4 鲜食甜、糯玉米品质定等指标

评分	等级
≥90	1
≥75	2
≥60	3

附录3　内蒙古自治区根茎类农作物品种审定标准

1. 范围

本标准规定了内蒙古马铃薯、甜莱根茎类作物品种审定、认定时应具备的产量、品质和抗逆性等指标。本标准适用于内蒙古自治区农作物品种审定委员会（以下简称品种审定委员会）马铃薯、甜莱根茎类作物品种审定，适用于农作物品种试验主管部门向品种审定委员会推荐品种。

2. 规范性引用文件

下列文件中的条款通过本标准的引用而成为本标准的条款。凡是注日期的引用文件，其随后所有的修改单（不包括勘误的内容）或修订版均不适用于本标准，然而，鼓励根据本标准达成协议的各方研究是否可使用这些文件的最新版本。凡是不注日期的引用文件，其最新版本适用于本标准。GB/T 3543.6 农作物种子检验规程。

3. 术语和定义

下列术语和定义适用于本标准。

3.1　品种（variety）人工选育或发现并经过改良，形态特征和生物学特性一致，遗传性状相对稳定并具有适当的名称的植物群体。

3.2　品种试验（varietytest）自治区农作物品种试验主管部门组织的区域试验、生产试验以及抗病鉴定、品质检测等。

3.3　丰产性（yieldability）品种的产量表现，用品种在试验中比对照品种增产的百分率表示。

3.4　稳产性（yieldstability）品种产量的变化程度，用品种在试验中比对照品种增产点次的百分率表示。

3.5　抗病（虫）性（diseaseandpestresistance）品种克服或减轻病原物（害虫）侵染、发育、生长和为害的能力。

3.6　特征特性（character）品种的形态特征和生物学特性，分基本特征特性、生育期、主要农艺和经济性状等。

3.7　抗逆性（stresstolerance）品种对生物和非生物逆境的抵御能力。

3.8　品质（quality）品种具有的内在品质，包括营养品质、加工品质、外观品质等。

3.9　干物质（drymatter）块茎除去水分以外的其他物质。

3.10　淀粉含量（starchcontent）块茎中淀粉质量占鲜薯质量的百分数。

3.11　薯形（tubershape）块茎正常发育成熟后的形状。

3.12　块茎缺陷（tuberdefect）块茎内部和外表的缺陷，如畸形、开裂、空心、黑圈、黑心、坏死、糖末端、绿皮、虫眼等。

3.13　芽眼深度（depth of eye）块茎的芽眼与表皮的相对深度，分外突、浅、中、深，深度<1毫米为浅、1 ~ 3毫米为中、>3毫米为深。

3.14 商品薯率（marketability）符合商品要求块茎重量占收获块茎总重量的百分数。

4. 品种评价

完成试验程序的品种，品种遗传性状稳定、形态特征一致，与对照品种比较具有明显差异，具有独特性或新颖性。依据品种的特征、丰产性、稳产性、品质、抗病（虫）性等指标体系进行综合评价。

4.1 马铃薯

品种分类：分为普通品种、淀粉加工品种、早熟鲜食品种、炸条炸片品种。

4.1.1 丰产性：每年区域试验产量平均比同类对照增产≥5%，其中与普通品种比较炸条炸片品种平均产量≥3%、淀粉加工专用品种≥0%；生产试验平均比同类对照增产≥3%。其中与普通品种比较炸条炸片专用品种平均产量≥3%、淀粉加工专用品种≥0%。

4.1.2 稳产性:每年区域试验和生产试验增产点数≥50%。

4.1.3 品质

4.1.3.1 炸条、炸片品种：薯形整齐、均匀，芽眼浅、抗低温糖化；还原糖含量≤0.25%，干物质含量≥22%；炸片品种圆形块茎，炸条品种长椭圆形或长筒形块茎，商品率达75%以上。

4.1.3.2 淀粉加工品种：薯形整齐、均匀，芽眼浅；淀粉加工品种淀粉含量≥18%，耐贮；全粉加工品种还原糖含量≤0.25%，抗低温糖化。

4.1.3.3 早熟鲜食品种：薯形整齐、均匀、薯块大、外观好，芽眼浅；炒食和蒸煮风味好，耐贮运；干物质含量15% ~ 17%，商品率≥85%，熟期比对照晚熟≤3天。

4.1.3.4 普通品种：外观品质芽眼浅、薯形整齐、均匀，外观好，商品率达70%以上；干物质含量≥17%。

4.1.4 病毒病抗性：田间病毒病退化轻；田间病害调查：早疫病、晚疫病、环腐病、黑痣病等主要病害田间自然发病率达到中抗以上水平。

4.2 甜菜

品种分类：普通型糖用甜菜、抗丛根病糖用甜菜。

4.2.1 普通型糖用甜菜分为：丰产型、高糖型、标准型品种。

4.2.1.1 丰产性：丰产型品种区域试验两年平均产量比对照品种≥15.0%，其中单粒型品种≥20%；生产试验产量≥10.0%，其中单粒型品种≥15.0%；高糖型品种区域试验两年平均产量和生产试验比对照品种≥5.0%；标准型品种区域试验两年平均产量和生产试验比对照品种≥10.0%。

4.2.1.2 稳产性：每年区域试验和生产试验增产点数≥60%。

4.2.1.3 品质：丰产型品种糖度比对照不低于0.5度、其中单粒型品种糖度不低于对照0.8度；高糖型品种糖度比对照增加0.7度；标准型品种糖度比对照不低于0度以上。

4.2.1.4 抗病性：立枯病、根腐病田间发病率≤15%；褐斑病、黄化病病情指数≤1.5级。

4.2.2 抗丛根病糖用甜菜新品种分为耐病型、抗病型、高糖型品种。

4.2.2.1 丰产性：耐病型品种 区域试验两年平均产量和生产试验比对照品种增产≥3%；抗病型品种 区域试验两年平均产量和生产试验比对照品种增产≥5%；高抗型品种 区域试验两年平均产量和生产试验比对照品种增产≥5%。

4.2.2.2 稳产性：每年区域试验和生产试验增产点数≥60%。

4.2.2.3 品质：耐病型品种 糖度≥14度；抗病型品种 糖度≥14.5度；高抗型品种 糖度≥15度。

4.2.2.4 抗病性：在中度（三级）丛根病病地上试验耐病型品种 植株罹病率≤15%，病情指数≤0.2；抗病型品种 植株罹病率≤10%，病情指数≤0.15；高抗型品种 植株罹病率≤5%，病情指数≤0.10。

附录4 内蒙古自治区油料类农作物品种审定标准

1. 范围

本标准规定了内蒙古大豆、油菜籽、向日葵等油料类作物品种审定、认定时应具备的产量、品质和抗逆性等指标。本标准适用于内蒙古自治区农作物品种审定委员会（以下简称品种审定委员会）大豆、油菜籽、向日葵油料作物品种审定，适用于农作物品种试验主管部门向品种审定委员会推荐品种。

2. 规范性引用文件

下列文件中的条款通过本标准的引用而成为本标准的条款。凡是注日期的引用文件，其随后所有的修改单（不包括勘误的内容）或修订版均不适用于本标准，然而，鼓励根据本标准达成协议的各方研究是否可使用这些文件的最新版本。凡是不注日期的引用文件，其最新版本适用于本标准。

GB/T 3543.6 农作物种子检验规程

GB 4404.2 粮食种子豆类

GB/T 14488.1 油料种子含油量测定法

GB/T 14489.2—1993 油料种子粗蛋白质测定法

GB/T 19557.4 植物新品种特异性、一致性和稳定性测试指南大豆

NY/T 4 谷类、油料种子粗脂肪测定

NY 414 低芥酸低硫苷油菜种子

NY/T 415 低芥酸低硫苷油菜籽

ISO 9167 油菜籽中硫代葡萄糖苷含量测定高效液相色谱法

3. 术语和定义

下列术语和定义适用于本标准。

3.1 品种（variety）

人工选育或发现并经过改良，形态特征和生物学特性一致，遗传性状相对稳定并具有适当的名称的植物群体。

3.2 品种试验（variety test）自治区农作物品种试验主管部门组织的区域试验、生产试验以及抗病鉴定、品质检测等。

3.3 丰产性（yield ability）品种的产量表现，用品种在试验中比对照品种增产的百分率表示。

3.4 稳产性（ yield stability）品种产量的变化程度，用品种在试验中比对照品种增产点次的百分率表示。

3.5 抗病（虫）性（disease and pest resistance）品种克服或减轻病原物（害虫）侵染、发育、生长和为害的能力。

3.6 特征特性（character）品种的形态特征和生物学特性，分基本特征特性、生育

期、主要农艺和经济性状等。

3.7 抗逆性（stress tolerance）品种对生物和非生物逆境的抵御能力。

3.8 品质（quality）品种具有的内在品质，包括营养品质、加工品质、外观品质等。

3.9 粗蛋白质含量（protein content）籽粒中粗蛋白质占籽粒干重的百分比。

3.10 粗脂肪含量（oil content）籽粒中粗脂肪占籽粒干重的百分比。

3.11 产油量（oil yield OY=Y×O）OY代表产油量，Y代表产量，O代表含油量。

4. 品种评价

完成试验程序的品种，品种遗传性状稳定、形态特征一致，与对照品种比较具有明显差异，具有独特性或新颖性。依据品种的特征、丰产性、稳产性、品质、抗病（虫）性等指标体系进行综合评价。

4.1 春油菜

品种分类：分为普通品种、双低品种。

4.1.1 丰产性：每年区域试验产量平均比同类对照增产≥5%，其中双低杂交品种产量比普通对照品种两年平均增产≥10%；生产试验平均比对照增产≥5%。

4.1.2 稳产性：每年区域试验和生产试验增产点数≥50%。

4.1.3 品质：平均含油量≥40%，芥酸含量<1%，硫苷含量<18摩尔/克；高芥酸品种的芥酸含量>50%。

4.1.4 抗病性

4.1.4.1 田间病害调查：抗菌核病、霜霉病。

4.1.4.2 田间人工接种中抗菌核病、霜霉病。

4.1.5 熟期：平均比对照晚熟≤3天。

4.1.6 倒伏：每年平均倒伏率≤10%。

4.2 大豆

品种分类：分为高油型品种、高蛋白型品种、特异型品种、菜用型品种、普通型品种。

4.2.1 丰产性：每年区域试验产量平均比同类对照增产≥4%，其中：高油型、高蛋白型和特异型品种两年平均区域试验比普通对照增产≥3%；生产试验平均比同类对照增产≥3%，其中：高油型、高蛋白型和特异型品种生产试验与对照持平。菜用型品种治理的产量不低于对照的95%。

4.2.2 稳产性：每年区域试验和生产试验增产点数≥60%。

4.2.3 品质

4.2.3.1 高油型品种：粗脂肪含量（干基）≥21.5%，蛋白质含量≥37%。

4.2.3.2 高蛋白型品种：粗蛋白质含量（干基）≥45%。

4.2.3.3 特异型品种：缺失1种以上的不良成分（如脂肪氧化酶）或者有1种以上有益成分显著高于普通品种或具有其它特殊利用价值。

4.2.3.4 菜用型品种：采青荚食用的专用品种。

4.2.3.5 普通型品种：脂肪含量（干基）和蛋白质含量（干基）之和≥59%。

4.2.4 抗病性：花叶病毒田间自然发病率≤3%，病情指数≤2级；人工接种鉴定达到抗水平；根腐、霜霉、灰斑病田间自然发病率≤在5%、病情指数≤3级；人工接种鉴定达到抗水平。

4.2.5　熟期：试验平均比对照晚熟≤3天。

4.2.6　倒伏：每年平均倒伏率≤5%。

4.3　向日葵

品种分类:分为油用型品种、食用型品种。

4.3.1　油用向日葵分为普通型、高油型品种。

4.3.1.1　丰产性：每年区域试验产量平均比同类对照增产≥5%，其中高油型品种区域试验两年平均产量比普通型对照品种增产≥0%；田间自然结实率，隔离条件下的自交结实率≥对照。生产试验平均比对照同类对照增产≥5%，其中高油型品种生产试验比普通型产量≥0%田间自然结实率，隔离条件下的自交结实率≥对照。

4.3.1.2　稳产性:每年区域试验和生产试验增产点数≥60%。

4.3.1.3　品质：普通型品种籽实含油率在42%～46%，高油型品种含油率在46%(含) 以上。

4.3.1.4　抗病性：田间自然发病率菌核病比对照<5%，褐斑病、黄萎病、黑斑病自然发病率比对照<3%。

田间接种鉴定菌核病发病率比对照<10% ,褐斑病、黄萎病、黑斑病自然发病率比对照<5%

4.3.1.5　熟期：试验平均比对照晚熟≤3天。

4.3.1.6　倒伏和折茎：平均倒伏和折茎率合计≤5%。

4.3.2　食用型品种分为嗑食型（含普通型、大粒型）品种、剥仁型品种。

4.3.2.1　丰产性：每年区域试验产量平均比同类对照增产≥5%，其中大粒型品种区域试验两年平均产量比普通型对照品种≥0%；生产试验平均比对照同类对照增产≥5%，其中大粒型品种生产试验比普通型产量≥0%。

4.3.2.2　稳产性:每年区域试验和生产试验增产点数≥60%。

4.3.2.3　品质：形状和色泽外观品质整齐一致。

4.3.2.3.1　嗑食型（含普通型、大粒型）品种：普通型子粒大小（长/宽、厘米）1.6/0.6～2.0/0.8，百粒重15～17（含）克，纯仁率≥47%，籽仁粗蛋白含量≥18%，籽仁粗脂肪含量≥45%，籽仁亚油酸含量≥65%；大粒型子粒大小（长/宽、厘米）≥2.0/0.8，百粒重≥17克，纯仁率≥47%以上，籽仁粗蛋白含量≥18%，籽仁粗脂肪含量≥47%。

4.3.2.3.2　剥仁型品种：子粒大小（长/宽、厘米）≥1.5/0.6，百粒重≥10克，纯仁率≥51.0%，籽仁粗蛋白含量≥20%，籽仁粗脂肪含量≥47%。

4.3.2.4　抗病性：田间自然发病率菌核病比对照<7%，褐斑病、黄萎病、黑斑病自然发病率比对照<5%。田间接种鉴定菌核病发病率比对照<10%，褐斑病、黄萎病、黑斑病自然发病率比对照<5%。

4.3.2.5　熟期：试验平均比对照晚熟≤3天。

4.3.2.6　倒伏和折茎：平均倒伏和折茎率合计≤5%。

附录5　内蒙古自治区玉米品种试验DNA指纹鉴定管理办法

第一条　为了加强玉米品种试验管理，完善自治区品种试验玉米品种的一致性和真实性鉴定，根据《内蒙古自治区主要农作物品种审定办法》，制定本办法。

第二条　本办法所指的DNA指纹鉴定是依据不同品种SSR指纹谱带对品种的一致性和真实性进行判定。检测结果作为试验品种的淘汰、继续试验和推荐审定的依据。

第三条　本办法依据《国家区试玉米品种一致性及真实性DNA指纹检测技术》标准检测。

第四条　根据年度试验方案送检样品的要求，试验主持单位或负责编号的单位向指定的检测单位及时、足量、保质地提供DNA指纹检测所需的种子样品。

第五条　区域试验和预备试验品种的备份样品保存3年以上，通过自治区审定、认定品种的备份样品保存10年以上，用做品种试验或检验鉴定的标准品种。

第六条　根据田间品种性状表现，对预备试验和第一年区域试验品种的一致程度抽检；对进入第二年区域试验或生产试验品种的一致程度统检。

第七条　一致性检测为1～3级的品种，可正常试验或推荐报审；一致性检测为4～5级的品种，予以停止试验或不予推荐报审。

第八条　预备试验和区域试验均做真实性检测，检测试验品种与已知品种之间的差异程度；同一试验品种年际之间、不同组别间的差异程度。同步制作该品种的标准DNA指纹图谱。

第九条　发现同一品种在不同的试验年份、不同试验组别遗传差异较大（差异位点数≥2）的停止试验。发现试验品种与已知品种在遗传上差异微小，即相同或高度近似（差异位点数≤1）的停止试验。

第十条　两个（含两个）以上不同名称的试验品种，在遗传上相同或高度近似（差异位点数≤1），由参试单位协商成一致文字意见，报送自治区农作物品种审定委员会办公室，确定处理意见。

第十一条　对于未通过一致性或真实性检测的品种，由自治区种子管理站将检测结果及时通知品种的参试单位。

第十二条　对于在试验期间不同年份、不同组别更换品种的参试单位，将停止该单位下一年本作物所有品种的申请资格。

第十三条　已知品种的确认坚持优先原则。即申请植物新品种保护、审定、参加自治区区域试验和生产试验的顺序优先。保护或通过审定的品种公告顺序优先，同一年度参加区域试验或生产试验的，以生产试验优先。

第十四条　品种的参试单位对检测结果持有异议，在获知的20日内，请以书面形式向内蒙古农作物品种审定委员会办公室提出复议，办公室应在60日内作出复议意见，其结果为最终裁决。

第十五条　本办法由内蒙古农作物品种审定委员会制定。

第十六条　本办法由内蒙古自治区农作物品种审定委员会办公室负责解释。

第十七条　本办法自公布之日起执行。

附录6　内蒙古农牧业厅关于贯彻《内蒙古自治区农作物种子条例》配套办法的通知

内农牧种植发〔2010〕33号

各盟市农牧业局：

内蒙古自治区第十一届人民代表大会常务委员会第十次会议通过了修订的《内蒙古自治区农作物种子条例》（以下简称种子条例）及其他种子管理法律法规及规章，为了更好地贯彻实施新修订的《种子条例》，我们对原有规定也进行了修改，现将修改后的配套规定印发给你们，请认真贯彻执行。本规定印发后，以前自治区农业厅印发的相关规定停止执行。

附件：

1.内蒙古自治区非主要农作物商品种子生产备案登记管理办法

2.内蒙古自治区农作物种子经营企业设立分支机构备案登记管理办法

3.农作物原包装种子经营备案登记管理办法

4.农作物种子委托代销备案登记管理办法

二〇一〇年二月二十六日

附件1　内蒙古自治区非主要农作物商品种子生产备案登记管理办法

第一条　为了保护和合理利用农作物种质资源，规范非主要农作物商品种子生产行为，提高种子质量，维护当事人的合法权益，根据《内蒙古自治区农作物种子条例》第十九条及其他种子管理法律法规及规章的规定，制定本办法。

第二条　在自治区行政区域内从事非主要农作物商品种子生产的单位和个人必须遵守本办法。

第三条　非主要农作物商品种子生产实行备案登记制度。非主要农作物商品种子生产者应当将生产的种子品种、地点、面积、技术力量等资料报所在地旗县级以上种子管理机构备案。非主要农作物商品种子是指自治区人民政府农业行政主管部门公告的非主要农作物商品种子。非主要农作物商品种子生产备案登记表由自治区农牧业厅印制。

第四条　申请非主要农作物商品种子生产备案登记应具备以下条件：

（一）具备所生产种子的经营资质；

（二）所生产品种经过品种认定；

（三）有经自治区人民政府农牧业行政主管部门考核合格的种子检验人员1名以上，专业生产技术人员2名以上；

（四）有200平方米以上种子晒场或者种子烘干设备，并有必要的仓储设施。

第五条　申请非主要农作物商品种子生产的单位和个人应当提交下列文件：

（一）非主要农作物商品种子生产备案登记表；

（二）农作物种子经营许可证复印件；

（三）法定代表人身份证复印件；

（四）品种审（认）定证书复印件；

（五）生产的品种、地点、面积、隔离、检疫条件的说明；

（六）种子田间检验人员、种子生产技术人员花名册、资格证书复印件；

（七）晒场、烘干设备及仓储设施照片、产权证明；

（八）种子质量保证措施；

（九）种子简要性状描述、栽培措施和使用条件的说明。

（十）生产的品种为保护品种的，还应提供品种权人同意的书面证明或品种转让合同。

第六条　申请非主要农作物商品种子生产备案登记的单位和个人应当在种子播种前一个月办理。

第七条　非主要农作物商品种子生产应当建立规范的田间生产档案。

第八条　违反本办法规定不按照要求办理备案的，按《内蒙古自治区农作物种子条例》第四十四条的规定予以处罚。

第九条　本办法由内蒙古自治区农牧业厅负责解释。

第十条　本办法自发布之日起施行。

附件2 内蒙古自治区农作物种子经营企业设立分支机构备案登记管理办法

第一条 为了规范农作物种子经营企业设立分支机构的备案和管理行为，根据《内蒙古自治区农作物种子条例》及其他种子管理法律法规及规章的规定，制定本办法。

第二条 在自治区境内设立分支机构的农作物种子经营企业必须遵守本办法。

第三条 农作物种子经营企业设立分支机构实行备案登记制度。

种子经营者按照经营许可证规定的有效区域设立分支机构的，应当提交种子经营许可证等有关材料，向原发证机关和所在地种子管理机构备案。

第四条 农作物种子经营企业申请设立分支机构应当具备下列条件：

（一）有固定的经营场所；

（二）有经过培训的专职检验、加工、仓储技术人员；

（三）有与经营规模相适应的检验、加工、仓储等设施。

第五条 农作物种子经营企业申请设立分支机构的单位或者个人应当提交下列材料：

（一）农作物种子经营企业设立分支机构备案申请表；

（二）经营许可证复印件；

（三）法定代表人身份证复印件；

（四）种子检验、加工、仓储技术人员资格证明复印件；

（五）种子经营场所、检验、加工、仓储设施照片。

第六条 农作物种子经营企业申请设立分支机构的，按以下程序办理：

（一）申请者按本办法第三条的规定向原发证机关提出申请。

（二）原发证机关应在收到申请材料之日起10日内完成审核工作。对符合条件的，报所在地种子管理机构；不符合条件的，书面通知申请人并说明原因。

（三）所在地种子管理机构应在收到备案材料之日起10日内完成备案登记工作。发给农作物种子经营企业设立分支机构备案登记证，同时报原发证机关备案。

第七条 农作物种子经营企业设立分支机构备案申请表、农作物种子经营企业设立分支机构备案登记证由内蒙古自治区农牧业厅统一印制。

第八条 备案登记证有效期限为三年，但不能超过设立分支机构的种子经营企业有效期限。

第九条 违反本办法规定不按照要求办理备案的，按《中华人民共和国种子法》第六十二条的规定予以处罚。

第十条 本办法由内蒙古自治区农牧业厅负责解释。

第十一条 本办法自发布之日起施行。

附件3　农作物原包装种子经营备案登记管理办法

第一条　为了规范农作物原包装种子经营的备案和管理行为，根据《内蒙古自治区农作物种子条例》第二十七条及其他种子管理法律法规及规章的规定，制定本办法。

第二条　在内蒙古自治区境内申请经营农作物原包装种子的单位和个人，适用本办法。

第三条　经营不再分装的包装种子的单位或者个人，应当具备一定的条件，并到所在地农牧业行政主管部门所属的种子管理机构备案登记。

第四条　申请经营原包装种子的单位和个人，应当具备以下条件：

（一）有固定的经营场所；

（二）有必要的种子检验、保管和仓储条件；

（三）有经过培训考核合格的种子技术人员。

第五条　申请办理农作物原包装种子经营备案登记的单位和个人应提交下列材料：

（一）农作物原包装种子经营备案登记证申请表；

（二）法定代表人身份证复印件；

（三）种子经营场所、仓储设施照片和产权证明或租赁合同（租赁期限三年以上）；

（四）种子技术人员资格证明复印件。

第六条　申请农作物原包装种子备案登记证按以下程序办理：

（一）申请者按本办法第三条的规定向所在地种子管理机构提出申请。

（二）所在地种子管理机构应在收到备案材料之日起20日内完成备案登记工作。对符合条件的，发给农作物原包装种子经营备案登记证；不符合条件的，向申请者说明原因。

第七条　农作物原包装种子经营备案登记证应当注明备案登记编号、单位名称、法定代表人、经营地址、经营范围、经营作物种类、经营方式、有效期限等项目。

第八条　农作物原包装种子备案登记证有效限期为三年，期满后按原程序重新申请办理。

第九条　违反本办法规定不按照要求办理备案的，按《内蒙古自治区农作物种子条例》第四十四条的规定予以处罚。

第十条　农作物原包装种子经营备案申请表、农作物原包装种子经营备案登记证由内蒙古自治区农牧业厅统一印制。

第十一条　本办法由内蒙古自治区农牧业厅负责解释。

第十二条　本办法自发布之日起施行。

附件4 农作物种子委托代销备案登记管理办法

第一条 为了规范农作物种子委托代销备案和管理行为，根据《内蒙古自治区农作物种子条例》第二十七条及其他种子管理法律法规及规章的规定，制定本办法。

第二条 在内蒙古自治区境内申请农作物种子委托代销的单位和个人适用本办法。

第三条 受具有种子经营许可证的种子经营者在其有效区域和有效期限内书面委托代销种子的单位和个人，凭委托代销协议书和申报材料到所在地农牧业行政主管部门所属的种子管理机构备案登记。

第四条 受委托代销种子的单位和个人应当具备以下条件：

（一）有固定的经营场所；

（二）有必要的种子保管和仓储条件；

（三）有经过培训考核合格的种子技术人员。

第五条 申请农作物种子委托代销备案登记证的单位和个人应提交以下材料：

（一）农作物种子委托代销备案登记证申请表；

（二）受委托者身份证复印件；

（三）与委托单位签订的农作物种子委托代销协议书；

（四）种子经营场所照片和产权证明或租赁合同（租赁期限三年以上）；

（五）种子技术人员资格证明复印件。

第六条 申请领取农作物种子委托代销备案证按以下程序办理。

（一）申请者按本办法第三条的规定向所在地种子管理机构提出申请。

（二）审核机关所在地种子管理机构应在收到申请材料之日起20日内完成审核工作。审核包括材料审查和实地考察，对符合条件的，签署审核意见；不符合条件的，书面通知申请人并说明原因。

（三）所在地种子管理机构应在收到备案材料之日起20日内完成备案登记工作。对符合条件的，发给农作物种子委托代销备案登记证；不符合条件的向申请者说明原因。

第七条 农作物种子委托代销备案登记证应当注明委托代销备案登记编号、委托单位名称、法定代表人、有效区域、受委托代销单位（个人）名称、经营地址、委托代销作物种类、有效期限等项目。

第八条 农作物种子委托代销备案登记证有效限期为三年，但不能超过委托单位经营许可证的有效期限，期满后按原程序重新申请办理。

第九条 违反本办法规定不按照要求办理备案的，按《内蒙古自治区农作物种子条例》第四十四条的规定予以处罚。

第十条 农作物种子委托代销备案登记证申请表、农作物种子委托代销备案登记证由内蒙古自治区农牧业厅统一印制。

第十一条 本办法由内蒙古自治区农牧业厅负责解释。

第十二条 本办法自发布之日起施行。

附录7　内蒙古自治区马铃薯种薯生产经营许可管理办法

第一章　总　　则

第一条　为规范我区马铃薯种薯生产经营，维护种薯选育者、生产者、经营者、使用者的合法权益，推动全区种薯产业发展，根据《中华人民共和国种子法》《内蒙古自治区农作物种子条例》《农作物种子生产经营许可管理办法》（农业部令2011年第3号）和有关法律法规，结合内蒙古自治区实际，制定本办法。

第二条　在内蒙古自治区行政区域内马铃薯种薯生产、经营许可的申请、审核、核发和监管，适用本办法。

第二章　生产许可

第三条　马铃薯脱毒种薯原原种、原种生产许可证由种薯生产经营者所在地盟市级人民政府农业行政主管部门审核，自治区级人民政府农业行政主管部门核发。马铃薯一级种薯和二级种薯的生产许可证由种薯生产经营者所在地旗县级地方人民政府农业行政主管部门审核，盟市级人民政府农业行政主管部门核发。

第四条　申请领取马铃薯原原种、原种生产许可证的，应当具备以下条件：

（一）注册资本不少于500万元。

（二）生产的品种通过品种审定；生产具有植物新品种权的种子，还应当征得品种权人的书面同意。

（三）检验设施：检验室按检验项目分设，检验制度健全，水、电、控温设备齐全。检验室100平方米以上；仪器能满足病毒、真菌和细菌性病害检测，主要仪器包括：具有超净工作台、放大镜、1 000倍以上双目显微镜、超速离心机、电子天平（感量百分之一、千分之一、感量万分之一）、电冰箱、灭菌锅、酶联检测仪、电泳仪、电泳槽各1台套以上及相应仪器药品。

（四）生产设施：具有150平方米以上组织培养室、1 000平方米以上温室、1 500平方米以上网室。

（五）仓储设备：具备满足种薯储藏的地窖或恒温库（2 ~ 4℃），原原种贮藏库200平方米以上，原种贮藏库300平方米以上。

（六）生产设备：有用于种薯生产的机械设备，如播种机、收获机、除草机、松土机及灌溉设备等相应农机具。

（七）加工设备：马铃薯筛选机、套筛、微型薯计数仪、马铃薯收割机等农机具。

（八）技术人员：有专职的种子生产技术人员、贮藏技术人员和种子检验人员（涵盖田间检验、扦样和室内检验，下同）各3名以上。

（九）生产地点：生产地点无检疫性有害生物；符合种薯生产规程要求的隔离和生产条件。

（十）质量控制：应具有生产质量保证制度。内容包括亲本来源及质量、隔离措施、主要制种要点、质量监控检验手段等。

第五条　申请领取马铃薯一级种薯、二级种薯生产许可证的应具备以下条件：

（一）注册资本不少于500万元。

（二）生产的品种通过品种审定；生产具有植物新品种权的种子，还应当征得品种权人的书面同意。

（三）检验设施：检验制度健全，水、电、控温设施齐全，面积80平方米以上。仪器能满足马铃薯病毒常规检测，主要仪器包括：超净工作台、放大镜、400倍以上显微镜、超速离心机、0.001克天平、0.1克天平、冰箱、灭菌锅、电泳仪等。

（四）仓储设备：具备地窖或恒温库（2～4℃）500平方米以上。

（五）加工设备：马铃薯筛选机、套筛、微型薯计数仪、马铃薯收割机。

（六）生产设施：有用于种薯生产的机械设备，如播种机、收获机、除草机、松土机及灌溉设备等相应农机具。

（七）生产基地：生产地点无检疫性有害生物；符合种薯生产规程要求的隔离和生产条件；

（八）技术人员：有专职的种子生产技术人员、贮藏技术人员和种子检验人员（涵盖田间检验、扦样和室内检验）各3名以上。

（九）生产地点：生产地点无检疫性有害生物；符合种薯生产规程要求的隔离和生产条件。

（十）质量控制：生产安全隔离和生产条件说明；内容包括亲本来源及质量、隔离措施、主要繁种要点、质量监控检验手段等。

第六条　申请种子生产许可证，应当提交以下材料：

（一）《主要农作物种子生产许可证申请表》，其中申请生产马铃薯原原种、原种的还应提交县级以上农牧业行政主管部门的审核报告。

（二）验资报告或者申请之日前1年内的年度会计报表及中介机构审计报告等注册资本证明材料复印件；公司章程及股东身份证复印件，营业执照副本复印件；检验仪器等设备清单和购置发票复印件；检验、储存、加工、生产等仪器设施设备的产权证明复印件；计量检定机构出具的涉及计量的检验设备的检定证书复印件；相关设施设备的情况说明及实景照片。

（三）生产、贮藏、检验技术人员资质证明及劳动合同复印件；劳动合同签订时限需自申报之日起3年以上。

（四）种子生产地点检疫证明。

（五）品种审定证书复印件。

（六）生产具有植物新品种权的种子，提交品种权人的书面同意证明。

（七）质量保证制度：生产安全隔离和生产条件说明；亲本来源证明及生产操作技术规程、主要繁种要点等相关材料。

马铃薯原原种、原种、一级种和二级种薯生产许可证申请者已取得相应经营许可证的，免于提交前款第二项规定的材料和贮藏、检验技术人员资质证明及劳动合同复印件，但应当提交马铃薯原原种、原种、一级种和二级种的经营许可证复印件。

第七条　生产许可证标注项目变更需提交以下材料：

在许可证在有效期内，申请变更许可证注明项目的，变更项目应达到法定生产条件和要求，按申领许可证的规定程序办理，并提供相应证明材料。

（一）生产品种变更（或生产地点变更）需提交以下材料：种子生产许可证申请表；种子生产许可证（复印件）；变更生产地点的还需提交生产地点检疫证明；生产品种审定

证书（复印件）；生产具有植物新品种权种子的，需提交品种权人的书面同意证明。

（二）企业名称变更需提交以下材料：种子生产许可证申请表；企业所在地县级以上农业行政主管部门审核意见；股东大会决议或主管部门变更企业名称通知（复印件）；工商部门出具的企业名称预先核准通知书（复印件）；种子生产许可证（复印件）。

（三）企业法定代表人变更需提交以下材料： 种子生产许可证申请表；企业所在地县级以上农业行政主管部门审核意见；股东会决议或主管部门变更企业法定代表人通知及法人身份证（复印件）；种子生产许可证（复印件）。

（四）企业住所等其他注明项目变更需提交以下材料：种子生产许可证申请表；企业所在地县级以上农业行政主管部门审核意见；变更项目说明材料；种子生产许可证（复印件）。

第八条 审核机关应当自受理申请之日起20个工作日内完成审核工作。审核时应当对生产地点、晒场或者生产设备、仓储设施、检验设施设备等进行实地考察并查验有关证明材料原件（对具有相应种子经营许可证的只考察生产地点）。具备本办法规定条件的，签署审核意见，上报核发机关；审核不予通过的，书面通知申请人并说明理由。

核发机关应当自收到审核意见和申请材料之日起20个工作日内完成核发工作。核发机关认为有必要的，可以进行实地考察。符合条件的，发给种子生产许可证并予公告；不符合条件的，书面通知申请人并说明理由。

第九条 种子生产许可证应当注明许可证编号、企业名称、住所、法定代表人、注册资本、发证机关、公告文号、发证时间，以及生产种子的作物种类、品种名称、审定编号、植物新品种权号、生产地点、有效期限等项目。

许可证编号为“__（×）农种生许字（×）第×号”。其中，第一个括号内为发证机关简称，第二个括号内为首次发证年号，第三个号码为四位顺序号；“__”上标注生产种子的类型为c。

第十条 种子生产许可证有效期3年。同一企业在生产许可证有效期内向同一核发机关申请增加生产同类作物品种的，由核发机关在原证上加注相应品种，不再另行发放生产许可证。

第十一条 种子生产许可证有效期满后，种子生产者需在同一核发机关申领新证的，应当在许可证期满70日前重新提出申请。

第三章　经营许可

第十二条 经营马铃薯种薯的企业，应当依法取得种子经营许可证（以下简称经营许可证）。

马铃薯脱毒种薯原原种、原种经营许可证由种薯生产经营者所在地盟市级人民政府农业行政主管部门审核，自治区级人民政府农业行政主管部门核发。马铃薯一级种薯和二级种薯的生产许可证由由种薯生产经营者所在地旗县级地方人民政府农业行政主管部门审核，盟市级人民政府农业行政主管部门核发。

第十三条 申请领取马铃薯原原种、原种经营许可证的，应当具备以下条件：

（一）注册资本不少于500万元，固定资产不少于250万元。

（二）检验设施：检验室按检验项目分设，检验制度健全，水、电、控温设备齐全。

检验室100平方米以上；仪器能满足病毒、真菌和细菌性病害检测，主要仪器包括：具有超净工作台、放大镜、1 000倍以上双目显微镜、超速离心机、电子天平（感量百分之一、千分之一、感量万分之一）、电冰箱、灭菌锅、酶联检测仪、电泳仪、电泳槽各1台套以上及相应仪器药品。

（三）仓储设备：具备满足种薯储藏的地窖或恒温库（2 ~ 4℃），原原种贮藏库200平方米以上，原种贮藏库300平方米以上。

（四）加工设备：马铃薯筛选机、套筛、微型薯计数仪等。

（五）营业场所200平方米以上。可自有产权，也可租赁，但租赁期应自申请之日起5年以上。

（六）有专职的种子加工技术人员、贮藏技术人员和种子检验人员各3名以上。

第十四条　申请领取马铃薯一级种薯和二级种薯经营许可证的，应当具备以下条件：

（一）注册资本不少于500万元，固定资产不少于250万元。

（二）检验设施：检验制度健全，水、电、控温设施齐全，面积80平方米以上。仪器能满足马铃薯病毒常规检测，主要仪器包括：超净工作台、放大镜、400倍以上显微镜、超速离心机、0.001克天平、0.1克天平、冰箱、灭菌锅、电泳仪等。

（三）仓储设施：应具备地窖、恒温库（2 ~ 4℃）或气调贮藏库500平方米以上；

（四）加工设备：马铃薯筛选机、套筛、微型薯计数仪等。

（五）营业场所200平方米以上。可自有产权，也可租赁，但租赁期应自申请之日起5年以上。

（六）有专职的种子加工技术人员、贮藏技术人员和种子检验人员各3名以上。

第十五条　申请种子经营许可证，应当提交以下材料：

（一）农作物种子经营许可证申请表；其中:申请经营马铃薯原原种、原种的还应提交县级以上农业行政主管部门的审核报告。

（二）验资报告或者申请之日前1年内的年度会计报表及中介机构审计报告等注册资本和固定资产证明材料复印件；申请单位性质、资本构成等基本情况证明材料；公司章程及股东身份证复印件，到期申请的需提供原经营许可证复印件。

（三）种子检验、加工等设施设备清单和购置发票复印件；种子检验室、加工厂房、仓库的产权证明复印件；营业场所的产权证明（或租赁协议）复印件；计量检定机构出具的涉及计量的检验、包装设备检定证书复印件；相关设施设备的情况说明及实景照片。

（四）种子检验、加工、贮藏等有关技术人员的资质证明和劳动合同复印件。

（五）法律法规规章规定的其他材料（固定的办公场所）。

第十六条　申请许可证标注项目变更提交如下材料：

在许可证在有效期内，申请变更许可证标注项目的，变更项目应达到法定经营条件和要求，按申领许可证的规定程序办理，并提供相应证明材料。

（一）企业名称变更需提交以下材料：种子经营许可证申请表；企业所在地县级农业行政主管部门审核意见；股东大会决议或主管部门变更企业名称通知（复印件）；工商部门出具的企业名称预先核准通知书（复印件）；种子经营许可证（复印件）。

（二）企业法定代表人变更需提交以下材料：　种子经营许可证申请表；企业所在地

县级农业行政主管部门审核意见；股东会决议或主管部门变更企业法定代表人通知及法人身份证（复印件）；种子经营许可证（复印件）。

（三）注册资本变更需提交以下材料：种子经营许可证申请表；企业所在地县级农业行政主管部门审核意见；注册资本的证明材料（验资报告复印件）；种子经营许可证(复印件)。

（四）企业住所、经营范围等其他注明项目变更需提交以下材料：种子经营许可证申请表；企业所在地县级农业行政主管部门审核意见；变更项目说明材料；种子经营许可证（复印件）。

第十七条 审核机关应当自受理申请之日起20个工作日内完成审核工作。审核机关应当对营业场所、加工仓储设施、检验设施设备进行实地考察并查验有关证明材料原件。具备本办法规定条件的，签署审核意见，上报核发机关；审核不予通过的，书面通知申请人并说明理由。

核发机关应当自收到申请材料和审核意见之日起20个工作日内完成核发工作。核发机关认为有必要的，可以进行实地考察。符合条件的，发给种子经营许可证并予公告；不符合条件的，书面通知申请人并说明理由。

第十八条 种子经营许可证应当注明许可证编号、企业名称、住所、法定代表人、注册资本、发证机关、公告文号、发证日期，以及经营作物范围、经营方式、有效区域、有效期限等项目：

（一）许可证编号为“__（×）农种经许字（×）第×号”，第一个括号内为发证机关简称，第二个括号为首次发证年号，第三个号码为四位顺序号；“__”上标注经营类型c；

（二）经营作物范围，马铃薯种薯；

（三）种子经营方式，填写加工、包装、批发、零售；

（四）有效区域按行政区域填写，最大不超过核发机关管辖范围，由核发机关决定。

第十九条 种子经营许可证有效期为5年。在有效期内变更许可证标注项目的，应当按照原申请程序办理变更手续，并提供相应证明材料。

经营许可证期满后继续从事种子经营的，种子经营者应当在期满6个月前重新申请。

第二十条 种薯经营者在经营许可证规定的有效区域设立分支机构的，应当到工商行政管理机关办理工商登记，并在取得或变更营业执照后15日内，向当地县级人民政府农牧业行政主管部门和原发证机关备案。备案时应提交种子经营许可证、营业执照的复印件以及分支机构的住所、经营方式、负责人姓名、联系电话等材料。

第四章 监督管理

第二十一条 马铃薯种薯生产者应当按照种子生产许可证的规定组织种薯生产。种薯生产者应当建立种薯生产档案，并在播种后30日内，将生产地点、品种名称、生产面积等信息向生产所在地县级人民政府农牧业行政主管部门报告。县级以上人民政府农牧业行政主管部门应当将生产信息汇总后逐级上报至自治区农牧业厅。

第二十二条 种薯经营者应当建立经营档案，载明种薯来源、贮藏、运输和质量检测各环节的简要说明及责任人、销售去向等内容。

种薯经营企业应当在每年5月底前将上一年度主要经营活动向发证机关报告。发证机关应当将种薯经营信息汇总后逐级上报至自治区农牧业厅。

第二十三条　县级以上人民政府农牧业行政主管部门应当对种薯生产、经营者的种薯生产、经营行为进行监督检查。

第二十四条　在许可证有效期内，有下列情形之一的，发证机关应当注销许可证，并予以公告：

(一) 种薯生产、经营者停止生产、经营活动1年以上的；

(二) 种薯生产、经营者不再具备本办法规定的许可条件，经限期整改仍达不到要求的。

第二十五条　申请人隐瞒有关情况或者提供虚假材料申请种薯生产、经营许可证的，农业行政主管部门应当不予许可，并通报有关情况。申请人在1年内不得再次申请种薯生产、经营许可证。

申请人以欺骗、贿赂等不正当手段取得种薯生产、经营许可证的，农业行政主管部门应当撤销行政许可，并通报有关情况。申请人在3年内不得再次申请种薯生产、经营许可证。

第二十六条　上级农牧业行政主管部门应当对下级农牧业行政主管部门的种薯生产经营许可行为进行监督检查。有下列情形之一的，责令改正，对直接负责的主管人员和其他直接责任人依法给予行政处分；构成犯罪的，依法移送司法机关追究刑事责任：

(一) 未按核发权限发放种子生产、经营许可证的；

(二) 擅自降低核发标准发放种子生产、经营许可证的；

(三) 其他未依法核发种子生产、经营许可证的。

第二十七条　农业行政主管部门依法吊销、撤销、注销违法行为人的种子生产、经营许可证的，应当在决定作出后5个工作日内通知工商行政管理机关依法注销或变更营业执照。

第二十八条　农业行政主管部门应当建立种薯生产和经营许可管理网上查询系统，公布相关许可信息，但依法需要保密的除外。

对管理过程中获知的种薯生产、经营者的商业秘密，农业行政主管部门及其工作人员应当依法保密。

第五章　附　则

第二十九　条本办法所称种薯生产，是指种植、收获种薯的活动。

本办法所称种薯经营，是指对生产的种薯进行清选、分级等加工处理，以及包装、标识、销售的活动。

第三十条　本办法所称固定资产，是指企业为生产种薯、提供劳务、出租或者经营管理而持有的、使用时间超过12个月的非货币性资产，包括房屋、建筑物、机器、机械、运输工具以及其他与生产经营活动有关的设备、器具、工具等。

第三十一条　本办法规定的种薯生产、加工、检验、贮藏等人员，应当与所在企业签订有3年以上的劳动合同。

本办法规定的种薯生产、组织培养室设施设备，以及检验室、仓储设施、种薯生产机械设备，应当为申请企业自有产权。

第三十二条　农作物种子生产、经营许可证由农业部统一印制，相关表格格式由农业部统一制定。

第三十三条　本办法自2012年9月25日起施行。

附录8　关于进一步规范农作物种子生产经营许可管理的通知

内农牧规发〔2015〕2号

各盟市农牧业局：

为进一步规范农作物种子生产经营许可管理工作，节约行政成本，提高工作效率和服务质量，保障行政管理相对人的权益，根据《中华人民共和国行政许可法》和《农作物种子生产经营许可管理办法》（农业部令2011年第3号，以下简称《办法》）和其他相关法律法规规定，按照“依法、高效、实用、方便”的办事原则，我厅对农作物种子生产经营许可管理有关工作程序做了进一步规范。具体要求如下：

一、严格许可程序。主要农作物种子生产经营许可管理严格按照网上申报、现场勘验、专家评审的程序进行。对已取得经营许可证，申领生产许可证的企业，可根据农业生产实际情况，按照《办法》要求，提交全部补正材料后，简化相关程序。

二、严格受理时间。主要农作物种子生产经营许可的专家评审会每季度末召开一次，各申领企业根据评审会时间安排材料申报事宜。

三、严格备案程序。主要农作物种子生产企业要按照《办法》要求，在种子生产许可证有效期内，于每年6月末前向发证机关报告生产地点、品种名称、生产面积等信息。凡不按时上报生产信息的企业，发证机关将视为停止生产，由此产生的一切后果由企业自负。

各盟市农牧业局要充分认识农作物种子生产经营许可管理工作的重要性和相应责任，切实提高农作物种子生产经营许可规范管理水平。

附件1：农作物种子经营许可证审批标准

附件2：主要农作物种子生产信息报告表

（注：自治区人民政府法制办备案编号：NMYT-2015-0002）

附件1：农作物种子经营许可证审批标准

内蒙古自治区农牧业厅

2015年3月26日

项目类型：前审后批。

审批内容：主要农作物杂交种子及其亲本种子、常规种原种种子经营许可证。

法律依据：

1.《中华人民共和国种子法》。

2.《中华人民共和国植物新品种保护条例》。

3.《农作物种子生产经营许可管理办法》(农业部令2011年第3号)。

4.《内蒙古自治区农作物种子条例》。

办事条件：

1.经企业注册所在地县级农业行政主管部门提出审核意见。

2.需报送以下材料。

(1)《农作物种子经营许可证申请表》;

(2)验资报告或者申请之日前1年内的年度会计报表及中介机构审计报告等注册资本和固定资产证明材料复印件；申请单位性质、资本构成等基本情况证明材料；

(3)种子检验、加工等设施设备清单和购置发票复印件；种子检验室、加工厂房、仓库的产权证明复印件；晒场的产权证明（或租赁协议）复印件，或者种子干燥设施设备的产权证明复印件；计量检定机构出具的涉及计量的检验、包装设备检定证书复印件；相关设施设备的情况说明及实景照片；

(4)种子检验、加工、贮藏等有关技术人员的资质证明和劳动合同复印件；

(5)农业部规定的其他材料。

办理程序：

1.材料受理。内蒙古自治区种子管理站受理县级农业行政主管部门报送的《农作物种子经营许可证申请表》及其相关材料，并进行形式审查。

2.专家审查。内蒙古自治区种子管理站组织专家组对申报材料进行审查。

3.办理批件。内蒙古自治区种子管理站根据专家组审查意见提出审批方案，报经农牧业厅领导审批后办理批件。

4.承诺时限：20个工作日（专家评审时间不超过3个月)。

收费标准：

不收费。

附录9　内蒙古自治区人民政府办公厅转发《国务院办公厅关于推进种子管理体制改革　加强市场监管的意见》的通知

内政办发〔2006〕18号

各盟行政公署、市人民政府、区直有关部门：

为了全面贯彻落实《国务院办公厅关于推进种子管理体制改革　加强市场监管的意见》(国办发〔2006〕40号)，加快我区种子管理体制改革，完善种子管理体系，强化种子市场监管，推进种子产业健康发展，确保农业生产安全。现将《国务院办公厅关于推进种子管理体制改革　加强市场监管的意见》印发给你们，并结合我区实际，提出如下意见，一并贯彻落实。

一、成立组织机构

自治区政府根据国务院和农业部的要求，成立内蒙古自治区推进种子管理体制改革工作领导小组，各盟（市）旗（县）要成立地方政府分管领导为组长，由农业部门主要负责人，人事、财政、编制、工商、计划、国资管理局等部门负责人组成的推进种子管理体制改革工作领导小组，加强对种子管理体制改革工作的领导，强化责任，抓好落实。组织落实情况要在12月中旬报“自治区脱钩工作领导小组办公室”(自治区推进种子管理体制改革工作领导小组办公室设在内蒙古自治区农牧业厅)，要求以盟（市）为单位上报各旗（县）组织机构的名单。

二、制定工作方案

各盟（市）旗（县）农牧业行政主管部门针对辖区内尚未脱钩企业的实际情况，按照政企分开、分类指导、剥离重组的原则，制定切实可行的实施方案，并以盟市为单位报自治区“推进种子管理体制改革工作领导小组办公室”备案。制定实施方案的工作，要在2007年2月底以前落实。

三、实施脱钩

各盟（市）旗（县）农牧业行政主管部门在本级领导小组的领导部署下，要认真细致地做好所属种子生产经营机构（企业）脱钩方案的落实。于2007年6月底之前，按照国务院办公厅（国办发〔2006〕40号）文件要求，完成种子管理体制改革，将种子生产经营机构从农牧业行政主管部门剥离出去，实现人、才、物彻底分开。并向自治区领导小组办公室上报种子企业脱钩的总结报告，自治区领导小组将对各地种子企业脱钩情况进行检查和总结验收。

四、落实保障措施

各级人民政府要依照国家和自治区的有关政策，积极采取有效措施，认真做好种子管理体制改革中政企分开的善后工作，对分流的企业富余人员，可以采取多种方式妥善安置，并做好社会养老、医疗等保险关系的接续；要尽快建立和完善种子管理机构，稳定队伍，要积极支持种子管理和技术服务部门开展种子行政执法、种子质量监督（监督抽查）、种子市场监管、品种试验等方面的工作，并将所需经费列入同级财政预算，切实保证种子管理机构所需经费的支出。

二〇〇六年十一月二十八日

附录10　内蒙古自治区人民政府办公厅转发自治区农牧业厅《关于加快推进现代农作物种业发展的实施意见》的通知

内政办发〔2012〕52号

各盟行政公署、市人民政府，自治区各委、办、厅、局，各大企业、事业单位：

经自治区人民政府同意，现将自治区农牧业厅《关于加快推进现代农作物种业发展的实施意见》转发给你们，请结合实际，认真贯彻执行。

二0一二年五月十一日

关于加快推进现代农作物种业发展的实施意见

（自治区农牧业厅 二0一二年四月）

为全面贯彻落实《国务院关于加快推进现代农作物种业发展的意见》（国发〔2011〕8号，以下简称《意见》），确保现代农作物种业科学健康发展，结合我区农作物种业发展实际，现提出如下意见。

一、指导思想、基本原则和总体目标

（一）指导思想

以科学发展观为指导，推进农作物种业体制改革和机制创新，完善法律法规，整合农作物种业资源，加大政策扶持，增加农作物种业投入，强化市场监管，快速提升我区农作物种业科技创新能力、企业竞争能力、供种保障能力和市场监管能力，构建以产业为主导、企业为主体、基地为依托、产学研相结合、“育繁推一体化”的现代农作物种业体系，全面提升我区农作物种业发展水平。

（二）基本原则

1.坚持自主创新与引进创新相结合原则。加强农作物种业科技原始创新、集成创新和引进、消化、吸收再创新，鼓励引进区外和国际优良种质资源、先进育种制种技术和农作物种业物质装备制造技术，加快培育具有自主知识产权的农作物种业科研成果，提高农作物种业核心竞争力。

2.坚持“两个分离”原则。即科研教学单位重点开展基础性、公益性研究，企业逐步成为商业化育种的主体，推动公共科研单位与商业化育种、所办种子企业实现“两个分离”。

3.坚持“育繁推一体化”为主体原则。整合农作物种业资源，建立健全现代企业制度，通过政策引导带动企业和社会资金投入，充分发挥企业在商业化育种、成果转化与应用等方面的主导作用。

4.坚持扶优扶强原则。加强政策引导，加大重点科研院所和高等院校在基础性、公

益性研究领域的投入。对具有育种能力、市场占有率较高、经营规模较大的“育繁推一体化”种子企业予以重点支持，增强其创新能力。

5.坚持依法治种原则。完善法律法规和制度，理顺种子管理体系，健全技术支撑体系，加强管理体系和队伍建设，严格准入条件，强化市场监管和服务，切实提高依法行政能力，确保公正、严格、廉洁执法，严厉打击不法企业和行为，切实维护农牧民切身利益，保证种子市场规范化、法治化运行，促进种业健康快速发展。

（三）总体目标

到2020年，我区形成科研分工合理、产学研相结合、资源集中、运行高效的育种新机制，培育具有重大应用前景和自主知识产权的突破性优良品种10 ～ 20个，主要农作物新品种更新更换1次；建设玉米、小麦、大豆、马铃薯、向日葵及蔬菜等标准化、规模化、集约化、机械化的优势种子生产基地200万亩；打造5 ～ 7家育种能力强、生产加工技术先进、市场营销网络健全、技术服务到位的“育繁推一体化”现代农作物种业集团；健全职责明确、手段先进、监管有力的三级种子管理体系，显著提高优良品种自主研发能力和覆盖率，确保粮食等主要农产品有效供给。

二、重点内容

全区围绕构建以产业为主导、企业为主体、基地为依托、产学研结合、“育繁推一体化”的现代农作物种业体系，着力提升科技创新能力、供种保障能力、企业竞争能力和市场监管能力。

（一）种业科技创新能力稳步提升

以内蒙古农牧业科学院为中心，通辽、赤峰、巴彦淖尔、呼伦贝尔农科院为重点，强化种业基础性、公益性研究，形成种质资源的异位保存能力，建立种质资源信息化和标准化评价体系，种质资源深度评价并实现免费发放；进一步加大常规稻、小麦、大豆等大宗农作物常规育种的支持力度，形成一批生产上可大面积推广应用的优良品种。大力推进商业化育种，培育一批具有重大应用前景和自主知识产权的突破性杂交作物新品种。稳步提升种业科技创新能力和良种在农业生产科技贡献率中的比重。

（二）建立商业化育种体系

支持大型种子企业建立商业化育种研发中心。鼓励种子企业按照市场化、企业化的要求，采取多种形式整合社会科技与市场资源，与国有科研机构实行战略合作，走“育繁推一体化”的种子产业化发展之路，逐步形成商业化育种以企业为主体的种业科研新体制。力争用5 ～ 10年时间，造就一支精干高效的种业科技创新队伍，培育一批具有自主创新能力和国内外有一定影响力的种子企业集团，强化种子企业在杂交玉米、小麦、马铃薯等商业化育种领域的技术创新主体地位。国有科研机构为种子企业发展提供新品种创新的科技支撑，种子企业为科研机构提供科技成果转化平台。引导科研院所和高等院校逐步退出商业化育种，积极推进科研院所和高等院校与其开办的种子企业实现“事企脱钩”。

（三）加强农作物种业人才培训

加强高等院校、科研单位农作物种业相关学科、重点实验室、工程研究中心以及实习基地建设，建立教学、科研与实践相结合的有效机制，支持农作物种子行业专业学科建设，依托农牧业高等院校建立健全种子行业专业学科体系，提升农作物种业人才培养质量。充分利用高等院校、科研单位教学和科普资源，加大农作物种业人才继续教育和培训力度，为我区种业发展提供人才和科技支撑。

（四）供种保障能力全面提高

加强种子生产能力建设，在优势制种区建设一批标准化、规模化、集约化和机械化的种子生产基地，杂交玉米制种综合机械化率达到50%，种子加工水平基本达到国内先进水平，主要农作物商品种子供应率达到90%，种子综合生产能力与良种供应保障能力得到全面提高。同时，在国家现有救灾备荒种子储备的基础上，逐步建立自治区和盟市级种子储备体系。

（五）企业竞争能力持续增强

全面提升种子企业生产、经营、管理、技术推广和服务水平，打造一批育种能力强、生产加工技术先进、市场营销网络健全、技术服务到位、具有较强竞争力的“育繁推一体化”现代农作物种业集团。种子企业的市场份额得到提高，研发投入占其销售额比例达到10%以上。种子企业选育并通过审定的杂交玉米品种占当年作物品种审定总数的50%以上。在玉米等主要农作物种子领域及生物技术与产品等方面，保持区内品种的主导地位。

（六）市场监管能力全面加强

1.建立健全“职责明确、手段先进、监管有力”的种子管理体系。进一步完善种业法律法规，严格品种试验鉴定和审定标准。健全覆盖全区主要农业生态类型区的品种试验鉴定和展示网络，全面推进旗县级农业综合执法，加强种子检测鉴定体系建设，提高品种分子检测能力，大宗农作物种子抽检要实现全覆盖。全面建立种业信息管理与服务平台。

三、具体措施

（一）加强各部门协调协作

为确保各项政策措施落实到位，由自治区农牧业厅会同自治区党委农牧办，自治区发展改革委、财政厅、工商局、地税局等部门成立推进现代农作物种业发展工作协调组，研究解决推进现代农作物种业发展中的重大问题，组织拟定重大政策，对《意见》中已明确的具体政策，抓紧落实到位。

（二）制定现代农作物种业发展规划

按照推进现代农作物种业发展的总体要求，统筹农作物种业发展布局、优化产业结构、合理分配种业资源，编制2011—2020年我区现代农作物种业发展规划，分作物、分区域、分阶段提出发展目标、方向和重点。

（三）加大对种子企业扶持力度

按照“资格认证、定期复审、优进劣退”的原则，积极扶持“育繁推一体化”种子企业，做大做强骨干企业，编制“育繁推一体化”专项投资规划方案，提出具有一定规模、市场竞争能力较强、成长性较好的“育繁推一体化”的种子企业建设项目，政府给予财政专项资助。按照《意见》要求，对其符合条件的种子生产经营所得免征企业所得税。优先安排种子工程项目，集中财力，集约项目，并确保农作物种业投入增长幅度以及种业科技研发和推广投入占农业投入的比例不断提高。重点加强农作物育种创新、品种测试、新品种展示示范、种子质量检测和种子生产基础设施建设。提升农作物种子科技创新、品种资源收集评价利用和生物育种方法等种业基础性、公益性研究水平，逐步建立相对独立的品种测试试验评价体系、科学公正的品种展示示范推介体系、快速有效的种子检验检测体系和集中稳定的种子生产基地。全区农牧业科技等基础设施项目要重点保障种子生产和新品种展示示范建设需要。

（四）推进科研体制机制创新

加快推进科技创新资源整合，积极探索和建立种业研发新机制，突出基础性公益性研究和商业化育种研发平台建设，明确种业科研分工，推动公益性种业科研单位与商业化育种分离，推动科研单位与其创办的种子企业分离，强化科研单位的基础性、公益性职能，全面推动种业科研体制机制创新，加快选育一批具有自主知识产权的重大突破性新品种。

（五）加强种子生产基地建设

研究制定种子生产基地建设专项规划方案，规划所列建设任务在积极争取国家育种项目扶持的同时，加大地方政府配套投入，所需资金列入年度固定资产投资计划，重点在巴彦淖尔市、赤峰市、乌兰察布市、通辽市、呼伦贝尔市、鄂尔多斯市、阿拉善盟等地区，建成200万亩稳定的规模化、标准化、集约化、机械化种子生产基地，提高种子综合生产能力，保障农作物良种供应。

（六）强化种子市场监管能力

制定《内蒙古自治区农作物种子生产经营许可管理办法》，认真贯彻执行国家《农作物种子标签管理办法》和《农业植物新品种权侵权案件处理规定》，明确企业责任，强化基地管理，加大处罚力度，严厉打击制种基地无证或侵权生产、抢购套购等违法行为，维护种子基地生产秩序。强化品种权执法，健全知识产权服务体系，切实保障品种权人合法权益。建立企业公开信息查询平台，实施“黑名单”制度，取缔违法生产企业。加大种子市场检查和企业监督抽查力度，加强品种真实性检测，严厉打击制售假劣种子和套牌侵权等违法行为。严格行政许可事项管理，加强事后监管和日常检查。

（七）严格品种试验审定管理

修订《内蒙古自治区主要农作物品种审定办法》，健全品种测试体系，严格品种审定标准，加强国家与自治区品种审定协调，强化品种特异性、抗病性和抗逆性鉴定，建立品种区域试验站50个，修订主要农作物dus（特异性、一致性和稳定性）测试技术标准，所需经费列入财政年度预算。完善植物新品种保护制度和生物安全评价管理制度。规范新品种保护测试、农作物生物安全评价行为。建立健全品种试验、测试单位及从业人员管理制度，建立考核、准入、淘汰机制。加强对审定品种的监管，健全品种退出机制。

（八）强化种子管理体系和队伍建设

进一步强化全区各级种子管理部门职能，建立健全自治区、盟市、旗县（市、区）三级种子管理体系。切实保障种子管理工作经费，将种子市场监管、新品种试验管理、种子质量检测以及种子信息服务体系建设等关系农作物种业发展，属于公共服务范围的种子管理工作经费纳入同级财政预算。强化人员培训，建立一支廉洁公正、作风优良、业务精通、素质过硬和装备精良的种子管理队伍。改善旗县级种子管理条件，加强品种试验和种子检测等公共服务设施建设，配备农作物种子质量快速检测、信息管理等仪器设备，为履行种子管理职能提供保障。

（九）完善救灾备荒种子储备制度

建立健全盟市级种子储备制度，同级财政对种子储备给予补贴。自治区储备重点是短生育期和大宗农作物种子，保障灾后恢复生产和区域性市场调剂。自治区农牧业厅根据储备的功能定位和生产实际需要，提前确定储备作物和具体品种，主要粮食作物储备数量不低于用种量的3%。通过招投标方式择优确定承储单位，严格落实储备任务，保证储备种子质量。

附录11　兴安盟行政公署关于加快推进现代农作物种业发展的实施意见

（兴署发〔2013〕42号）

各旗县市人民政府，盟直各委、办、局，各企业、事业单位，中区直垂直管理单位：

为全面贯彻落实《国务院办公厅关于推进种子管理体制改革加强市场监管的意见》（国办发〔2006〕40号）、《国务院关于加快推进现代农作物种业发展的意见》（国发〔2011〕8号）、《自治区人民政府办公厅关于加快推进现代农作物种业发展实施意见》（内政办发〔2012〕52号），确保现代农作物种业科学健康发展，结合我盟农作物种业发展实际，提出如下实施意见。

一、指导思想、基本原则和总体目标

（一）指导思想　以科学发展观为指导，推进农作物种业体制改革和机制创新，完善法律法规，整合农作物种业资源，加大政策扶持，增加农作物种业投入，强化市场监管，快速提升我盟农作物种业科技创新能力、企业竞争能力、供种保障能力和市场监管能力，构建以产业为主导、企业为主体、基地为依托、产学研相结合、“育繁推一体化”的现代农作物种业体系，全面提升我盟农作物种业发展水平。

（二）基本原则　一是坚持自主创新与引进创新相结合原则。加强农作物种业科技创新和引进、消化、吸收再创新，鼓励从外部引进优良种质资源、先进育种制种技术，加快培育具有自主知识产权的农作物种业科研成果，提高农作物种业核心竞争力。二是坚持“两个分离”原则。即科研教学单位重点开展基础性、公益性研究，企业逐步成为商业化育种的主体，推动公共科研单位与商业化育种、所办种子企业实现“两个分离”。三是坚持“育繁推一体化”为主体原则。整合农作物种业资源，建立健全现代企业制度，通过政策引导带动企业和社会资金投入，充分发挥企业在商业化育种、成果转化与应用等方面的主导作用。四是坚持扶优扶强原则。加强政策引导，加大基础性、公益性研究领域的投入。对具有育种能力、市场占有率较高、经营规模大的“育繁推一体化”种子企业予以重点支持，增强其创新能力。五是坚持依法治种原则。完善法律法规和制度，理顺种子管理体系，健全技术支撑体系，加强管理体系和队伍建设，严格准入条件，强化市场监管和服务，切实提高依法行政能力，确保公正、严格、廉洁执法，严厉打击不法企业生产经营行为，切实维护农牧民切身利益，保证种子市场规范化、法制化运行，促进种业健康快速发展。

（三）总体目标　到2020年，我盟要形成科研分工合理、产学研相结合、资源集中、运行高效的育种新机制，培育和引进具有重大应用前景优良品种，主要农作物新品种更新更换1次，在同等投入条件下纯增10亿千克粮食；建设各类农作物标准化、规模化、集约化、机械化的优势种子生产基地10万亩；打造1～2家育种能力强、生产加工技术先进、市场营销网络健全、技术服务到位的“育繁推一体化”现代农作物种业集团；健全职责明确、手段先进、监管有力的盟及旗县市级种子管理体系，显著提高优良品种自主研发能力和覆盖率，确保粮食等主要农产品有效供给。

二、重点内容和具体措施

发展现代农业对种业发展提出了更高的要求，新形势下，要把突出基地建设、培养种子企业和加强行业监管，提升种业科技创新能力、企业竞争能力、供种保障能力和市场监管能力，构建产学研相结合、“育繁推一体化”的现代农作物种业体系等作为重点环节，推动种业跨越式发展。

（一）制定现代农作物种业发展规划　各级农业部门要分作物、分区域、分阶段提出发展目标、方向和重点，编制本地区的现代农作物种业发展规划，明确“十二五”期间和今后10年推进现代农作物种业发展的任务和措施。在深入研究本地区实际情况的基础上，组织专业人员做好这项工作。要调整和优化农作物种业资源配置方式，统筹安排农作物种业所需财政资金和基建项目，积极引导社会资金进入农作物种业，加大对现代农作物种业发展的支持力度。

（二）强化市场监督管理　一要严把审批源头关，加强种子生产经营行政许可事项管理，加大处罚力度，严厉打击骗取审批、违法审批等行为，加强种子行政许可事后监管和日常检查；二要加强品种监管力度，择优扶持一批规模大、实力强、成长性好的“育繁推一体化”种子企业开展商业化育种，查处未审先推的违法行为，并完善新品种保护制度，加强新品种保护和信息服务；三要全面提高市场监管能力，确保公正、严格、廉洁执法，切实维护农民切身利益，建立规范化的种子市场，法制化的运行机制，推进现代农作物种业发展；四要加大对种子基地和购销环节的管理力度，严厉打击抢购、套牌侵权、生产经营假劣种子等行为，切实维护公平竞争的市场秩序。在强化管理的同时，要争取项目和资金，实行制种基地保护制度和种子生产保险试点。建立政府支持、企业参与、商业化运作的种子生产风险分散机制。探索建立玉米、马铃薯等种子生产保护区，并争取项目，开展玉米种子生产保险试点。

（三）建立健全技术支撑体系　要建设包括品种试验、展示、抗性鉴定方面的试验站点，以及种业信息管理与服务平台，并纳入国家或自治区的试验和信息管理网络；争取多方支持，对现有的盟种子质量检验检测分中心进行增项改造，并在今后5年内完成各旗县市种子检测站的建设，使大宗农作物种子抽检实现全覆盖。

（四）创新科研机制，提升企业研发竞争能力　以企业为主体，优化布局，全面推进现代农作物种业发展。要做到种子市场的长效发展，就必须拥有适销对路的好品种。要实现不断拥有新品种，就要加大科研投入，提高育种水平。把坚持产学研相结合，自主创新，扶优扶强，统筹兼顾作为基本原则，并把工作重点放在强化农作物种业基础性公益性研究，加强农作物种业人才培养，建立商业化育种体系。我盟要充分利用现有的人力资源、自然资源、技术资源、气候资源的优势，加大政策和投资扶持力度，重点加强农作物育种创新、品种测试、新品种展示示范、种子质量检测和种子生产基地基础性建设，实现种子产业化要素的合理配置，壮大种子企业的自身实力，积极打造“产、加、销，育、繁、推”一体化的龙头种子企业。

（五）继续推进成果转化机制　要加大对种业基础性、公益性研究的投入，规范成果转化行为，促进科研成果快速进入企业。我盟各级种子管理机构要积极争取政策、资金支持，大力开展新品种展示示范工作。提升盟级，完善旗县市级，发展辐射乡镇级。通过新品种的展示示范，一是要引导农民选择和使用新品种；二是要根据展示示范结果受理种子许可，指导种子企业积极报审新品种；三是要指导种子企业经营表现突出的品种；四是要种子管理部门根据展示示范数据进行品种区域化布局。

（六）促进企业兼并重组　2011年，国家农业部颁布《农作物种子生产经营许可管理办法》，在企业注册资金、固定资产、研发能力、技术水平等方面大幅度提高了市场准入门槛，目前我盟500万元以上种业公司绝大多数无法跨越。要在经营体系建设中，重点扶持龙头企业，鼓励盟内企业与科研院所合作，增强创新能力和水平。以“育繁推一体化”种子企业为主体，整合农作物种业资源，建立健全现代企业制度。引导带动企业和社会资金投入，加快形成具有自主知识产权的农作物种业科研成果，推进现代农作物种业发展。要支持科研院所和高等院校的种质资源、科研人才等要素向种子企业流动，逐步形成以企业为主体，以市场为导向，以资本为纽带的利益共享，风险共担的农作物种业科技创新模式。

（七）积极开拓种子市场　首先要转变观念，改进工作方法，增强服务意识，质量相同比价格、价格相同比质量、质量价格相同比服务，要有让利的思想、排优的思想。其次是要培育特色新品种，提高种子质量和科技含量，创立名牌，坚持：“人无我有、人有我优、人优我新、品牌专利、专产专销”的经营策略，争取做到：“开发一代、选育一代、示范一代、储备一代”。龙头企业进一步提高加工、分级、包装、销售水平，要抓住机遇，加强与周边地区及国内外有影响的种业公司保持相互协作，参与竞争。

三、保障措施

（一）加强组织领导　为确保各项政策落实到位，由盟农牧业局会同盟委农工部、发展改革委、财政局、科技局、银监会、工商局、地税局等部门成立推进农作物种业发展工作协调组，研究解决推进我盟农作物种业发展中的重大问题，对本意见中已明确的具体政策，要落实到位。

（二）健全和完善　“职责明确、手段先进、监管有力”的种子管理体系　盟、旗县市两级种子管理体系，种子市场监管、新品种试验、示范、展示、种子质量检测以及种子信息服务体系和盟、旗县市农作物种子检验室等属公共服务范围，要把工作经费纳入同级财政预算。各级政府要尽快把政策落到实处，加强种子管理机构监管能力，开展好新品种试验、示范、展示，补充完善种子执法和质量检测设备，为开展好种子工作提供有力政策保障。加强管理队伍建设，切实提高依法行政能力，建立一支廉洁公正、作风优良、业务精通、素质过硬和装备精良的种子管理队伍。

（三）加大种业基础设施投入，建设标准化种子生产基地　各地要充分研究本地区的自然和地域优势，选择优势作物，建设一批高标准的现代化种子生产基地。杂交玉米制种机械化率达到50%以上，主要农作物商品种子供应率达到80%以上。种子综合生产能力与良种供应保障能力得到全面提高。并将种子生产基地建设与农业重大项目统筹衔接，形成投资合力，发挥整体优势。在作物布局上，重点突出玉米、马铃薯、水稻等主要农作物，兼顾蔬菜、花卉等非主要农作物种子生产能力建设，增强供种保障能力。

（四）完善救灾备荒种子储备制度　在现有国家及自治区两级种子救灾备荒种子储备制度的基础上，建立健全盟级种子储备制度。同级财政要对种子储备给予补贴，重点是中早熟玉米种子，其目的是保障盟内特殊年份灾后恢复生产和区域性市场调剂。所储备的种子应是盟内重点推广品种，储备的数量不低于中早熟玉米种子适宜区的3%。种子储备任务通过招投标择优确定储备单位，盟内重点支持“育繁推一体化”及注册资金3000万以上种子企业主动参与投标。种子的价格必须执行盟内预定价格，确保按种子的数量品种进行储备，否则取消储备单位任务，并预以收回盟内预定价格的高出部分，以确保种子的储备价格、数量、质量以保障农牧业的增产、增收、增效。

（二〇一三年六月三日）

附录12　内蒙古自治区人民政府办公厅转发自治区农牧业厅《关于深化种业体制改革提高创新能力的施意见》的通知

（内政办发〔2014〕50号）

各盟行政公署、市人民政府，自治区各委、办、厅、局，各大企业、事业单位：

经自治区人民政府同意，现将自治区农牧业厅《关于深化种业体制改革提高创新能力的实施意见》转发给你们，请认真贯彻执行。

2014年5月26日

关于深化种业体制改革提高创新能力的实施意见

（自治区农牧业厅　2014年5月）

为贯彻落实《国务院办公厅关于深化种业体制改革提高创新能力的意见》（国办发〔2013〕109号）精神，确保我区现代农作物种业科学健康发展，现提出如下意见。

一、指导思想和总体目标

（一）指导思想　深化种业体制改革，充分发挥市场在种业资源配置中的决定性作用，突出以种子企业为主体，推动育种人才、技术、资源依法向企业流动，充分调动科研人员积极性，保护科研人员发明创造的合法权益，促进产学研结合，提高企业自主创新能力，构建商业化育种体系；完善法律法规，整合农作物种业资源，加大政策扶持，增加农作物种业投入，强化市场监管，快速提升我区农作物种业科技创新能力、企业竞争能力、供种保障能力和市场监管能力；构建以产业为主导、企业为主体、基地为依托、产学研相结合、“育繁推一体化”的现代农作物种业体系，全面提升我区农作物种业发展水平。

（二）总体目标　到2020年，我区形成科研分工合理、产学研相结合、资源集中、运行高效的育种新机制，培育具有重大应用前景和自主知识产权突破性优良品种20个，实现主要农作物新品种更新；建设玉米、大豆、马铃薯、小麦、向日葵及蔬菜等一批标准化、规模化、集约化、机械化优势种子生产基地；力争打造10家育种能力强、生产加工技术先进、市场营销网络健全、技术服务到位的“育繁推一体化”现代农作物种业集团；杂交玉米制种综合机械化率达到50%，种子加工水平基本达到国内先进水平，主要农作物商品种子供应率达到90%，种子综合生产能力与良种供应保障能力得到全面提高；健全职责明确、手段先进、监管有力的自治区、盟市、旗县（市、区）三级种子管理体系；显著提高种业创新能力和良种覆盖率，确保农业生产用种的有效供给和质量安全。

二、主要任务

（一）提升种业科技创新能力　加强种业相关学科建设，支持科研院所和高等院校重点开展育种理论、共性技术、种质资源挖掘、育种材料创新等基础性研究和常规作物育种等公益性研究，构建现代分子育种新技术、新方法，创制突破性的抗逆、优质、高产育种新材料。自治区财政科研经费加大对基础性公益性研究的投入，逐步减少用于农业科研院所和高等院校开展杂交玉米、蔬菜等商业化育种的投入。以内蒙古农牧业科学院为中心，赤峰市、通辽市、巴彦淖尔市农科院等为重点，强化种业基础性、公益性研究，形成种质资源的异位保存能力，建立种质资源信息化和标准化评价体系，种质资源深度评价并实现免费发放；加大对小麦、大豆等大宗农作物常规育种的支持力度，形成一批生产上大面积推广应用的优良品种。稳步提升种业科技创新能力和良种在农业生产科技贡献率中的比重。

（二）强化企业技术创新主体地位 鼓励种子企业加大研发投入，建立股份制研发机构；鼓励有实力的种子企业并购转制为企业的科研机构，走“育繁推一体化”的种子产业化发展之路，逐步形成商业化育种以企业为主体的种业科研新体制。扎实推进农作物品种试验体系和品种审定制度改革，依据种子法律法规，实行选育生产经营相结合、“育繁推一体化”种子企业开展自有品种试验，企业对品种试验数据真实性负法律责任。造就一支精干高效的种业科技创新队伍，培育一批具有自主创新能力和国内外有影响力的种子企业集团，强化种子企业在杂交玉米、马铃薯等商业化育种领域的技术创新主体地位。国有科研机构为种子企业发展提供新品种创新的科技支撑，种子企业为科研机构提供科技成果转化平台。引导科研院所和高等院校逐步退出商业化育种，确定为公益性的科研院所和高等院校，在2015年年底前实现与其所办的种子企业脱钩；其他科研院所逐步实行企业化改革。改革后，育种科研人员在科研院所和高等院校的工作年限视同企业养老保险缴费年限。国家和省部级工程技术研究中心、企业技术中心、重点实验室等种业产业化技术创新平台，要优先向符合条件的“育繁推一体化”种子企业倾斜。积极探索开展种业领域相关研发活动后补助，调动企业技术创新的积极性。研究建立我区现代种业发展基金，广泛吸引社会、金融资本投入，支持企业开展商业化育种。

（三）加强种业人才培训和调动科研人员积极性 加强高等院校、科研单位农作物种业相关学科和实习基地建设，建立教学、科研与实践相结合的有效机制，支持农作物种子行业专业学科建设，依托农业高等院校建立健全种子行业专业学科体系，提升农作物种业人才培养质量。充分利用高等院校、科研单位教学和科普资源，加大农作物种业人才继续教育和培训力度，为我区种业发展提供人才和科技支撑。确定为公益性的科研院所和高等院校利用国家拨款发明的育种材料、新品种和技术成果，可以申请品种权、专利等知识产权，可以作价到企业投资入股，也可以上市公开交易。支持科研院所和高等院校与企业开展合作研究。支持科研院所和高等院校通过兼职、挂职、签订合同等方式，与企业开展人才合作。鼓励科研院所和高等院校科研人员到企业从事商业化育种工作。鼓励育种科研人员创新创业。改变论文导向机制，加强种业实用型人才培养，商业化育种成果及推广面积可以作为职称评定的重要依据。支持高等院校开展企业育种研发人员培训。完善种业人才出国培养机制。支持企业建立院士工作站、博士后科研工作站。

（四）加大对农作物种业支持力度 按照“资格认证、定期复审、优进劣退”的原则，对通过种子质量标准检验室认证的“育繁推一体化”种子企业，优先安排相关扶持项目；对符合条件的“育繁推一体化”种子企业，免征企业所得税。重点加强农作物育种创新、品种测试、新品种展示示范、种子质量检测和种子生产基础设施建设。建立自治区种子救灾备荒储备体系，自治区每年安排专项补贴资金，保障灾后恢复生产和区域性市场调剂。

（五）加强种子生产基地建设 通过项目扶持，引导种子企业加强种子生产基地建设，重点在赤峰市、巴彦淖尔市、鄂尔多斯市、阿拉善盟、乌兰察布市、锡林郭勒盟、呼伦贝尔市等地区建成一批稳定的规模化、标准化、集约化和机械化玉米、马铃薯、小麦、大豆等种子生产基地。研究制定制种保险政策和粮食作物制种大县奖励等政策。充分发挥市场机制作用，通过土地入股、租赁等方式，推动土地向制种大户、农民合作社流转，支持种子企业与制种大户、农民合作社建立长期稳定的合作关系，建立合理的利益分享机制。在海南、云南建设我区南繁快速繁育和种子种植鉴定基地，提升种子科技创新和种子检验能力。

（六）强化种子市场监管能力 建立健全“职责明确、手段先进、监管有力”的种子管理体系。进一步加强种子质量事前监管，全面开展种子企业标准检验室认证，对未取得种子质量标准检验室认证的种子企业不予安排项目和政策扶持，种子生产、经营许可证期满后再次申请不予受理，切实提高种子质量，确保农业用种安全。完善种业法律法规，严格品种试验鉴定和审定标准。健全覆盖全区主要农业生态类型区的品种试验鉴定和展示网络，全面加强种子检测鉴定体系建设，建立种子转基因检测和脱毒马铃薯病毒检测中心，提高品种分子检测能力，大宗农作物种子抽检要实现全覆盖。建立入户倒查机制，继续严厉打击侵犯品种权和制售假劣种子等违法犯罪行为，涉嫌犯罪的，要及时向公安、检察机关移交。建立种子市场秩序行业评价机制，督促企业建立种子可追溯信息系统，完善全程可追溯管理。推行种子企业委托经营制度，规范种子营销网络。

三、组织领导

自治区人民政府建立深化种业体制改革提高创新能力联席会议制度，由自治区农牧业厅牵头，自治区发展改革委、财政厅、科技厅、地税局、工商局等相关部门参加，研究部署深化种业体制改革提高创新能力的重大政策措施。各有关部门要按照职责分工，细化并落实各项政策措施。各盟市也要建立相应的协调机制，切实加强对深化种业体制改革提高创新能力工作的领导，落实好各项任务和措施。

附录13 赤峰市人民政府关于印发《赤峰市农作物种子生产管理办法》的通知

赤峰市人民政府文件

赤政发〔2006〕62号

各旗县区人民政府，市直各委办局：

《赤峰市农作物种子生产管理办法》，已经市政府同意，现印发给你们，请结合当地实际，认真贯彻执行。

赤峰市人民政府

二〇〇六年八月二十八日

赤峰市农作物种子生产管理办法

第一章 总 则

第一条 为规范我市农作物种子生产行为，维护种子生产者、经营者和制种基地农民的合法权益，提高种子质量水平，根据国家和自治区有关法律法规的规定，结合本市实际，制定本办法。

第二条 凡在我市从事农作物种子生产和管理活动，适用本办法。

第三条 旗县级以上人民政府农业行政主管部门负责本行政区域内的种子生产管理工作，其日常管理工作由种子管理机构负责。

第四条 种子生产单位可以直接组织生产，也可以委托其他单位组织生产。直接组织生产的单位，必须持有所生产种子的《农作物种子经营许可证》。委托生产的，委托方和受委托方必须持有所生产种子的《农作物种子经营许可证》，受委托方必须是在赤峰市注册登记的种子企业。委托方和受委托方应当签定委托协议，受委托方须以委托方名义进行生产。

第五条 种子生产基地的设立必须尊重农民的意愿，应由村委会召开村民代表大会民主协商决定。

第六条 生产单位应与生产基地制种农户签定书面预约生产合同，合同应使用自治区农业行政主管部门统一印制的合同文本。生产单位与生产基地制种农户在合同文本中应当约定一方违约时，须根据违约情况向对方支付一定数额的违约金，并约定因违约产生的损失赔偿额的计算方法。生产单位与生产基地制种农户应当同时预提一定数额的违约保证金，以保障合同的全面履行。违约保证金的数额由种子管理机构根据当地具体情况，经测算后，提出指导性数额。经双方同意，种子管理机构可以作为第三方，监督保证金的使用，依法监督合同的履行。

第二章 申报与审批

第七条 种子生产单位应当在播种45日前，持《种子经营许可证》副本、拟生产品种的审认定证书、欲设立的种子生产基地条件等证明材料，向种子生产所在地旗县级种子管理机构申报生产计划。种子管理机构审查后，将审查结果书面通知申报单位。符合条件的种子生产单位，持审查合格通知落实生产任务后，向生产所在地旗县级种子管理机构递交申请办理《农作物种子生产许可证》（以下简称《生产许可证》）或《非主要农作物种子生产备案登记证》（以下简称《备案登记证》）材料；不符合条件的，不得落实种子生产。

第八条 申请领取《生产许可证》的，除符合国家和自治区的有关规定外，应达到如下条件：

（一）申请主要农作物杂交种子生产许可证的单位和个人，须注册资本300万元以上；申请主要农作物杂交种子以外的农作物种子生产许可证的的单位和个人，须注册资本100万元以上；

（二）有与所生产种子相适应的烘干设备或晒场及仓储设施；

（三）每2 000亩种子生产田（不足2 000亩按2 000亩计算）配备一名持证种子田间检验员，每500亩（不足500亩按500亩计算）配备一名持证种子生产技术人员。

第九条 申请领取《生产许可证》或办理备案登记手续应向种子管理机构提供以下文件：

（一）《主要农作物种子生产许可证申请表》或《非主要农作物种子备案登记表》；

（二）申请单位《农作物种子经营许可证》及近期注册资本证明或财务审计报告；

（三）生产品种介绍和品种审定或认定证书；

（四）种子田间检验人员和生产技术人员花名册及资格证明；

（五）检验设施和仪器设备清单、照片及产权证明；

（六）种子仓储设施照片及产权证明；

（七）种子晒场或种子烘干设备照片及产权证明；

（八）生产地点隔离和生产条件等情况介绍；

（九）生产地点检疫证明；

（十）生产合同；

（十一）外地单位在我市从事农作物种子生产的，应当提供所在省种子管理机构出具的诚信守约等情况证明；

（十二）委托制种的，需提供委托协议书；

（十三）种子生产质量保证措施；

（十四）其他须提供的文件。

第十条 申请生产的品种可以使用品种代号，代号不得冒用其他品种名称。申请领取《生产许可证》和办理备案登记手续的单位和个人，应当将生产品种的真实名称与代号报送种子管理机构，种子管理机构及其工作人员应当保守品种名称秘密。

第十一条 生产授权品种或者转让品种的，应提供品种权人同意生产的书面证明或品种转让合同；生产种子是转基因品种的，应当提供国家农业行政主管部门出具的转基因产品商品化生产许可的批准文件。拟定销往区外或受区外生产单位委托生产的种子，应当是国家或省级农作物品种审定委员会审定通过的品种。

第十二条 农作物种子《生产许可证》实行分级审批制度和备案登记制度。

申请主要农作物杂交种子及其亲本种子、常规种原种《生产许可证》的，由生产所在地旗县级种子管理机构审查，审查合格的，报市种子管理机构审核，审核合格的，报自治区农业行政主管部门核发。

申请其他农作物种子《生产许可证》和办理备案登记手续的，由种子生产所在地旗县级农业行政主管部门核发，报市种子管理机构备案。

第十三条 审核机关应在收到申请材料之日起20日内完成审核工作。审核时应当对技术人员情况及生产地点、晾晒烘干设施、仓储设施、检验设施和仪器设备进行实地考察。具备条件的，签署审核意见,上报审批机关；审核不予通过的，书面通知申请人并说明原因。

第十四条 种子生产单位在取得《生产许可证》或办理备案登记手续一年后，原生产品种、生产面积、生产地点等生产项目无变动，可在有效期内继续生产；生产项目需要变更的，应当按照原审批程序重新办理《生产许可证》或备案登记手续。

第三章 行政管理

第十五条 种子管理机构应加强对种子生产基地的监督管理，保持种子生产基地相对稳定。

对于已经依法落实种子生产任务的种子生产基地，在《生产许可证》或办理备案登记手续的有效期内，除原生产单位放弃生产或种子管理机构依法吊销《生产许可证》或废止备案登记手续外，其他单位和个人不得再落实种子生产任务，种子管理机构不得再向其他生产单位核发许可证。

对于新设立的种子生产基地，只允许一家经种子管理机构审查合格的生产单位落实生产任务，其他单位和个人不得再落实种子生产任务，种子管理机构不得再受理其他生产单位在同一基地生产种子的申请。

第十六条 种子生产单位在落实种子生产过程中，不得采取不正当方式竞争种子生产基地，并自觉接受种子管理机构的监督管理。生产单位之间因落实生产基地发生纠纷时，应服从种子管理机构的调节和处理决定。

第十七条 种子管理机构应监督种子生产单位制作并保存生产档案，档案应当使用自治区农业行政主管部门统一制定的档案文本。档案应当载明生产地点、生产地块环境、亲本种子来源和质量情况、技术负责人、检验检疫记录、气象记录、种子流向等内容，并附生产单位技术指导、生产合同等材料。生产档案应由生产单位技术负责人或委托人和制种农户共同签字。

第十八条 委托或直接组织生产单位的繁育技术人员和检验人员须经过业务培训后持证上岗。承担生产种子的人员应当经过培训，获得种子繁育技术资格证书方能从事种子生产活动。

第十九条　在《生产许可证》或备案登记手续的有效期内，种子生产单位未向种子管理机构备案要求继续生产的，应视为放弃该年度生产。

第二十条　从生产基地调运种子的，应到生产所在地种子管理机构办理《农作物种子调运证》。

第四章　违章处理

第二十一条　违反本办法第十五条、第十六条规定，扰乱种子生产基地正常秩序的，由农业行政主管部门依照有关法律法规的规定处理。

第二十二条　种子生产单位未按《生产许可证》或备案登记手续的规定，生产品种与申报品种、实际生产面积与申报面积不符的，由农业行政主管部门依照有关法律法规的规定处理。

第二十三条　伪造、变造、买卖、租借《生产许可证》或备案登记手续，弄虚作假骗取《生产许可证》或备案登记手续的，由农业行政主管部门依照有关法律法规的规定处理。

第二十四条　非合同方种子生产、经营单位和个人到合同方种子生产、委托生产或者预约生产基地套购、抢购种子的，由农业行政主管部门依照有关法律法规的规定处理。

第二十五条　种子生产单位和生产基地在生产期间出现以下情况之一的，不得在我市从事种子生产活动：

（一）故意生产假劣种子的；

（二）不按照生产技术规程和种子检验、检疫有关规定进行生产种子的；

（三）不严格履行生产收购合同的；

（四）以不正当手段取得生产许可证的；

（五）有抢收套购种子行为的；

（六）未按种子生产许可证规定生产种子的；

（七）不服从当地种子管理机构依法管理的；

（八）其他严重扰乱种子生产基地秩序的违法行为。

第五章　附　　则

第二十六条　本办法由赤峰市农牧业局负责解释。

第二十七条　本办法自发布之日起施行。原《赤峰市农作物种子生产管理办法》（赤政发〔2006〕33号）同时废止。

附录14　内蒙古自治区人民政府关于实行农牧业综合行政执法的实施意见

内政发〔2007〕34号

各盟行政公署、市人民政府，各旗县人民政府，自治区各有关委、办、厅、局，各有关企业、事业单位：

为有效改变我区农牧业多头执法、执法力量分散和执法人员交叉兼职状况，进一步完善农牧业行政执法体系，规范农牧业行政执法行为，提高农牧业行政执法能力和效率，全面推进依法治农、依法治牧，根据《中华人民共和国农业法》《国务院关于推进相对集中行政处罚权工作的决定》（国发〔2002〕17号）、《国务院办公厅转发中央编办关于清理整顿行政执法队伍实行综合行政执法试点工作意见的通知》（国办发〔2002〕56号）、《国务院办公厅关于继续做好相对集中行政处罚权试点工作的通知》（国办发〔2000〕63号）精神和2005年中央1号文件关于“搞好农业综合执法”的要求，现就全区范围内实行农牧业综合行政执法提出如下实施意见。

一、指导思想

以党的十六大精神和国务院《全面推进依法行政实施纲要》为指导，全面贯彻依法行政方针，围绕保护农牧业的基础地位，保障农牧业生产和维护农牧民合法权益的总体要求，实施农牧业综合行政执法;完善执法制度，健全监督管理机制，规范执法行为，建立与社会主义市场经济体制相适应的，与构建和谐社会要求相一致的统一、规范、高效的农牧业行政执法体制；坚持立足实际、稳步推进，尽快建设一支作风优良、业务精通、素质过硬、廉洁公正的农牧业专业行政执法队伍，为现代农牧业发展、社会主义新农村新牧区建设、农村牧区社会进步和农牧民增收提供有力的法制保障。

二、工作目标和执法范围

（一）工作目标　以相对集中行政处罚权为目标，以落实《农业部关于继续推进农业综合执法试点工作的意见》（农政发〔2004〕4号）为主要内容，以旗县（市、区）为重点，建立农牧业综合行政执法队伍，大力推进农牧业综合执法。实现农牧业行政处罚职能统一行使、执法人员统一管理、执法力量统一调度、执法经费统一安排、执法文书统一规范。力争通过1年时间，在全区所有旗县（市、区）全面实行农牧业综合行政执法；利用3年时间，在全区逐步推行农牧业综合行政执法。

（二）综合执法范围　农牧业综合行政执法范围包括以下几个方面：种子（草种）、肥料(复混肥)、农药、兽药、饲料(饲料添加剂)、种畜禽、农业转基因生物安全管理、农牧业动植物新品种保护、基本农田保护、植物检疫、农牧业机械、渔业、农畜产品质量安全等。动物防疫、农牧机监理、草原监理、船舶和农牧民负担管理、农牧业承包合同管理等方面的行政处罚职能，各地区可根据实际情况，自行决定是否纳入综合行政执法范围。实行农牧业综合行政执法后，其他机构不得再行使已统一由农牧业综合行政执法机构行使的行政处罚权，继续行使的，所作出的行政处罚决定应予以撤销。

三、机构设置和人员编制

（一）机构设置　农牧业综合行政执法机构是农牧业行政主管部门内设的专门行使行政处罚权的执法机构。按照精简高效和规范统一的原则，实行农牧业综合行政执法的部门要对现有执法机构、人员和职能等进行整合，成立农牧业综合行政执法机构，其名称统一规范为：××旗（县、市、区）农牧业综合行政执法大队、××盟（市）农牧业综合行政执法支队、自治区农牧业综合行政执法总队，并按程序报当地编制委员会办公室及有关部门批准。

（二）人员编制和经费保障　按照精干高效的原则，根据行政区域规模大小、农牧业人口多少、农牧业经济发展状况及行政处罚权相对集中后工作任务的需要确定人员编制，相关人员一律从本地区农牧业系统占全额执法单位事业编制的人员中产生，不得新增编制。具体人员产生，由旗县（市、区）农牧业部门组织推荐，经自治区人事部门统一组织考试、考核等办法确定，并报请编制部门列入执法专项编制，按照有关规定参照公务员管理。执法经费要纳入本级财政预算，罚没款按规定上缴，实行收支两条线。

四、几点要求

（一）各地区、各有关部门要深入贯彻国务院《全面推进依法行政实施纲要》，切实落实国务院和自治区推行行政执法责任制的各项规定及要求，合理划分农牧业综合行政执法的职责，建立审查审批职能与监督处罚职能相对分离、监督处罚职能与检测检验职能相对分离的行政执法和执法监督体系。做到执法主体、执法内容、法律责任法定化，执法管理目标化，执法程序公开化，执法监督经常化。综合执法机构要与技术推广、检验检测、经营服务等彻底分离，执法人员不得参与和从事农牧业生产和经营活动，确保行政执法主体资格和执法行为合法。

（二）各级农牧业行政主管部门的法制机构负责对综合执法工作的指导和监督；负责制定具体综合执法方案、建立以行政执法责任制和评议考核制为核心的执法监督、执法公示、执法统计、档案管理及备案制度；负责开展执法案件质量检查等。要建立健全农牧业行政执法管理制度，行政执法人员管理制度，行政执法公开制度，重大案件审批、查处、备案制度，执法过错和错案追究制度，执法人员评议考核等制度，通过完善制度，规范执法行为。上级综合执法机构应加强对下级综合执法机构的指导和监督，跨行政区域案件和重大复杂案件，下级综合执法机构可以向上级综合执法机构移送，由上级综合执法机构负责组织查处。各地区在农牧业综合行政执法过程中，要主动接受各级人大和政府法制机构的指导与监督。

（三）各地区、各有关部门要切实加强执法队伍建设，强化执法人员培训，加强执法人员管理，努力提高行政执法人员执法水平，切实做到主体合法、依据合法、行为合法、程序合法。凡是未通过行政执法资格认证、未取得自治区人民政府统一印制的行政执法证件的，一律不得从事行政执法工作。对于越权执法、滥用职权以及玩忽职守、失职渎职的执法人员，要清理出执法机构；因重大过失造成国家赔偿的，要按有关规定予以追偿。

（四）推进农牧业综合行政执法工作涉及面广，各级人民政府和各有关部门要把实行农牧业综合行政执法作为依法行政、建立法制社会的一件大事来抓，加大对农牧业综合行政执法的扶持，增加对农牧业执法的投入，改善和健全农牧业执法手段。各级政府法制机构要加强对农牧业综合行政执法工作的监督指导；机构编制部门要与农牧业部门共同做好综合执法机构设置、职能调整等工作；人事部门要依据《中华人民共和国公务员法》及有关规定做好人员配备、管理和考核考评工作；财政部门在安排预算时要考虑农牧业综合行政执法工作，2003年中央财政已单设“农业执法监管”预算科目，自治区各级财政也要尽快将农牧业执法经费列入本级预算，保证农牧业综合行政执法顺利推进。

（五）自治区及各盟市农牧业行政主管部门要进一步抓好农牧业综合行政执法试点旗县的工作，进一步规范已经建立起来的农牧业综合行政执法机构及其职能，健全制度，提高执法人员素质，并及时总结经验，认真推广，力争一年内在全区各旗县（市、区）建立起农牧业综合行政执法机构，并有效开展工作。各盟市、旗县（市、区）农牧业、编制、人事部门要切实抓紧做好相关工作，并按程序报批。

二〇〇七年四月二十三日

附录15 关于转发《农业部关于全面加强农业执法扎实推进综合执法的意见》的通知

内农牧法发〔2009〕11号

各盟市农牧业局，厅属各执法单位：

最近农业部下发了《农业部关于全面加强农业执法扎实推进综合执法的意见》（农政发〔2008〕2号），对加强农牧业执法，推进农牧业综合执法进行了全面部署。现转发给你们，并提出如下要求，请一并做好贯彻落实工作。

一、进一步加强农牧业行政执法

以全面履行农牧业部门法定职责为核心，以农畜产品安全监管和农牧业产业安全为重点，以强化行政执法为手段，切实提高农牧业执法能力和水平。一要继续抓好农资打假专项治理工作，本着“着力治本、标本兼治、打防结合、综合治理”的原则，从加强源头治理、狠抓市场监管、强化服务指导、健全制度建设四个方面入手，突出重点市场、重点案件，加大查处力度，促进农资市场秩序的好转。二要重点强化植保植检、动物防疫，草原保护、渔政、种子、肥料、饲料、兽药，种畜禽管理方面的案件查处，确保我区农牧业持续、稳定、建康发展。三要加强农畜产品市场监管，及时发现和控制违法案件的发生，保障农牧业生产、经营，切实维护好农牧民的合法权益。

二、全面推进农牧业综合执法

农牧业综合执法是大势所趋，有法律依据，有实践基础，应坚定不移地大力推进。各级农牧业部门要加强行政执法体制改革和执法机制创新，要站在全局的高度，用发展的眼光，以改革创新的精神看待农牧业综合执法；以积极的态度、有效的措施去推动农牧业综合执法。以相对集中综合行使法律法规赋予的行政处罚权为目标，以旗县为重点，认真按照《内蒙古自治区人民政府关于推行农牧业综合行政执法的实施意见》（内政发〔2007〕34号）和《农业部关于全面加强农业执法，扎实推进综合执法的意见》（农政发〔2008〕2号），大力推进农牧业综合执法。力争到2011年，在全区所有农牧业旗县（市、区）实现综合执法。通辽市已于2008年年底在全区率先建立了从市到旗县自上而下的综合执法体系，全部实现农牧业综合行政执法，锡林郭勒盟也即将在全盟范围内全面实现农牧业综合行政执法，各盟市要充分学习借鉴他们的经验。

三、有效组织开展“农产品质量安全执法年”活动

刚刚结束的全国农业工作会议决定2009年将在全国范围内广泛开展“农产品质量安全执法年 ”活动，种植业重点整治五种禁用高毒农药，畜牧业重点整治生鲜乳、饲料及饲料添加剂、兽药及兽药残留，渔业重点整治违禁药物，无公害农产品、绿色食品、有机农产品重点整治滥用冒用标志，切实加大执法监管力度，严厉查处制假售假、坑农害

农违法行为。通过整治，杜绝在蔬菜生产过程中使用甲胺磷等五种禁用高毒农药行为，杜绝在生鲜乳和饲料中非法添加三聚氰胺等有毒有害物质行为，杜绝在水产苗种繁育和养殖生产过程中违法使用硝基呋喃类、孔雀石绿等违禁药物行为。各级农牧业部门要及早做好准备，认真组织、精心安排，确保活动取得实实在在的成效。以“执法年”活动为载体，有效提高农牧业行政执法效能，为自治区农牧业、农村牧区经济又好又快发展提供坚实的法制保障。

二○○九一月十五日